Couvertures supérieure et inférieure en couleur

Illisibilité partielle

POUR TOUT OU PARTIE DU

CATÉCHISME
NATURALISTE

Essai de Synthèse physique, vitale et religieuse

PAR

JEAN CHAMBON

---•◆•---

Bruxelles :
E. MENDEL, Imprimeur
27, rue Godefroid-de-Bouillon.

1889

Tous droits réservés.

R 9581

CATÉCHISME NATURALISTE

CATÉCHISME
NATURALISTE

Essai de Synthèse physique, vitale et religieuse

PAR

JEAN CHAMBON

---·◆·---

Bruxelles :
E. MENDEL, IMPRIMEUR

1889

Tous droits réservés.

Un certain nombre d'erreurs s'étant produites dans l'impression de cet ouvrage, nous prions le lecteur de consulter les errata que nous relevons à la fin du volume.

CATÉCHISME NATURALISTE

Essai de synthèse physiqe, vitale et religieuse

TABLE DES MATIÈRES

PREMIÈRE PARTIE
De l'Univers et de la vie.

Qu'est-ce que l'Univers?

Quelle est l'origine et quelle est la nature de la substance?

Qu'est-ce que le temps et qu'est-ce que l'espace?

Qu'est-il du passé et de l'avenir de la substance?

Quelle est la cause qui vient détruire l'équilibre que gardent entre eux les atomes dans la densité naturelle de la substance diffuse?

La substance et le mouvement suffisent-ils pour expliquer l'existence de l'Univers?

D'où provient le branle initial?

Quelle idée nous ferons-nous de la Puissance et de la Volonté ultra-substantielles ?

A quoi reconnaissons-nous que les atomes dont est faite la substance sont égaux et indivisibles ?

Que devinrent les atomes et leur énergie propre au milieu de l'ébranlement causé par le choc initial ?

Comment se concilie avec l'ordre établi l'instabilité continuelle des atomes de la substance ?

Le repos ne se rencontre-t-il pas dans la nature en opposition avec le mouvement ?

Notre monde avec ses lois naturelles, aurait-il pu être autrement qu'il est ?

Tous les astres de notre univers appartiennent-ils à la même impulsion initiale ?

La substance emplit-elle intégralement l'espace, ou bien admet-elle l'existence du vide ?

Comment se comportent entre elles la force initiale extérieure et l'énergie immanente à l'atome, dans la formation de l'univers astral ?

Que pouvons-nous admettre touchant l'origine et les lois de la pesanteur ?

L'ordre établi dans la partie de l'espace que nous occupons, est-il un ordre définitif ?

D'où partent les impulsions initiales génératrices de l'évolution des mondes et de la vie universelle ?

Est-ce que la vie avec ses développements naît de la substance ?

Comment s'explique-t-on que l'ordre physique relève essentiellement de l'énergie propre de la substance ?

Où commence l'ordre vital ?

Jusqu'à quel point la vie représente-t-elle le principe supérieur ?

Quel est dans notre monde le point de départ de la vie ?

Est-ce la substance même qui change de nature dans l'ordre vital ?

Qu'est-ce qui nous indique qu'il existe une unité vitale irréductible, et quelle est son importance dans l'ordre vital ?

Comment peut-on se figurer l'activité vitale des êtres sous l'aspect de tourbillons ?

Quel paraît être le sens général de l'évolution tourbillonnaire des êtres vivants ?

Comment se comportent entre elles les unités vitales dont l'ensemble représente un animal ou une plante ?

N'y a-t-il pas communauté d'origine pour la vie végétale et la vie animale ?

Où l'activité vitale puise-t-elle le renouvellement de substance dont elle a besoin pour se maintenir ?

L'absorption d'un tourbillon vital par un autre entraîne-t-elle toujours sa destruction?

Le tourbillon vital qui s'est constitué graduellement, s'éteint-il aussi par degrés ou meurt-il tout à coup?

Quelle part revient à l'ordre physique dans le fonctionnement de la vie?

La vie qui ne saurait exister sur la terre en dehors de certaines conditions strictes de température et d'éléments composants, ne serait-elle possible que dans les mondes qui réalisent exactement les mêmes conditions physiques que la terre?

A la mort que devient le principe vital qui s'est retiré de la masse substantielle qu'il animait?

Comment se développe et progresse l'évolution vitale?

Pourquoi la vie progresse-t-elle au lieu de naître déjà parfaite?

Sous quels aspects distincts voyons-nous se produire les divers degrés de la vie?

En quoi consistent les progrès qui différencient les espèces entre elles?

Sous quelles influences les espèces vivantes prennent-elles les formes particulières que nous leur voyons?

Dans quelles limites s'exerce la malléabilité des formes acquises dont le milieu vient à changer?

Examinons en détail l'adaptation des êtres et de leurs organes aux conditions qui leur sont imposées par leurs milieux.

Quelles causes principales stimulent l'expansion de la vie dans tous les milieux possibles, tout en la contenant dans les bornes nécessaires?

Pourquoi la concurrence vitale n'entraîne-t-elle pas partout la destruction et le remplacement des formes primitives par les formes perfectionnées?

Relevons quelques exemples des transformations que subissent les espèces qui ont changé de milieu.

En vue de quels besoins et dans quelles conditions de milieux nos sens ont-ils pris naissance?

A quelle cause peut-on attribuer les formes symétriques si remarquables dans l'aspect extérieur des animaux?

De quelle manière envisagerons-nous dans tout son ensemble et son unité, l'arbre figuratif de la vie?

Au milieu des changements continuels des formes vivantes, qu'est-ce qui limite et distingue rigoureusement les espèces entre elles?

A quelles causes déterminantes peut-on ramener les formations, les développements et les progrès des êtres vivants?

La vie terrestre peut-elle être considérée comme fixée dans les espèces actuelles?

Quelle image nous présente la succession des formes dans lesquelles s'individualise la vie?

Sur quel principe repose l'acte de la procréation?

Qu'est-ce qui empêche que le mariage d'une espèce avec une espèce différente puisse être fécond?

N'y a-t-il pas pour les êtres des causes d'épuisement et même de perte totale de la faculté générative?

La vie n'eût-elle pu se produire et se continuer sans tant de complications?

Quelle comparaison analogique suggère à l'esprit la reproduction générative des êtres vivants?

Considérons un instant de quelle importance est le sentiment qui préside à la transmission de la vie.

Quel est l'organe le plus essentiel de la vie des animaux?

Quelle est l'origine et quel est le rôle du cerveau?

Quelles preuves sensibles existent-il de la corrélation du cerveau et de la pensée?

En quoi la vie organique et la vie animale ou sensitive diffèrent-elles l'une de l'autre?

Qu'est-ce que le sommeil?

Jusqu'à quel point peut s'étendre, pour en faire de nouveaux êtres collectifs, la loi d'harmonie qui rassemble et organise la substance vivante?

Résumons les principaux traits de la synthèse physique et vitale.

DEUXIÈME PARTIE
De l'Homme.

L'homme peut-il être considéré comme constituant un règne à part dans la nature?

Quelle définition donnerons-nous de l'intelligence?

Jusqu'à quel point l'intelligence et la volonté résident-elles dans la sensation?

Ne semble-t-il pas que l'enchaînement continu du progrès soit démenti par l'histoire du passé humain?

Quels liens rattachent le cerveau humain au cerveau des espèces animales?

Puisque le cerveau est l'œuvre graduelle du

passé ancestral de la sensation, ne conserve-t-il pas en lui-même la trace des phases qu'il a traversées au cours de ses développements successifs?

Quelle différence reconnaîtrons-nous entre l'intelligence et l'instinct?

Que pouvons-nous comprendre au mécanisme du cerveau?

Que faut-il voir dans le dualisme de la raison et des passions?

Quels rapports rattachent le langage à la pensée humaine?

Jusqu'à quelles limites peut s'étendre l'action du tourbillon vital?

Comment concevons-nous que l'éther puisse se prêter à un nombre aussi prodigieux d'ondulations lancées en même temps de toute part?

Le rayonnement vital participe-t-il de la vie même des êtres dont il émane?

Examinons quelques-uns des phénomènes qui se rapportent au rayonnement vital.

Quelles preuves nouvelles vient apporter le magnétisme à l'existence d'un rayonnement éthéré de la vie?

La vie végétale ne rayonne-t-elle pas aussi comme la vie animale?

Peut-il y avoir des rapports entre le rayonnement de la vie terrestre et le rayonnement de la vie des autres mondes?

Résumons les considérations qui se rapportent particulièrement à l'homme et au rayonnement vital.

TROISIÈME PARTIE
De la religion naturelle.

Première proposition.

Existence d'un Principe suprême et éternel réunissant les attributs de Puissance, d'Intelligence et de Volonté, et capable de s'exercer sur la Substance qui de son côté existe éternellement par elle-même, en ayant pour attribut propre une énergie immanente et toujours égale, laquelle énergie maintient les atomes susbtantiels en équilibre dans une immobilité et une diffusion parfaites, tant que la Substance n'est pas visitée par l'action du Principe supérieur.

Deuxième proposition.

Évolution universelle dans laquelle se manifeste l'action du Principe suprême par le branle initial apparu en une région de l'étendue substantielle, et entré en conflit avec l'énergie résistante de la substance diffuse déséquilibrée par la force qui l'a tirée de son immobilité naturelle.

Troisième proposition.

Évidence de l'alliage temporaire du Principe supérieur immatériel et du Principe inférieur substantiel, au cours de l'évolution universelle dans un contact incompréhensible mais inéluctable, dont l'incompréhensibilité même prouve la séparabilité avant et après le dualisme évolutif qui conduit les mondes de leur naissance à leur extinction.

Quatrième proposition.

Dégagement graduel du Principe supérieur qui, après la constitution de l'ordre physique déterminé par l'énergie réagissante des atomes substantiels, se manifeste dans l'apparition et les développements de l'ordre vital, lequel relève essentiellement du Principe supérieur qui reste allié à la Substance tant que dure l'évolution.

Cinquième proposition.

Unité de la vie depuis ses premières ébauches jusqu'à l'homme qui représente la dernière synthèse de tous les développements successifs de l'évolution vitale terrestre.

Sixième proposition.

Progrès mental des êtres vivants qui, depuis l'animalité inconsciente, et par l'élévation graduelle de la synthèse vitale, arrivera à la personnalité du moi humain en qui se révèlera la conscience des attributs d'Éternité, d'Intelligence, de Volonté et de Puissance appartenant intégralement au Principe suprême, et partiellement à la vie qui participe à la fois du Principe supérieur immatériel et du Principe inférieur substantiel.

Septième proposition.

Morale naturelle découlant du principe et du rôle même de la vie, et s'affirmant de plus en plus en conformité du but final de l'évolution humaine.

Huitième proposition.

Droit naturel basé sur l'imprescriptibilité du droit à la vie qu'apporte en naissant toute créature, et droit humain fondé sur la loi du progrès moral correspondant à la progression de la synthèse vitale.

Neuvième proposition.

Existence dans l'âme humaine d'un sentiment inné d'élévation religieuse vers le Principe inconnu de qui naît la vie et en qui elle se résorbe finalement.

Dixième proposition.

Culte exprimant les aspirations suprêmes de

l'homme par des formes sensibles appropriées à son état moral et nécessitées par le besoin spontané d'épancher le sentiment religieux comme s'épanchent tous les autres sentiments vrais appartenant à la nature humaine.

CONCLUSION.

La vie descendue de Dieu, remonte à Dieu.

PREMIÈRE PARTIE

De l'Univers et de la vie.

Qu'est-ce que l'Univers ?

Nous appelons ainsi la substance qui existe sous tous les aspects possibles dans l'infini de l'espace et du temps.

Quelle est l'origine et quelle est la nature de la substance ?

La substance est par elle-même de toute éternité, et dans son état primordial, elle est constituée par une infinité d'atomes indivisibles d'une petitesse extrême, tous semblables entre eux, et se faisant réciproquement équilibre en vertu d'une énergie de position qui leur est propre.

Qu'est-ce que le temps et qu'est-ce que l'espace ?

Le temps et l'espace ne sont rien par eux-mêmes, ces mots figurant des abstractions au moyen desquelles nous concevons la durée et l'étendue de la substance envisagée sous l'aspect que nous présente actuellement l'univers.

Comment concevons-nous l'infini du temps et de l'espace ?

Cet infini se conçoit par l'impossibilité de supposer des limites au temps et à l'espace, sans entrevoir toujours au-delà d'autre espace et d'autre temps.

Qu'est-il du passé et de l'avenir de la substance ?

De même que l'infini du temps et de l'espace se conçoit par l'impossibilité de le contenir dans des limites quelconques, l'éternité de la substance s'impose par l'impossibilité de la tirer du néant si l'on scrute ses commencements, ou de la voir disparaître sans qu'elle ne soit plus nulle part si l'on suppose sa fin. Nous avons vu d'ailleurs que les notions d'espace et de temps n'ont d'existence que par la substance elle-même. C'est donc à celle-ci qu'appartient avec réalité la qualité d'infini.

Une immensité de substance homogène s'étend sans limite et sans fin, et sort çà et là de son état naturel de diffusion et d'immobilité parfaites pour se condenser laborieusement en amas ordonnés et mouvementés qui retourneront à l'équilibre normal de la diffusion originelle, une fois accompli le cycle de l'évolution passagère qui est leur raison d'être. Il y a eu alors transformation dans les aspects de la substance, mais ses atomes sont restés intrinsèquement immuables et indestructibles, car la substance est éternelle.

Quelle est la cause qui vient détruire l'équilibre que gardent entre eux les atomes dans la densité naturelle de la substance diffuse ?

On ne saurait concevoir le point de départ de l'évolution manifeste qui se poursuit dans notre monde, sans une *force* impulsive et coercitive *extérieure* à la substance, sans un branle initial qui a lancé les atomes dans des directions déterminées. Autant qu'il nous est donné de constater dans l'espace les premiers commencements astrals, c'est en de vagues nébulosités que nous voyons se rassembler la matières des mondes en formation. Nous savons dès lors que le mouvement est apparu sur ce point, recélant virtuellement tout l'avenir du groupe atomique mis en activité ; ainsi le mouvement avec toutes ses transformations en chaleur (*), lumière, électricité, etc., est la continuation du branle générateur de l'évolution propre à chaque masse cosmique isolée, compliqué des réactions de l'énergie substantielle.

Quant à la diversité des aspects que présente la substance dans notre univers actuel, elle s'explique par les groupements de ses atomes en quantités et dispositions différentes, groupe-

---

* Le degré d'incandescence des astres serait donc relatif à la mesure dans laquelle sévit à ses premiers débuts la force extérieure qui s'y traduit en un tourbillonnement atomique d'autant plus intense que la force active davantage les atomes et est combattue par leur énergie réagissante.

ments qui sont les effets de la force initiale extérieure, victorieuse de la résistance substantielle, et se combinant étroitement avec l'énergie atomique, laquelle tend toujours de son côté à retourner à la diffusion également équilibrée de son état primordial. Sans action initiale, il n'y a pour la substance qu'équilibre parfait, c'est-à-dire la mort du repos absolu; par le branle initial, la substance est entrée dans l'évolution qui a fait notre monde ce qu'il est, jusqu'à ce qu'elle retourne à sa diffusion originelle, quand la force initiale se sera retirée. (*)

Quelles sont les fins dernières de l'évolution universelle dont nous sommes témoins? L'Univers intégral n'est-il qu'un amas indéfini d'astres semblables à ceux qui nous entourent? Notre univers visible dépend-il d'un plus vaste univers existant au-delà de la portée de nos regards et dont il ne serait qu'un rouage partiel, ou bien n'est-il encore qu'un détail organique de quel-

---

* Les nébuleuses irrésolubles que M. O. Wolf montre réparties en deux catégories absolument différentes : les nébuleuses de constitution gazeuse où l'analyse spectrale rencontre à divers degrés une certaine diversité d'éléments, et celles à l'aspect pulvérulent qui donnent un spectre continu sans marque aucune de cette diversité de composition, ne nous permettent-elles pas d'admettre que les premières sont des mondes entrant en évolution, tandis que les secondes ne représenteraient que des mondes finissants que la force initiale n'organise plus, et qui retournent peu à peu à l'égale diffusion de l'état primordial de la substance éthérée universelle?

qu'être incommensurable que nous ne saurions concevoir ? Arrêtons-nous devant l'inconnaissable. (*)

La substance et le mouvement suffisent-ils pour expliquer l'existence de l'Univers?

La substance tangible et le mouvement produit par la force immatérielle, apparaissent comme les deux facteurs essentiels de l'évolution universelle à laquelle la substance donne un corps et dont le mouvement fait le mode; et si nous envisageons l'univers sous ses seuls aspects sensibles, abstraction faite des causes supérieures de l'évolution, nous ne trouverons plus que ces deux choses : la substance et le mouvement, soit la même unité atomique multipliée dans une

---

* Nos plus puissants instruments ne nous permettent plus aucune perception visuelle au-delà des étoiles de seizième grandeur ; or, cet univers visible, qui n'est si grand que par rapport à nos chétives existences, qu'est-il en comparaison de l'infini de l'espace ? A peine un point appréciable qu'un œil humain aidé du télescope n'apercevrait même plus du tout à la distance de moins d'un seul diamètre de ce même univers, si nous en jugeons par les nébuleuses les plus lointaines de notre ciel, groupes stellaires semblables pourtant à la nébuleuse dont notre soleil fait partie, et qui à l'observation disparaissent presque entières derrière le fil réticulaire de l'instrument. N'est-il pas téméraire de vouloir que la masse de matière qui se montre ici sous l'apparence d'un essaim de globes en mouvement, soit nécessairement le type unique de ce qui peut exister dans l'Univers intégral dont le nôtre n'est qu'une portion infinitésimale ?

infinité de dispositions toujours changeantes, par lesquelles l'uniformité d'essence et d'énergie fondamentales des atomes substantiels se diversifie par l'inégalité des groupements et la variabilité des rapports réciproques de ces divers groupements.

La substance est par elle-même ; son existence s'impose de même que son éternité par l'impossibilité absolue de la prendre ou de la rendre au néant; mais on ne saurait reconnaître le même attribut au mouvement qui n'exclut pas la conception du repos, et qui par sa nature est transitoire et relatif. La substance est de toute éternité, au lieu que le mouvement qui l'affecte n'est que passager et détermine même seul avec la substance qu'il agite, la notion toute relative du temps; or, cette qualité transitoire du mouvement renferme évidemment la nécessité d'un commencement et d'une fin, lesquels à leur tour impliquent une direction. A la substance et au mouvement s'ajoute donc indispensablement un troisième facteur qui détermine le *but nécessaire* ou *but final* vers lequel tend l'évolution rigoureusement poursuivie en conformité et conséquence de la nature du choc initial. Ce dernier facteur n'est, il est vrai, qu'une autre forme du facteur immatériel se manifestant sous l'aspect de volonté.

D'où provient le branle initial?

Il ne peut venir que d'une puissance et d'une

volonté extérieures qui opèrent sur la substance et l'emploient à des fins qui restent impénétrables pour notre entendement limité.

Quelle idée nous ferons-nous de la Puissance et de la Volonté ultra-substantielles ?

Nous concevons cette *Puissance* et cette *Volonté* par les effets dont elles sont la cause nécessaire, mais nous n'en saurions connaître l'essence et la nature. Dans le problème de l'Univers, c'est l'inconnue dont on constate l'existence et l'action manifestes, mais qui reste introuvable, et que l'on ne saurait nommer autrement que l'*Incognoscible*.

Que devinrent les atomes et leur énergie propre, au milieu de l'ébranlement causé par le choc initial ?

Les premiers groupes d'atomes dont les énergies se trouvèrent inégalement comprimées sous l'action complexe de la poussée initiale, formèrent des valeurs substantielles diverses représentant chacune une certaine résultante d'actions engagées ; et ces valeurs inégales mises aux prises entre elles à leur tour, se subordonnèrent bientôt les unes aux autres, selon les sommes et les directions des forces combinées donnant de nouvelles résultantes ; et enfin de résultante en résultante, se dégagea en dernier ressort un jeu régulier d'actions atomiques mères de nos lois naturelles, lesquelles sont actuellement fixées et font aussi les lois des nombres. De là vient la possibilité pour l'intelligence humaine de découvrir et de formuler ces lois, car les nombres gouvernent tout, depuis la formation des cristallisations minérales et même des moindres vapeurs, jusqu'à la constitution et la gravitation des astres. (*)

Notre monde est la solution encore en cours du grand problème qui se posa lors du premier contact de la force initiale et de la substance, quand le branle originel qui vint agiter la substance diffuse au point de l'espace où s'est formé notre univers, donna naissance aux premières actions physiques, à commencer par la chaleur, et se continua jusqu'à la régularisation des forces actives ou latentes qui font l'aspect ordonné de la nature actuelle.

A quoi reconnaissons-nous que les atomes dont est faite la substance sont égaux et indivisibles ?

Nous concevons les transformations et la divisibilité de la substance ou matière, mais sa divisibilité indéfinie, de même que son anéantissement cesse d'être concevable. Il existe nécessairement un premier élément irréductible, sans quoi la substance ne serait point, car un

---

* Les nombres sont aussi dans la nature vivante et dans nous-mêmes. Les mouvements de la vie et de tout ce qui en émane sont régis dans des proportions et des rapports évaluables par des nombres. Les nombres règlent même les lois et les beautés de tous nos arts ; c'est ainsi que dans la musique on peut ne voir qu'une suite de vibrations numériquement combinées.

fractionnement sans limite dans l'infini n'est plus d'ordre matériel, et se confond dans sa non-existence ; or, la substance est, c'est un fait palpable qui domine toute spéculation. Le fini est son attribut essentiel ; et son élément fondamental est de forme et d'espèce unique, puisqu'il suffit de la force initiale extérieure combinée avec l'énergie de position appartenant à l'atome, pour donner à la substance tous les aspects possibles. (*)

Comment se concilie avec l'ordre établi, l'instabilité continuelle des atomes de la substance ?

Au commencement de l'évolution, l'entrée en conflit de la force initiale et de l'énergie atomique produisit le chaos, mais un chaos recélant déjà en lui-même l'ordre futur, car au milieu de l'ébranlement général, toutes les affinités de même pente devaient tendre à se réunir ensemble et à constituer de grands courants distincts formés des énergies de même ordre.

---

* Outre l'évidence spéculative, il y a encore la démonstration expérimentale qui fait voir que les rapports entre les densités et les poids atomiques sont d'autant plus semblables que l'on se rapproche des corps chimiques dits simples, et que ces mêmes corps simples comparés se multiplient entre eux par des coefficients de plus en plus identiques, affirmant la réalité et l'égalité atomiques ; ainsi l'on sait par exemple que les atomes de tous les corps ont exactement la même capacité pour la chaleur. Le fait acquis vient donc s'ajouter à la conception théorique et la confirmer expérimentalement.

C'est entre ces divers courants que se distribuent les atomes, selon que l'élan évolutif toujours en action, les combine entre eux et transforme leurs groupes changeants. Les atomes, tantôt libres d'obéir à leur énergie devenu expansive sous la coercition extérieure, tantôt ressaisis par un autre courant de force dominante, sont donc ainsi en migration perpétuelle à travers les formes et les courants d'ordre constant, dans lesquels s'est régularisé le tourbillonnement de la substance ébranlée par la puissance initiale, et poussée vers des fins voulues par cette même puissance.

Le repos ne se rencontre-t-il pas dans la nature en opposition avec le mouvement?

Une fois sorti du repos parfait qui est l'état naturel de la substance laissée à elle-même, il n'y a plus d'arrêt dans l'univers en évolution où la force initiale, maîtresse de l'énergie atomique, laquelle de son côté réagit sans cesse dans sa mesure, ne laisse jamais de trêve au conflit évolutif. Aussi le mouvement y règne-t-il continuellement dans toutes les directions et à tous les degrés de vitesse : tantôt des courants, d'une rapidité inconcevable vibrent à travers l'espace, tels que les émissions lumineuses ou électriques, tantôt des pressions équivalentes s'opposent entre elles et se neutralisent réciproquement, produisant l'inertie apparente du minéral où les atomes groupés et équilibrés géométriquement, oscillent sur place jusqu'à ce qu'une cause perturbatrice vienne déplacer la force coercitive et permettre l'expansion de ces atomes un instant rendus en partie à leur énergie propre. (*)

Mais cette réduction à un minimum de vibration ou d'évolution n'est jamais le repos absolu, ainsi que le prouvent les changements continuels de la porosité ou de la coercibilité de tous les corps dont les figures représentent des groupements moléculaires disposés sous une infinité d'aspects différents. Le mouvement est la loi inéluctable des mondes où la lutte incessante des diverses compressions ou expansions en conflit déplace continuellement les forces et les courants, à tout instant déséquilibrés par l'essor continuel de la cause supérieure qui mène l'évolution universelle. (**)

---

* En chimie, le dynamisme atomique est un aspect des corps qui s'impose de plus en plus à la science et rapproche les mystérieuses affinités intestines de la matière des lois connues de l'astronomie.

** Il n'y a qu'une force comme il n'y a qu'une substance, et c'est cette force, seule initiale, qui actionne la substance dans toutes les transformations du mouvement, qu'il s'agisse de la chaleur, laquelle n'est jamais que l'expression sensible sous cet aspect particulier, d'un travail moléculaire qui se fait ou se défait, ou qu'il s'agisse de l'électricité qui ne s'accumule que par un autre travail atomique considérable, et ne se décharge que par le déroulement des tensions ainsi obtenues. Il est évident par exemple que pour ce qui regarde la chaleur, ce sont toujours dans les corps qui se trouvent

Notre monde, avec ses lois naturelles, aurait-il pu être autrement qu'il est?

Il est évident qu'une impulsion initiale différente eût produit d'autres groupements avec des résultantes et des conséquences correspondantes, soit en effet un monde ordonné tout autrement que le nôtre; et étant donné l'infini de l'espace, du temps et de la substance, il est logique et, de plus, conforme à la diversité des aspects lointains de l'univers visible, d'admettre que l'ordre et les

---

en contact, les plus chauds qui communiquent de leur chaleur à ceux qui sont relativement froids, et non ceux-ci qui ajoutent de leur température aux corps chauds, parce que l'activité la plus intense a raison de l'activité adhérente plus faible et lui transmet de son impulsion supérieure sans que l'inverse soit jamais possible, sauf que le corps actionné réagit en affaiblissant le corps actionnant de la part de force dépensée dans cette transmission. Pour ce qui est de l'électricité, nous avons par la réalisation récente du transport de la force à distance, la preuve que le mouvement impulseur se résume dans le courant électrique en un branle atomique d'une intensité telle que le fil de communication cède à l'effort si l'on ne proportionne sa consistance et sa longueur à la quantité de force qu'il est chargé de transporter à la machine à actionner où cette force active s'étale et se développe aussitôt en un travail utilisable. La lumière électrique, d'autre part, est-elle autre chose que la vibration d'un branle atomique supérieurement intense? Toute transformation de mouvement remonte à la même source, la seule force initiale que nous avons reconnu devoir être extérieure à la substance et cause déterminante de l'évolution universelle. Toutes les manifestations du mouvement, quelles qu'elles soient, relèvent du même branle impulseur qui est cette force unique, d'origine ultra-substantielle.

lois de notre monde actuel ne représentent qu'une particularité de cet infini substantiel dont, loin d'en concevoir l'ensemble, nous n'apercevons qu'un coin infime et qu'un état passager.

Tous les astres de notre univers appartiennent-ils à la même impulsion initiale ?

Il semble que la nébuleuse dont fait partie notre système solaire relève du même branle initial, malgré de profondes différences dans les groupements atomiques et l'âge de ces divers groupements. Tous les mondes poursuivent isolément leurs évolutions propres, mais certaines lois communes les relient entre eux, et leur font échanger des courants de gravitation, de chaleur, de lumière, qui témoignent d'une solidarité réelle entre les diverses condensations astrales de la substance de notre univers. Tous ces courants propagent leurs ondes spéciales à travers des espaces immenses et prouvent par cette propagation même l'enchaînement continu des atomes qui les répercutent jusqu'à extinction, ou plutôt jusqu'à transformation du mouvement émis.

Ce qui remplit le champ illimité des intermondes a été nommé éther. L'éther qui nous environne représente la quantité irréductible de substance diffuse qui a persisté dans l'espace après la formation des condensations astrales, et il reste le milieu commun qui tient en suspension tous les corps de la nature. La substance occupe ainsi intégralement tout l'univers à ses différents états de densité réalisable; et le minimum éthéré de cette densité n'en suffit pas moins à transporter d'atome en atome sans solution de continuité, les formes les plus diverses et les plus complexes du mouvement.(*) Tandis que d'innombrables courants locaux organisent la distribution de la substance au sein des condensations astrales, celles-ci échangent entre elles des irradiations calorifiques et lumineuses, des poussées dynamiques et des émissions électriques, mouvements distincts et pourtant relatifs entre eux au point, non seulement de s'allier ensemble, mais encore de se fondre dans le courant que les circonstances rendent prépondérant. Ces rapports réciproques suffisent pour nous convaincre de l'homogénéité de notre univers et de l'unité synthétique de son évolution générale.

La substance emplit-elle intégralement l'espace, ou bien admet-elle l'existence du vide?

S'il n'existait pas un espace vide entre les

---

* L'impondérabilité inappréciable de l'éther ne doit pas nous faire méconnaître son réel caractère substantiel. Cette inconsistance extrême qui échappe à l'analyse, n'est qu'un dernier terme de la raréfaction atomique, laquelle se trouve être de plus en plus grande parmi les fluides et les gaz, et dans l'éther arrive à n'être plus perceptible pour nous, sans qu'il faille pour cela admettre autre chose qu'une inimaginable petitesse des atomes de la substance universelle.

atomes, il y aurait cohésion absolue, et le mouvement serait impossible; or, comme le mouvement existe, il implique aussi l'existence d'un libre champ inter-atomique constituant un vide nécessaire.

Ce vide ne peut cependant pas être pris dans un sens absolu, puisque les atomes finis et limités s'actionnent réciproquement et se relient entre eux dans un contact d'énergie immanente et continue qui est la raison de leur équilibre naturel et qui, en dehors de cet équilibre primordial se manifeste en opposition avec la force coercitive extérieure par une élasticité qui tend toujours à ramener les atomes à la densité originelle de la substance. L'espace est donc rempli par les atomes et par le rayonnement de leur énergie propre, et cette énergie substantielle se prouve à son tour par l'existence de l'écart inter-atomique que nécessairement elle traverse, soit en sens expansif, soit en sens rétractif, pour pouvoir agir sur les atomes voisins, dans les actions et les répercussions qui ne cessent d'agiter en tous sens notre univers.

C'est ainsi que dans les concentrations astrales où pèse la force ultra-substantielle, l'énergie atomique réagit en sens expansif, tandis que dans l'éther inter-sidéral réduit à une raréfaction plus grande que celle de la substance diffuse originelle, la même énergie devient contractive; c'est-à-dire que dans les deux cas cette énergie tend à ramener les atomes à la position réciproque qu'ils gardent dans la substance primordiale. L'atome possède ainsi une énergie propre qui se révèle en outre visiblement dans l'élasticité de certaines matières où l'uniformité de pression de la force extérieure laisse sans doute une égale liberté d'expansion à chacun des atomes composant l'assemblage, et où la distension ou la coercibilité possibles se balancent autour de la résultante des deux forces restées aux prises. (*)

Ce qu'est cette énergie appartenant en propre à l'atome, et occupant telle qu'une force élastique l'écart inter-atomique inéluctablement nécessaire pour que se réalise le mouvement, on ne saurait le concevoir, mais son existence s'impose sans que nous en puissions comprendre la nature, pas plus que nous ne comprenons l'essence du mouvement lui-même que nous ne songeons point à révoquer en doute.

---

* On constate aussi le jeu de l'énergie atomique contenu par la pression de la force extérieure, dans les vibrations dont tous les corps sont plus ou moins susceptibles et qui répercutent de proche en proche les ébranlements qui viennent choquer un point quelconque de ces corps. On la reconnaît encore dans l'égale poussée qui s'exerce en tous sens au milieu des masses liquides ou gazeuses, ainsi que dans la résistance qu'opposent quelque temps aux sollicitations ambiantes, les rencontres d'équilibre atomique réalisées dans certains groupements de forme régulière dont par exemple les ronds de fumée d'un fumeur de cigarettes peuvent fournir une facile expérience. Elle se relève surtout enfin dans les explosifs où une neutralisation locale de la force coercitive rend subitement aux atomes la liberté d'obéir à leur seule énergie expansive.

Comment se comportent entre elles la force initiale extérieure et l'énergie immanente à l'atome, dans la formation de l'univers astral ?

L'égale énergie de position qui maintenait les atomes de la substance diffuse dans un parfait équilibre, vient à se trouver inégalement ou comprimée ou distendue par l'effet de l'action extérieure qui détermine des groupements atomiques inégaux, mais cette énergie indestructible ne cesse de suivre l'atome partout où il est porté, et de s'exercer toujours égale à elle-même, se multipliant ou se raréfiant en proportion constante de l'accroissement ou de la réduction des groupes atomiques. L'univers, avec ses grandes concentrations solaires et planétaires, et ses raréfactions éthérées inter-sidérales, raréfactions que limite seulement le dernier degré de la distension possible de l'énergie substantielle, l'univers, disons-nous, peut être considéré comme une seule masse inégale, mais occupant entièrement l'espace qui n'est du reste que par elle, et où le plus ou moins de force initiale développée se manifeste par le degré réalisé de compression et de condensation de la substance; et le mouvement y est toujours tournoyant, parce que les résultantes des inégales sommes des forces contraires engagées de divers côtés dans le conflit de l'action initiale et des réactions de l'énergie atomique, donnent, sous l'entraînement évolutif incessant, des directions obliques et courbes dont les prolongements sont nécessairement des trajectoires circulaires qui par les sollicitations ambiantes deviennent paraboliques ou elliptiques, et dont la translation à travers l'espace fait des spirales. (*)

La rotation et la translation circulaire de tous les corps célestes de l'univers nous apparaissent alors comme une dernière résultante de mouvement, s'élançant de la rencontre angulaire de l'ensemble de la force coercitive s'exerçant de toute part sur la substance et de l'énergie expansive des atomes toujours sollicités de revenir à l'équilibre uniforme de leur diffusion originelle; et les équivalences de la pesanteur et de la vitesse s'expliquent après cela comme résultant du balancement réciproque des deux grandes forces universelles. (**)

---

* Comment ne pas remarquer qu'aucun des mouvements de la nature ne donne de lignes droites, ni même de courbes absolument unies et régulières? Depuis les projections ondulées des rayons lumineux jusqu'au balancement rapide des projectiles en leurs trajectoires paraboliques, et depuis la trépidation de nos wagons et de nos navires, jusqu'à la nutation des astres évoluant dans l'espace, tout s'ébranle par oscillation. Et cette loi s'étend même aux choses de la vie où rien n'avance qu'en allant alternativement de l'excès vers l'excès, comme si dans tout ce qui existe, l'étreinte de deux forces opposées l'une à l'autre, les balançait continuellement autour d'un point d'équilibre jamais stable, parce que l'évolution universelle dont tout mouvement découle, aussi bien les mouvements de la vie que le jeu des forces physiques, marche sans arrêt vers ses fins inconnues.

** Dans le cas de la stabilité relative de notre système solaire

C'est ainsi qu'en conséquence de l'action initiale, un nouvel équilibre instable succède à l'ancienne stabilité de la substance diffuse. Mais dès que la force initiale commence à se retirer, l'énergie atomique reprend le dessus, désagrège bientôt les formations astrales et les fond peu à peu dans l'éther ambiant, ainsi que nous en avons la preuve par les aréolithes et peut-être par les comètes, ramenant alors la matière des mondes finis au degré de diffusion que permet le milieu cosmique actuel. Cette dernière phase des évolutions planétaires et stellaires contredirait même les lois de l'attraction universelle telles qu'elles ont été formulées par Newton, si ces lois n'avaient un caractère transitoire et ne se complétaient de la notion de l'extériorité de la force et de la durée limitée du mouvement par rapport à la substance éternelle et stable qui reprend finalement possession d'elle-même et retourne alors par son égale énergie atomique, à la diffusion et à l'équilibre parfaits qui constituent l'état primordial de la substance. (*)

---

et planétaire, où la force centrifuge balance la pesanteur qui, sans elle, réunirait le tout en une seule masse, nous voyons un exemple de cet équilibre de la force ultra-substantielle et de l'énergie appartenant en propre à la substance.

* N'est-il pas téméraire d'attribuer aux lois que le génie des Kepler, des Newton et des Laplace a su reconnaître dans le jeu actuel des forces actives de notre univers, un caractère d'absolu et d'immuabilité ? Pourquoi ce qui fait présentement l'ordre d'un point de l'immensité infiniment limité dans le

Que pouvons-nous admettre touchant l'origine et les lois de la pesanteur ?

Sans action initiale, c'est-à-dire sans impulsion extérieure venant ébranler la stabilité atomique originelle, la pesanteur n'existe pas, car celle-ci ne peut être autre que la force initiale elle-même s'exerçant sur la substance et se manifestant d'autant plus grande qu'elle rassemble un plus grand nombre d'atomes sous son effort. Quand donc nous voyons la gravitation peser en raison directe des masses, c'est la force initiale qui se dépense dans la mesure devenue sensible par ses effets coercitifs sur la substance ; et quand elle s'exerce en raison inverse du carré des distances, c'est que l'étendue éthérée à actionner est d'autant plus considérable et offre d'autant plus de résistance à la force coercitive, qu'un plus grand éloignement sépare les masses que celle-ci a concentrées, et que le volume entier de l'éther ambiant, et pas seulement ce qui existe sur la

---

temps et l'espace, serait-il davantage l'ordre éternel de tout ce qui est universellement, que le mécanisme local régissant quelque détail d'un organisme vivant qui peut dans l'infiniment petit être envisagé à son tour comme une immensité relative, n'est l'unique forme d'activité, non seulement de l'ensemble de cet organisme, mais encore de ce qui a été et sera en deçà et au-delà d'une existence passagère ? Après comme avant la scène universelle dont il nous est donné de contempler un infime accident, pourquoi n'y aurait-il pas d'autres dispositions et d'autres lois, bien que toujours applicables à la même force et à la même substance ?

voie directe de leur ligne de jonction, résiste à la pesanteur en vertu de l'énergie atomique qui relie ensemble toutes les parties de la substance diffuse ou non diffuse.

C'est alors que la force coercitive totale n'agit autour de ses centres d'action que dans une convergence sphérique dont les lignes de surface successivement développées sont toujours géométriquement et mensurablement proportionnelles au carré de leurs rayons, avec réciprocité d'action de masse à masse, soit entre toutes les différentes parties de l'inégale distribution de la force extérieure s'exerçant sur la substance universelle; ce qui donne bien des corps qui ne s'attirent réciproquement qu'en raison inverse du carré des distances qui les séparent.

La gravitation qui précipite avec une force régulièrement croissante vers leurs centres de rassemblement, tous les atomes qui composent les masses substantielles, en produisant ainsi la sphéricité des astres, et en faisant l'attraction réciproque des diverses concentrations d'une substance homogène qui occupe tout l'espace sans solution absolue de continuité, la gravitation, disons-nous, ne serait ainsi que l'exercice en résultante générale, de la force initiale perturbatrice de la stabilité atomique originelle, et motrice des atomes dont l'énergie, réagissant en-deçà ou au-delà de leur équilibre primordial, se combine nécessairement avec la force initiale, et donne des résultantes de mouvement où les deux forces aux prises s'influencent réciproquement et l'emportent tour à tour l'une sur l'autre, suffisant ainsi à produire l'infinie variété des aspects de l'univers substantiel.

Les effets connus de la gravitation résulteraient alors de la combinaison de la force initiale extérieure, seule active, avec l'énergie strictement passive mais réagissante de la substance, et ils ne sauraient évidemment se manifester au milieu de la substance diffuse que n'ébranle pas encore l'impulsion initiale d'origine ultra-substantielle.

L'ordre établi dans la partie de l'espace que nous occupons, est-il un ordre définitif ?

Il serait déraisonnable de croire cela. Toutes les évolutions constatées s'arrêtent fatalement après emploi et épuisement des forces engagées. L'évolution universelle qui contient en elle-même toutes les évolutions partielles ne saurait échapper à la loi commune. Elle aura une fin parce qu'elle a eu un commencement, et la substance rendue à son état naturel de diffusion équilibrée et stable, attendra un nouveau choc pour pouvoir recommencer une évolution nouvelle.

D'où partent les impulsions initiales génératrices des mondes et de la vie universelle ?

Nous l'avons dit: elles sont des manifestations de l'Être incognoscible doué d'Intelligence, de Puissance et de Volonté, et existant immatériellement en dehors de la substance. L'évolution des mondes relève ainsi de deux causes essentielles qui sont : L'énergie propre et immanente à la substance existant par elle-même, et le branle initial provenant du principe supérieur qui met la substance en mouvement.

Est-ce que la vie avec ses développements naît de la substance ?

La vie avec tous ses attributs est si intimement liée à la substance, qu'elle ne saurait s'en isoler sans s'éteindre aussitôt. La vie éclot et se développe au sein de la substance en évolution, mais tandis que la substance laissée à elle-même ne possède en propre que l'énergie dont les réactions, en conflit avec la force extérieure, ont produit ce que nous appellerons dans un sens général l'ordre physique, la substance animée participe plus directement de la puissance supérieure manifestée dans l'action initiale, et qui en la pénétrant, associa à la matière les attributs de sensibilité, d'intelligence et de volonté en même temps que de force spontanée, qui sont d'espèce immatérielle.

De là deux ordres distincts bien qu'absolument relatifs entre eux : l'*ordre physique* reconstitutif d'un nouvel équilibre entre les énergies atomiques déplacées par l'impulsion initiale dans son premier mode purement dynamique, puis l'*ordre vital* où s'associe à la substance une émanation de l'Être immatériel, par l'apparition du mode intelligent et voulant qui interprètent une action plus directe de la puissance supérieure. De là aussi deux ordres de lois qui se partagent le monde: les lois physiques apparues les premières, et les lois vitales qui se sont établies plus tard au-dessus des lois physiques.

Comment s'explique-t-on que l'ordre physique relève essentiellement de l'énergie propre à la substance?

Nous avons vu que la substance universelle possède une énergie originelle immanente et nécessaire, en vertu de laquelle ses atomes gardent entre eux un équilibre parfait dans un repos absolu, tant que n'intervient pas l'action initiale; mais que lorsque cette dernière action s'est manifestée dans la substance, la diffusion équilibrée fait place à des groupements d'atomes où des sommes différentes d'énergies combinées se rencontrent, s'allient ou s'opposent entre elles, dans un mouvement incessant. Ce sont ces énergies diverses, dérivées de l'énergie atomique fondamentale, qui activent toujours la substance dans les multiples aspects résultant de la reconstitution d'un nouvel équilibre mouvementé, en harmonie avec l'impulsion initiale qui l'entraîne dans un sens déterminé; et c'est de ces aspects divers et de ces sommes différentes d'énergie, qu'est fait l'ordre physique reconstitutif de l'équilibre possible dans ces conditions nouvelles, et tirant par conséquent sa principale origine de l'énergie atomique réagissant contre la force extérieure qui la contraint.

En fait, les lois connues de la gravitation sont impuissantes à expliquer à elles seules l'origine de la condensation de la nébuleuse dont est sorti notre système solaire, comme elles s'opposeraient à la désagrégation future et néanmoins certaine de celui-ci. C'est qu'antérieurement et postérieurement à l'ordre actuel, ces lois ne gouvernent plus, n'étant que l'expression de l'équilibre survenu et maintenu temporairement par la constitution de l'ordre physique présentement réalisé.

Où commence l'ordre vital ?

Après que les énergies substantielles réagissant sous l'ébranlement évolutif, eurent donné tous leurs effets possibles en produisant en dernière résultante générale l'ordre physique, avec les lois naturelles de ce premier degré de constitution active de la substance, une évolution nouvelle et distincte, bien que dépendante de la première et lui faisant suite, se dégagea de l'ordre physique, et inaugura par l'apparition de la vie, un ordre supérieur où le principe immatériel commence à se manifester librement et semble reparaître dans une pureté relative, après avoir en quelque sorte traversé le tourbillon physique.

La vie affirme ainsi sa double origine : virtuellement recelée dans la substance ébranlée dès le commencement de l'évolution qui tire celle-ci de son repos, elle n'éclot qu'après l'accomplissement de l'ordre physique et dans le sein même de cet ordre, par l'entrée en action du mode intelligent et voulant que l'impulsion initiale tient de son origine ultra-substantielle. Passagère en ses manifestations dans les milieux où elle apparaît, elle n'en est pas moins éternelle en son essence, comme le principe supérieur dont elle relève, bien qu'elle n'en soit qu'une émanation imparfaite.

Jusqu'à quel point la vie représente-t-elle le principe supérieur ?

Le principe supérieur n'apparaît qu'imparfaitement en l'ordre vital, à cause de son alliage matériel duquel il tend de plus en plus à se dégager durant tout le cours de l'évolution terrestre; et cette tendance ne cesse d'épurer la vie, degré par degré, à travers les espèces progressantes, jusqu'à l'homme qui représente sur la Terre son dernier et son plus parfait ouvrage actuel; mais malgré son imperfection elle n'en est pas moins par l'intelligence, la volonté et le mouvement dont elle est spontanément douée, de même source que la grande Existence ultra-substantielle qu'elle représente telle qu'un mode terrestre de l'immatériel.

Quel est dans notre monde le point de départ de la vie ?

La première apparition de la vie se manifeste

au-dessus de l'organisation physique achevée, en des atomes qui reçoivent du principe initial une nouvelle impulsion transcendante (*) où se reflète plus directement la nature intelligente, voulante et agissante de l'Être immatériel. D'organisation infiniment supérieure à celle des corps de l'ordre physique qui ne s'étendent que par la juxtaposition de leurs atomes composants retenus par des affinités chimiques et des lois de gravité, les érections de l'ordre vital évoluent dans tout leur ensemble et se renouvellent, au milieu d'un tourbillonnement atomique continu, par l'apport incessant de matériaux nouveaux qu'elles s'assimilent par intussuception, et dont elles rejettent les résidus épuisés ou inassimilables. Ces créations maintiennent tant qu'elles durent la plus étroite solidarité réciproque de toutes leurs parties, malgré une incalculable complexité d'organisation qui représente l'évolution et l'individualité d'un véritable monde minuscule.

L'harmonie et la solidarité sont tellement les conditions essentielles du fonctionnement du tourbillon vital, que toute solution de continuité dans les organes essentiels, cause l'effondrement

---

* On a cru reconnaître dans l'électricité la cause de la vie elle-même ; mais l'électricité n'est toujours qu'un aspect de la force et du mouvement, et pour que la vie se montre, il faut que la volonté et l'intelligence du principe supérieur interviennent directement. C'est l'abîme qui séparera toujours l'ordre vital de l'ordre physique.

rapide de cet ensemble fragile, et détermine l'invasion plus ou moins immédiate en la substance désanimée des seules lois de l'ordre physique. Quant à cette substance qui fait partie de l'être vivant, elle n'est que l'assise matérielle de la vie, l'instrument de la volonté intelligente qui, sans matériaux substantiels, ne saurait se manifester sur la Terre.

Toute vie s'accompagne d'une sensibilité spontanée qui n'appartient qu'à elle, qui la relationne avec la nature environnante et qui la dirige vers les perfectionnements par lesquels elle remonte graduellement à sa pure origine ultra-substantielle en se dégageant de plus en plus de son alliage matériel. Nous ne saurions comprendre la nature intime de la sensibilité ou sensation, pas plus que nous ne comprenons l'essence de la vie; constatons seulement que la sensation semble être par rapport à l'exercice de l'énergie élastique des atomes, ce que les autres actions vitales sont elles-mêmes aux affinités chimiques des corps, c'est-à-dire l'introduction de la volonté et de l'intelligence immatérielles prenant la substance à l'ordre physique pour l'élever à l'ordre vital.

Ainsi la vie commence à l'atome substantiel imprégné dès ce début, de tous les attributs du principe supérieur, car tout ébranlement véritablement initial ne saurait partir que de l'élément primordial de la substance, et non d'un groupement atomique qui serait déjà un effet d'actions antérieures. Sur quoi d'ailleurs s'exercerait d'abord l'action initiale du principe immatériel, si ce n'est sur l'atome simple, base indestructible de la substance ?

Est-ce la substance même qui change de nature dans l'ordre vital ?

La substance reste ce qu'elle était, avec son énergie propre et les lois qui sont résultées de la combinaison de cette énergie immanente avec la force initiale ; et ses atomes ne font qu'obéir passivement au branle vital en ajoutant leur valeur physique au souffle d'intelligence et de volonté, mode supérieur de l'action initiale qui en fait les unités vivantes irréductibles dont sont composés tous les êtres.

La substance ne change donc pas de nature, mais elle revêt dans la vie une vertu nouvelle qui se communique ou se retire, telle qu'une sorte d'aimantation, de l'atome vivant à l'atome physique, et permet la multiplication des unités animées dont les groupements constitueront, de progrès en progrès, jusqu'aux formes les plus compliquées de la vie.

Qu'est-ce qui indique qu'il existe une unité vitale irréductible, et quelle est son importance dans l'ordre vital ?

De même que la substance est faite d'atomes indivisibles multipliés en nombre infini, l'on est conduit à admettre que la vie commence au même atome substantiel, pénétré par la puissance supérieure et animé de sa vertu immatérielle, constituant ainsi l'*unité vitale* irréductible dont les multiplications et les combinaisons suffiront ensuite à produire toutes les formes vivantes réalisables, entre lesquelles les grandes espèces sont comme de vastes associations d'ordre supérieur, comprenant une infinité d'autres groupements vitaux de moindre importance.

C'est ainsi que l'animal représente un assemblage d'organes solidaires entre eux, mais distincts les uns des autres, pouvant être considérés comme autant d'individualités jouant un rôle déterminé dans cet ensemble; que chacune de ces individualités secondaires est elle-même un composé d'individualités plus élémentaires encore; et qu'en remontant ainsi de composés en composants jusqu'aux atomes vivants indivisibles, on retrouve cette unité première de la substance organisée, c'est-à-dire le point de départ de la vie terrestre tel que celle-ci est apparue au commencement.

En fait, l'analyse rencontre la substance organique partout sensiblement identique à elle-même, et nous montre toutes les formes vitales édifiées au moyen de vésicules cellulaires semblables. La cellule serait ainsi le groupement élémentaire satisfaisant les plus pressants besoins d'appui réciproque des unités simples aux prises avec les conditions physiques du milieu terrestre considéré dans sa généralité, et constituerait alors l'unité de second degré, soit l'unité moléculaire, ou ce qu'on peut encore appeler l'*unité tactique* de la vie. Ce serait donc par l'assemblage de plus en plus perfectionné et compliqué de ces unités moléculaires, que la substance vivante aurait pris peu à peu, sous l'influence de sa tendance propre et des conditions spéciales des milieux viables, tous les rôles et toutes les formes qui diversifient l'aspect de la vie en général, depuis le végétal le plus rudimentaire jusqu'à l'animal le plus parfait (*).

Les progrès de la vie apparaissent donc maintenant comme des combinaisons successives et grandissantes, dans lesquelles l'organisation des êtres vivants est, au lieu d'une création préconçue, une conséquence de certains rapports d'associations et de nécessités vitales inéluctables, soit un fait transcendant de synthèse

---

*. On trouve que la substance animée donne à l'analyse près de vingt éléments chimiques : carbone, hydrogène, oxygène, phosphore, fer, soufre, etc. De plus, les profondes différences de composition qui existent entre les divers tissus organiques, semblent peu conciliables avec l'hypothèse d'unités vitales toutes semblables entre elles. Mais en outre qu'il peut suffire de très légers changements dans les proportions seules des mêmes substances, pour donner aux unités vitales du second degré, aux cellules, une diversité d'aptitudes et d'affinités en rapport avec la variété des rôles qu'elles ont à se partager dans l'ensemble d'un organisme compliqué, rien n'empêche que des substances inertes soient aussi employées par elles comme matériaux de charpente, par exemple dans le tissu osseux, tandis que le tissu nerveux ne réunirait que la plus pure substance vivante.

supérieure des développements de la vie déjà recélée dans la simple unité première. Plus les associations sont nombreuses et compliquées, plus leurs résultantes sont d'ordre élevé, comme il apparaît dans la progressivité graduelle des espèces, où l'unité vitale se multiplie dans des combinaisons en certain sens comparables aux lois des nombres capables d'être élevés à divers degrés de puissance, mais bien autrement susceptibles que les nombres, de produits complexes, vu les divers attributs que l'unité vitale tient directement de la puissance supérieure qui l'anime.

Nous avons vu d'abord l'ordre physique partir de l'atome indivisible, pour grouper et organiser la substance conformément à l'évolution qui a été déterminée par l'impulsion initiale combinée avec l'énergie substantielle. Maintenant nous voyons l'ordre vital s'édifier lui aussi sur la base d'une unité irréductible dont un premier essaim élémentaire et invariable formera la cellule, l'unité tactique de la vie, pour s'élever de là à des combinaisons et des progressions toujours plus complexes, comme au sortir du chaos il en avait été des formations de l'ordre physique.

Comment peut-on se figurer l'activité vitale des êtres, sous l'aspect de tourbillons?

Le mot tourbillon, par l'image qu'il évoque dans la pensée est celui qui, en étendant un peu le sens, exprime le mieux l'aspect qu'offre l'ensemble substantiel d'un être vivant où, malgré une inextricable complexité de courants divers, la poussière d'atomes qu'agite le principe supérieur, évolue dans la plus parfaite solidarité, et s'enchaîne étroitement depuis l'absorption jusqu'au rejet de tous les matériaux qui donnent un corps aux créations réalisées par la vie. Il semble y voir l'effet d'un souffle mystérieux, qui, sur divers points du milieu physique, vient soulever et animer des nuées tourbillonnantes d'atomes matériels qui, du reste, dans tout le règne végétal, ne cessent d'adhérer étroitement à la base terrestre qui les alimente, jusqu'à ce que les perfectionnements de la vie devenue animale, viennent remplacer l'attache persistante, par un foyer nutritif capable de déplacement, qui continue chez l'animal le même rôle nourricier que celui que le sol remplit à l'égard de la plante, et dont la substance toujours renouvelée, court de là se répandre dans l'ensemble du tourbillon, en un mouvement incessant, et dans un ordre déterminé par chaque genre d'organisation vitale.

Du germe naissant à la forme achevée, et à travers toutes les phases par lesquelles il passe, l'être vivant ne représente donc au point de vue matériel, qu'un tourbillonnement de particules successivement appelées et éliminées, et incessamment charriées dans les dédales des organismes auxquels elles donnent forme et consistance. Ce tourbillonnement imperceptible aux yeux, n'est est pas moins effectif et rapide dans les profondeurs insondables du microcosme vivant. Telle nous apparaît en sens opposé, l'immensité sidérale dont l'apparente immobilité trompe notre vue, mais n'empêche pas la pensée d'y constater l'existence d'un mouvement incessant et prodigieux.

Nous pouvons donc entrevoir le tourbillon vital tel qu'un petit univers d'atomes gravitants dont une force supérieure maintient la marche et les distances réciproques dans les proportions que commande l'équilibre général, et dans l'ordre qui répond aux causes profondes des diverses organisations de la vie. (*) Un plan et un ordre spécifiques existant antérieurement à l'individu contiennent déjà virtuellement celui-ci avant sa naissance et subsistent encore après lui, tandis que les particules de substance dont il est formé ne font que passer, comme les eaux d'un fleuve continuellement renouvelées.

C'est parce que les formes préexistent dans le plan de chaque espèce de tourbillon, que les tissus d'un corps vivant se reconstituent, que ses affections guérissent et que ses plaies se ferment

---

* La chaleur animale correspond nécessairement au degré d'activité atomique qui est propre à chaque espèce. Elle est un aspect physique de ce mouvement, et c'est pour cela que sa mesure reste constante et invariable dans chaque sorte d'organisation.

par le renouvellement continu de ses unités vitales ; et ces unités remplaçantes se rangent dès lors sous la loi commune à tout l'organisme, soit qu'elles proviennent de l'apport ordinaire de la nutrition, soit même qu'elles s'ajoutent du dehors, comme il advient avec la juxtaposition de la greffe végétale ou animale.

C'est aussi parce que le tourbillon vivant est un ensemble où tout se tient, que les amputés conservent la sensation du membre manquant, et que dans certaines espèces d'animaux, chez les crustacés, chez les salamandres, le membre amputé repousse intégralement. Qui ne sait que le corps humain, comme tous les corps vivants, renouvelle complètement sa substance en quelques années à peine ? Dans le corps de l'adulte, il ne reste plus un atome de l'enfant ; cependant la virilité continue physiquement et moralement le jeune âge dont le souvenir lui est toujours présent, et dans cet acte merveilleux de la mémoire qui persiste à travers les changements continuels de la substance du corps, se rencontre une nouvelle affirmation concluante de l'action continue du principe supérieur et dirigeant, et de sa prééminence sur la substance qu'il soulève, et qui n'est que son assise matérielle sur la Terre.

La vie ainsi envisagée nous montre donc dans les êtres animés, autant de systèmes de particules gravitantes ou de tourbillons d'atomes représentant à divers degrés, une période déjà avancée du conflit universel de l'Être immatériel et de la substance, où l'âme et l'intelligence sont comme des manifestations isolées de cet Être immatériel, et où les formes résultent de groupements atomiques rassemblés par des attractions et des forces que commandent les nécessités inéluctables de ce conflit, et gouvernées par des lois de même importance que celles qui font graviter les groupements plus considérables de l'univers sidéral et nébuleux, dont notre petitesse n'aperçoit qu'un recoin perdu dans l'infini. (*)

---

* La grande idée tourbillonnaire émise par Descartes, et si heureusement reprise par M. H. Faye dans sa belle théorie des cyclones et des taches solaires, peut évidemment être étendue à des mouvements plus compliqués que la réunion de deux courants lancés parallèlement à des vitesses inégales. L'aspect de ces nébuleuses résolubles où des milliers de soleils s'agitent dans des conditions de gravité absolument hors de la portée de tout calcul humain, serait une image des tourbillonnements complexes que nous entrevoyons ici pour les groupements moléculaires qui figurent les êtres vivants.

Quant à l'aspect général d'un corps animé si éloigné de l'idée que nous nous faisons ordinairement de la distribution astrale et des contours de l'univers auquel pourtant nous le comparons, peut-être y a-t-il dans les formes infimes que revêt la vie à l'extrême opposé de la genèse première des mondes, un indice de ce qui peut exister dans l'incommensurable univers intégral dont notre univers connu n'est qu'un point imperceptible à quelque distance, lequel flotte et tourbillonne à sa petite place au milieu d'un ensemble dont nos conceptions les plus hardies ne sauraient nous donner la moindre idée.

Quel paraît être le sens général de l'évolution tourbillonnaire des êtres vivants?

Le mouvement tourbillonnaire, envisagé dans son ensemble, opère comme tous les tourbillons : Il aspire, puis il rejette. Ainsi, un tourbillon vital en activité achemine de lui-même en son intérieur tous les matériaux qu'il expulsera ensuite au dehors dès qu'ils auront fourni leur carrière.

L'allure du tourbillon change selon l'âge et la vigueur des sujets : Il est plus actif chez l'adolescent pressé de vivre que chez le vieillard épuisé ; et il s'agit tellement ici d'une dynamique réelle, que l'exercice des lois ordinaires du mouvement se constate dans l'influence réciproque que subissent deux tourbillons d'inégales énergies, mis en contact de quelque durée. Il est en effet d'expérience que chez les enfants et les vieillards que réunit habituellement le même lit, il s'effectue une sorte de pondération des deux activités vitales, qui est au préjudice de la plus jeune, car il y a dans ce rapprochement de deux allures tourbillonnaires différentes, une recherche évidente d'équilibre moyen.

Cette incessante expansion du tourbillon vital, avec son renouvellement continuel, permettra la délivrance des troubles morbifiques accidentels qui surviennent au cours de la vie, car il est évident qu'une activité tourbillonnaire à laquelle sa nature ne permet d'être régulièrement impulsée que dans des voies organiques précises et constantes, doit par ses seuls ressorts, ramener le jeu normal de son fonctionnement habituel, autant toutefois que les obstacles qui entravent accidentellement celui-ci peuvent être surmontés par les forces naturelles du tourbillon, quelquefois aidées de dispositions que l'art aura préparées dans un sens propice. (*)

Les mouvements tourbillonnaires de chaque corps animé se complètent en outre d'une expansion fluide rayonnante qui projette au loin et en tous sens, des effluves extensifs de son activité individuelle. C'est le rayonnement vital dont il ne saurait être ici encore question, mais dont nous envisagerons par la suite les mystérieux indices et les merveilleuses manifestations.

Qu'est cette tendance naturelle qui préside à la conservation des êtres vivants?

La tendance conservatrice procède évidemment du sens originel de l'évolution vitale qui, dès son début, recélait déjà tous ses développements ultérieurs. Ainsi, les divers acheminements

---

* La même activité expansive expliquera peut-être aussi l'efficacité singulière de ces traitements empiriques où l'on voit l'application d'une chair encore palpitante, offrir à un organe en danger un prolongement artificiel vers lequel se porte bientôt toute l'agitation fébrile et maladive. Cette annexe opportune de chair encore animée, mais que la vie abandonne, offrant moins de résistance au désordre, est envahie de préférence au grand soulagement du siège du mal où les courants réguliers rendus à eux-mêmes, reprennent paisiblement leurs voies normales ainsi dégagées.

que la vie a su prendre dans les conditions si variables offertes à son expansion, ont toujours obéi à la même pente inéluctable qui ne se remonte jamais sans dépérissement et sans souffrance, tandis qu'une ardeur croissante chez les moindres organismes, et même un sentiment de plaisir chez les êtres suffisamment doués de sensibilité, accompagne toujours l'accomplissement des actes conformes à l'inclination originelle. Le plaisir et la souffrance, selon leur intensité, sont donc pour les animaux la marque et la mesure du degré de conformité ou de non-conformité au sens naturel de l'évolution vitale. Aussi, n'ont-ils en général qu'à se laisser guider par ces deux sortes opposées de sensations pour rechercher ce qui convient à leur nature, ou fuir ce qui lui est contraire.

Mais tout ne se réduit pas à cette sommaire indication : Quelque chose de plus compliqué, de plus réfléchi en quelque sorte, intervient encore dans la haute direction de l'activité vitale, à l'encontre des dangers cachés qui la menacent. C'est l'appropriation qui vient montrer à quel point l'organisation collective des unités vitales subordonne chaque unité composante à la bonne harmonie de l'ensemble, car non seulement la vie s'organise en vue de certaines conditions déterminées, intérieures et extérieures, mais encore elle se modifie de son propre mouvement quand le mécanisme en rapport avec ces conditions se trouve accidentellement empêché.

C'est en elle-même en effet que la vie trouve les ressorts qui lui font repousser les éléments hétérogènes impropres à son fonctionnement régulier, ou adapter ce fonctionnement à des conditions fortuites qu'il lui faut subir. On en voit des exemples pour le premier cas, dans les révoltes d'un organe hostilement envahi par des substances nuisibles, perturbatrices du fonctionnement normal; et pour le second cas, dans le merveilleux effet des vaccins, lesquels préviennent bénignement l'organisme et le préparent contre d'autres attaques du même genre, mais plus dangereuses, dont il est menacé. Cette expérience préventive suffit pour que l'assaut suivant qui eût été fatal sans cet avertissement, ne soit plus une surprise et se heurte à un ordre de résistance préparé pour l'amortir et le faire dévier.

La tendance conservatrice de toute activité vitale est manifeste jusque dans le règne végétal, jusque dans l'arbre de nos forêts dont les fibres se contractent sous la hache du bûcheron à qui l'expérience a appris qu'il faut surprendre le tronc à abattre par un premier coup vigoureux parce qu'ensuite la besogne devient plus rude.

Le principe supérieur qui organise la vie, continue ainsi dans la mesure réalisable, de la diriger en conformité des circonstances, même quand celles-ci lui deviennent contraires, soit par une appropriation incessante aux conditions qui s'imposent à elles, soit par des réactions opportunes, qui neutralisent les hostilités qui viennent l'assaillir.

Comment se comportent entre elles les unités vitales dont l'ensemble représentera un animal ou une plante?

Dans toute forme animée l'on voit se constituer quelque chose de comparable à une société d'atomes intelligents cherchant à réaliser solidairement partout où la vie est possible, l'état le plus favorable à leur communauté. C'est alors que des groupes distincts et appropriés se forment séparément et se répartissent entre eux les divers rouages du fonctionnement de la vie, tout en gardant les plus étroites relations réciproques.

A mesure que progressent les formes vivantes, on voit peu à peu se localiser les premières facultés déduites de la sensation, et s'ébaucher des centres spéciaux d'activité organique répondant aux nécessités les plus urgentes de cette république d'atomes animés, puis enfin apparaître des sens et des organes achevés. A toute provocation constante venant du dehors et se répercutant dans ce milieu diffusément sensitif, celui-ci a répondu par la formation d'agents permanents chargés d'utiliser l'action extérieure ou de la repousser, selon sa nature favorable ou hostile, et il a pris en conséquence la figure interne et externe que ce conflit incessant lui a faite à travers tous les développements de la vie.

C'est ainsi que l'organisation des êtres va d'elle-même à la destinée la plus profitable au groupe tout entier de ses unités composantes, et que leur solidarité oriente l'ensemble de l'activité vitale vers une entité synthétique qui constitue la personnalité des êtres ; or, c'est la synthèse générale du système d'organisation qui fait cette individualité englobante et point la qualité de l'unité moléculaire qui reste la même pour tous les organismes.

L'être, ainsi envisagé, n'est plus un être simple, mais bien une collectivité soumise à des lois de même ordre que celles qui cimentent par exemple tous les membres d'une nation. Les mêmes causes qui font le salut ou le dépérissement des peuples agissent aussi sur l'organisation intestine des êtres vivants, et sur leur évolution que seuls les mieux dirigés ou les plus heureux parcourent intégralement, car bien des causes de destruction précipitent souvent avant terme leur décadence et leur fin.

Parmi ces causes, une des plus remarquablement identiques à la marche fatale des sociétés vers l'épuisement de leur dernier période, est dans l'excès de la prospérité même qui apporte la surabondance, cause la satiété et détend les ressorts des êtres vivants aussi bien que ceux des organismes sociaux. A la lutte des besoins qui tenait en éveil toutes les énergies vitales continuellement exercées, a succédé la pléthore et la stagnation par trop d'affluence et d'encombrement dans les voies. C'est alors que les nations irrémédiablement décadentes sont déjà condamnées à s'effacer devant d'autres plus actives (*), et aussi que les individus qui, affranchis de la lutte salutaire des premières nécessités, se sont engraissés dans le superflu et la paresse, se relâchent de leur ancienne énergie, et perdent dans l'engorgement d'une nutrition trop saturée, jusqu'à la faculté de procréer autant que le misérable pour qui la faim même est moins funeste que ne l'est pour les rassasiés l'obstruction organique. Un résultat semblable se remarque encore en nos plantes qu'une culture trop intensive finit par anémier et par rendre la proie sans défense du microbe ennemi.

Les tourbillons vivants apparaissent donc en leurs diverses évolutions, comme autant d'essaims d'unités vitales organisées en sociétés, avec tous les rouages, d'une complexité infinie,

---

* Toute l'histoire est-elle autre chose qu'une succession de peuples s'élevant tour à tour à la richesse, à l'abondance, à l'abus de la vie et par suite à l'impuissance, et devant enfin céder la place à des barbares misérables et affamés, mais endurcis et vivaces qui profiteront de l'ardeur et de l'élan acquis par des siècles d'existence difficile, jusqu'à ce qu'ils perdent à leur tour ces réserves d'énergie dans la satiété et les excès ? Et au cours d'une même existence nationale, n'est-ce pas un continuel mouvement d'individualités s'élevant sans cesse des couches profondes, et venant régénérer les classes supérieures qui s'énervent et s'éteignent dans le relâchement de tous les ressorts de la vie ?

que les nécessités d'un bon fonctionnement ont perfectionnés de plus en plus à travers les milieux successifs ; et de même que nos sociétés humaines, obéissant à des lois synthétiques, ont leurs progrès et leurs révolutions transformatrices, nous voyons les essaims organiques passer d'un ordre ancien à un ordre nouveau, et quelquefois même au cours d'une seule existence, comme il advient dans les merveilleuses transformations des insectes, où nous surprenons la nature substituant l'essor brusque d'une révolution au développement direct de l'évolution continue.

C'est ainsi que de progrès en progrès et de milieux en milieux, les groupes d'unités vivantes se sont élevés graduellement jusqu'à la plus parfaite de ces organisations que représente l'être humain. Cette tendance naturelle vers la perfection anime tous les ressorts de la vie. C'est elle qui entretient tous les êtres dans une émulation réciproque et qui fait aussi l'attraction irrésistible de la beauté physique, c'est-à-dire des formes les plus harmonisées de l'union synthétique diversement réalisée par les collectivités vivantes ; et c'est à cette tendance encore que se rapporte le bonheur auquel aspire toute créature, et qui n'est que la satisfaction donnée au sens naturel du progrès vital, tandis que l'effort et la souffrance sont les effets sensibles de son refoulement.

N'y-a-t-il pas communauté d'origine pour la vie végétale et la vie animale?

La vie est une, car tout ce qui vit remonte au même principe, et il n'y a qu'une progression ascendante des formes vitales, selon les conditions spéciales de chaque foyer de développement, progression qui n'a cessé de se continuer depuis l'apparition des premières particules de substance animée.

Le passage de la vie végétale à la vie animale est absolument insaisissable, l'unité moléculaire, la cellule restant sensiblement la même pour les deux règnes, et ce n'est qu'à un large intervalle que se remarquent sur l'échelle de vie ces différences profondes, qui nous paraissent fondamentales, mais qui ne sont que des différences de régime d'existence, car entre ces deux modes particuliers de la vie terrestre, se rencontrent des formes intermédiaires inclinant plus ou moins vers l'un ou l'autre de ces modes, et qui les relient tous deux sans solution de continuité. D'ailleurs ce sont, disons-nous, les mêmes unités vitales qui s'échangent d'un règne à l'autre, soit lorsque l'animal se nourrit de la plante, soit quand celle-ci absorbe les restes décomposés des animaux; et elles s'échangent même souvent sans doute en restant individuellement intactes (*), car les molécules vivantes désagrégées

---

* Une multitude de germes, de ferments, de larves, véritables organismes compliqués qui n'ont d'autre mode d'expansion que d'être absorbés et conservés par d'autres êtres au dépens desquels ils s'alimentent et prospèrent,

par la mort de l'être collectif, n'en continuent pas moins quelque temps, dans une sorte de chaos ou de limbes transitoires, leurs existences confondues en désordre, en attendant qu'elles trouvent place dans de nouveaux organismes végétaux ou animaux.

Où l'activité vitale puise-t-elle le renouvellement de la substance dont elle a besoin pour se maintenir ?

L'organisation végétale est la plus apte à s'alimenter de matériaux directement tirés de l'ordre physique auxquels elle communique le branle vital; mais à l'activité transcendante de l'animal, il faut principalement des aliments qui aient déjà été organisés, et par cela rendus capables de participer à une existence d'ordre plus élevé.

A ce degré supérieur de la vie, le tourbillon a pour artère essentielle le tube intestinal, où l'apport alimentaire se décompose bientôt en matériaux de combustion et en matériaux de nutrition, ces derniers perdant alors complètement leurs anciens rapports de relation pour se réduire, soit en atomes désanimés ne conservant plus que leurs qualités physiques, soit en atomes encore vivants qui vont s'ajouter à la substance

---

nous fournissent la preuve que les simples cellules peuvent se transmettre et se conserver vivantes d'un organisme à un autre, puisque de véritables animaux résistent à tous les détails du travail de l'assimilation nutritive.

des unités moléculaires du second degré déjà fonctionnantes, et conformer leur vie propre à la vie collective dans laquelle ils viennent d'entrer. De là se projette des veines aux artères, à travers les mailles inextricables d'un réseau qui se ramifie jusqu'à des proportions infinitésimales, la masse sanguine approvisionnante dont le double rôle est, d'une part, d'entretenir dans tout l'organisme la combustion oxygénée au degré qui convient à l'activité atomique de chaque espèce animale, et, d'autre part, de charrier et caser partout où des places sont disponibles, les éléments nutritifs, tout en ramenant, pour les consumer ou les expulser, les résidus de l'usure de tous les organes, car le tourbillon ne cesse qu'à la mort d'absorber et de rejeter cette même substance qui est l'assise de la vie et de laquelle elle réclame des qualités particulières qui font que son analyse ne donne que quelques corps simples toujours les mêmes.

Si tout organisme sait alimenter et renouveler de lui-même son activité d'ensemble par le remplacement, l'entretien, ou la permutation de ses unités composantes, il n'est pas moins merveilleux de lui voir conserver une égale mesure de chaleur vitale correspondant au degré uniforme de cette activité spécifique, par une distribution convenablement réglée du combustible dont les excédents s'économisent en graisse pour servir plus tard en cas de disette, car dans notre milieu physique, la combustion ne saurait se ralentir ou s'éteindre, sans que s'éteigne en même temps le mouvement vital ; et c'est ce qui arrive lorsqu'après avoir consumé les réserves et attaqué la matière des tissus eux-mêmes, le tourbillon de plus en plus affaibli, rompt son faisceau et meurt épuisé.

Chaque activité vitale réclame donc impérieusement un apport incessant de matériaux d'entretien qui viennent prendre la place de ceux qui lui sont devenus hétérogènes, ainsi que d'éléments propres à la combustion oxygénée qui détruit et élimine ce qui ne sert plus, tout en entretenant la chaleur motrice de la circulation générale dans les doubles conditions physiques et vitales de l'étreinte des deux principes fondamentaux. Or, la recherche de ces matériaux essentiels est l'objet principal des efforts de tous les êtres sans exception.

La substance organisée et assimilable est âprement disputée d'un bout à l'autre de l'échelle de vie, et comme cette substance se trouve tout amassée dans les autres foyers vivants, c'est à ces foyers mêmes que les existences rivales s'attaquent pour s'approprier ces éléments si convoités. (*) De là ce spectacle vraiment étrange

---

* Supposer que des doses d'azote, d'hydrogène, de carbone, etc., équivalentes à ce que l'analyse chimique découvre dans nos aliments, pourraient remplacer ceux-ci, n'est absurde que parce que la vie en est totalement absente, tandis qu'elle anime encore l'aliment qui nous nourrit ; car c'est de vie

de la lutte pour l'existence, ces assauts perpétuels de tourbillons à tourbillons se disputant entre eux leur propre substance, et s'entre-détruisant pour continuer de subsister les uns aux dépens des autres. Ici c'est la force qui fait sa proie de la faiblesse; là c'est la faiblesse suppléée par le nombre qui a raison de la force. C'est surtout dans les rangs des infiniment petits que cette lutte prend les proportions les plus extraordinaires, et l'on peut ranger dans cet ordre de combattants infimes, la plupart des microbes dont l'invasion chez les grandes espèces portent des noms d'épidémies redoutées. Ces petits organismes, s'ils ne sont repoussés dès le début de l'attaque, triomphent bientôt par leur multiplication rapide et irrésistible du grand organisme qu'ils ont envahi et réduit à l'impuissance. (*)

---

que la vie animale s'entretient, et elle se trouve même sérieusement menacée lorsque les sophistications industrielles accoutumées introduisent de véritables éléments de mort dans les objets de l'alimentation publique.

* Les récentes et fécondes découvertes de Pasteur touchant les germes atmosphériques, les ferments, les virus, mettent hors de doute le caractère vital de ces agents mystérieux, et reportent le champ de bataille de la vie à des profondeurs qu'on n'avait pas encore osé soupçonner. Les venins que sécrètent l'insecte et le serpent, ainsi que certaines plantes, sont probablement aussi des germes organiques possédant une indomptable vitalité terriblement funeste aux existences qui subissent leurs attaques.

Revenant au fait de l'alimentation des corps vivants, lorsque la nutrition n'assimile pas telles quelles les unités étrangères restées intactes et vibrantes, la substance nutritive absorbée et décomposée par les sucs gastriques et la combustion vitale, va nourrir les molécules organiques déjà en fonction où elle reprend le branle. Dans ce dernier cas l'alimentation est plus laborieuse, ainsi que le prouve l'aspect même du tube intestinal, d'autant plus développé dans les diverses espèces que l'aliment est de nature moins animale, et comme semble l'indiquer également ce fait que la chair crue est plus directement assimilable que ne le sont les viandes que l'action du feu a profondément désagrégées, nécessitant alors une plus lointaine reprise pour que l'aliment amorti puisse prendre place dans la nouvelle organisation. (*)

---

* Le genre de nourriture est en relation étroite avec l'organe que chaque espèce a adopté à son mode ordinaire d'alimentation, et ce qui convient à un estomac de carnivore, ne pourrait évidemment être que préjudiciable à celui d'un herbivore. Un omnivore même comme l'homme va contre sa nature quand il oublie les proportions qui lui sont d'ailleurs indiquées par l'ordre et l'importance de sa dentition. Bon nombre de maladies graves n'ont certainement pas d'autre origine qu'une alimentation trop substantielle.

A ce sujet, on peut remarquer aussi que si la cuisson des viandes est une nécessité à laquelle ne se soustraient pas les peuplades même les plus sauvages, c'est que l'estomac humain, fait comme celui des anthropomorphes pour une alimentation presque entièrement végétale, ne supporte un

Les molécules vivantes. sensiblement égales entre elles quant à leur substance et leur activité propre, varient pourtant probablement quelque peu de composition et aussi d'importance ou de qualité. Elles varient d'abord en essence, en raison des différents attributs du principe supérieur qui peuvent prévaloir tour à tour dans les premières associations moléculaires, puis elles diffèrent sans doute aussi un peu physiquement par d'inégales proportions dans les éléments chimiques qui se mêlent, bien qu'en quantité infinitesimale, à la substance vivante élémentaire, laquelle à part ces écarts insensibles d'une adaptation nécessaire, reste toujours la même pour tous les organismes existants ; et cette légère diversité entre les bases moléculaires des grands organismes, suffit sans doute pour expliquer la variété des aptitudes des molécules vivantes concourant diversement au fonctionnement général d'une existence animale.

Les unités moléculaires ou tactiques s'échangent ainsi d'un tourbillon à un autre, et elles-mêmes s'alimentent individuellement et se reproduisent comme tout ce qui vit. Quand l'évolution propre de chaque molécule vivante est terminée, elle meurt, cède la place à une autre, et sa substance morte est éliminée des organes, lesquels ne cessent de se renouveler en détail tant que

---

régime de chair un peu abondant qu'à la condition d'affaiblir sa trop grande énergie par l'action du feu.

dure l'existence de la grande individualité animale ou végétale dont ils font partie.

L'absorption d'un tourbillon vital par un autre, entraîne-t-il toujours sa destruction ?

Il s'en faut qu'une destruction absolue soit toujours la conséquence de l'absorption d'un tourbillon vivant par un autre tourbillon. Il y a nécessairement rupture organique ou synthétique, lorsque, ainsi que nous venons de le voir, les unités moléculaires d'une proie vivante sont assimilées comme aliment par l'organisme ou le tourbillon absorbant, les seuls rapports généraux d'ensemble se trouvant alors détruits chez le tourbillon absorbé ; mais parfois certains organismes résistent et continuent d'exister intégralement après leur absorption, ou même naissent et vivent en grand nombre comme dans un milieu propice au sein d'une autre activité tourbillonnaire : Les uns s'harmonisent avec un tourbillon hospitalier ; les autres s'imposent violemment et détournent au profit de leur parasitisme une part de l'activité étrangère ; d'autres enfin, d'ordre subalterne, sont parties intégrantes d'une activité englobante qui les emploie comme simples matériaux de son individualité supérieure. C'est le cas du nombre infini de travailleurs microbiques qui sont attachés à nos personnes et qui pullulent dans chacun de nos organes où ils exercent leurs fonctions spéciales, et participent à leur modeste place d'un grand tout harmonique et synthétique qui n'est autre que le corps humain, véritable corps social formé d'innombrables légions d'individualités minuscules associées et accordées ensemble.

Plusieurs organismes distincts et complets par eux-mêmes, peuvent donc coexister dans un même tourbillon dominant, sans confondre leurs activités individuelles.

Le tourbillon vital qui s'est constitué graduellement s'éteint-il aussi par degrés, ou meurt-il tout à coup?

Dans l'animal qui meurt, la vie se retire premièrement du mouvement général qui reliait ensemble tous les organes du corps, et elle s'éteint ensuite successivement dans les foyers secondaires, tandis qu'elle persiste encore un certain temps dans quelques tissus d'ordre inférieur. L'ensemble du tourbillon est alors rompu, entraînant la destruction successive et non-simultanée de toutes ses activités composantes.

La vie animale cesse avant la vie organique, parce qu'elle n'est que la manifestation sensitive de l'activité interne qui est le foyer fondamental. Il y a alors extinction rétrograde, comme il y avait eu édification progressive, preuve visible de l'autonomie relative de chacun des divers groupes organiques associés dans l'être, depuis la simple molécule vivante jusqu'à l'animal parfait.

Quelle part revient à l'ordre physique dans le fonctionnement de la vie?

L'ordre physique apporte ses énergies propres dans son union avec le principe vital, mais il subit dans cet alliage le pouvoir attractif et initial qui appartient exclusivement à ce dernier ordre. Il y a donc influence réciproque entre les deux sortes d'énergies qui se trouvent aux prises.

La nature des aliments introduits dans le courant vital est pour beaucoup dans l'allure de son fonctionnement, et il peut même arriver que les propriétés physiques de tels éléments pernicieux, malencontreusement introduits dans la circulation, triomphent de la résistance vitale et détruisent l'harmonie indispensable à toute existence animale ou végétale; or, l'harmonie est la condition essentielle du bon fonctionnement tourbillonnaire des formes vivantes, et lorsque cette harmonie est troublée c'est la maladie par déséquilibre, épuisement ou surexcitation.

C'est ici que le choix des éléments appelés à entretenir le tourbillon, prend une importance exceptionnelle. Il faut rétablir l'équilibre ébranlé, soit en fournissant aux courants des éléments doués des qualités réparatrices, soit en faisant dériver par des révulsifs ou des exutoires quelque désordre intestin, soit encore en stimulant le tourbillon par quelque agent irritant qui provoque une secousse salutaire et réveille, comme par un coup de fouet, les forces latentes du tourbillon empêché qui se ressaisit alors et repart avec une énergie nouvelle. Quelquefois un effort de volonté, l'emportant sur la résistance physique, suffit à lui seul pour rétablir l'harmonie troublée, en commandant aux nerfs, dont le rôle est de régler toutes les fonctions organiques, car l'équilibre tourbillonnaire dépend évidemment de l'expansion vitale et de l'expansion physique se contre-balançant réciproquement et retournant en cas de trouble, par l'effort de l'une ou de l'autre de ces deux expansions aux prises, à la pondération hors de laquelle il n'y a que rupture fatale. C'est ainsi qu'une excitation physique excessive peut entraîner la mort, et que, d'autre part, une forte commotion morale suffit de même pour tuer sur-le-champ.

L'activité tourbillonnaire vit de tension et de stimulant plutôt que de trop de réserve; aussi l'exercice est-il le meilleur régime pour son bon entretien, et l'inertie laisse-t-elle à tout âge, sauf les moments où une fragilité anormale commande des ménagements exceptionnels, des chances périlleuses d'affaiblissement graduel, conduisant à l'extinction irrémédiable du tourbillon. Tel un foyer ardent qui s'éteindrait avant son entière consomption, si l'on ne l'attisait jusqu'à la fin.

C'est au sein de l'ordre physique qu'est apparue la vie et c'est de lui qu'elle s'enveloppe encore dans ses évolutions et ses renaissances. La vie ne saurait se manifester dans notre monde en dehors de cette association.

Les tourbillons vivants, avec leurs formes sans nombre et leur croissante complexité, soulèvent et organisent la substance dans un équilibre où se balancent la nature physique de celle-ci et l'énergie appartenant en propre au principe vital. C'est ainsi par exemple que l'élasticité vitale résiste dans une certaine mesure aux lois de la pesanteur ou précipite leur action, et que cependant les fluides qui circulent dans un corps vivant, voient leurs mouvements naturels croître ou décroître conformément à la loi physique du carré des distances.

Si le pouvoir organisateur de la vie entraîne et dompte la matière dont elle s'enveloppe, celle-ci réagit à son tour contre l'attraction qu'elle subit, et elle modifie en sens très divers le cours de ses manifestations. Les impulsions initiales de la première, et les propriétés physiques de la seconde influent tour à tour sur le mode d'existence du tourbillon qui les réunit. Les rôles des deux ordres se trouvent donc combinés de telle sorte que le bon fonctionnement de la vie dépend de l'une autant que de l'autre.

La vie qui ne saurait exister sur la Terre en dehors de certaines conditions strictes de température et d'éléments composants, ne serait-elle possible que dans les mondes qui réalisent exactement les mêmes conditions physiques que la Terre?

Nous avons vu que partout en l'univers, l'ordre vital ne peut éclore et s'épanouir qu'après régularisation achevée des rapports réciproques de la force initiale et de l'énergie substantielle, différemment mises aux prises dans chaque évolution astrale, c'est-à-dire après la parfaite constitution de l'ordre physique sur lequel s'édifient ensuite toutes les formes de la vie, laquelle reste nécessairement subordonnée au genre d'organisation de ce premier ordre essentiel de l'évolution. C'est ainsi que dans l'ordre physique propre à notre planète, l'essor possible de son ordre vital correspond à certaines limites précises de température; et la même mesure de chaleur qui a vu naître la vie, restitue aussi ses dépouilles à l'ordre physique après la mort, par une dissolution lente, tandis que quelques degrés de froid pétrifient les corps que la vie avait organisés, ou que les ardeurs d'un feu violent les consument aussitôt et les réduisent en cendres. Que ces conditions normales ne soient donc pas atteintes ou soient dépassées, et le jeu vital cesse avec le degré de densité atomique permettant son fonctionnement dans le milieu terrestre.

Chaque monde a son évolution et son activité propres, ainsi qu'une constitution spéciale d'éléments; et de ce que les conditions vitales particulières à notre planète se soient réalisées en conformité des seules circonstances déterminées par l'évolution qui n'appartient qu'à elle, il ne s'ensuit pas que la vie ne puisse pas éclore hors de ces mêmes conditions, quand l'évolution est ailleurs tout autre.

Les nombreuses transformations qui ont successivement changé la face de notre globe et la nature du milieu physique, se sont déjà prêtées à l'organisation de la vie, comme en témoignent les couches profondes du sol terrestre, qui sont en grande partie formées de ses dépouilles. C'est ainsi que les terrains houillers, les roches coquillières, les couches d'humus attestent par leurs prodigieux entassements l'inépuisable fécondité de la nature vivante animale et végétale des âges passés. Actuellement l'océan n'est pour ainsi dire qu'un fluide vivant dont chaque goutte contient un monde d'êtres animés; l'air qui enveloppe la Terre est rempli de germes errants qui sèment prodigalement la vie de toute part; le sol est couvert d'innombrables existences végétales et animales dont la science n'a même pu encore énumérer toutes les espèces. Comment après tant d'énergie et de flexibilité à toute épreuve, déployées dans le milieu terrestre, la vie ne se manifesterait-elle que sur notre chétive planète, entre tant de mondes, la plupart plus considérables, existant dans l'espace en nombre infini? Comment la Terre serait-elle seule à réaliser les conditions vitales, à posséder l'unique constitution qui soit capable de permettre les éclosions de la vie? L'organisation qui est particulière à la Terre lui a donné une certaine forme qui n'appartient qu'à elle. Quant aux constitutions astrales qui en diffèrent par l'ensemble et les proportions, sinon par la nature même des éléments qu'elles réunissent, elles présentent nécessairement des conditions tout autres, mais néanmoins favorables à l'aboutissement d'un ordre vital, lequel sera toujours relatif au milieu physique dont il doit surgir. (*)

Il est probable que, selon les différentes constitutions astrales et selon le degré de chaleur qui y règne, les manifestations vitales sont plus ou moins rapprochées ou éloignées de l'origine immatérielle de la vie, et que la plus merveilleuse variété différencie les habitants des divers mondes. Mais quelle qu'elle soit, la vie est universelle, et elle s'adapte aux conditions physiques de tous les astres, parce qu'elle leur est

---

* On peut objecter que par exemple la plus importante des planètes de notre système, est par sa masse inconsistante et sa constitution gazeuse, absolument impropre à la vie, et qu'il doit en être de même du corps rocailleux de notre petit satellite, où l'absence reconnue d'eau et d'atmosphère rendrait la vie tout aussi impossible. Cela prouverait tout au plus que Jupiter n'est pas encore sorti du chaos, tandis que la Lune a déjà fourni toute sa carrière vitale et est entrée dans la période terminale de son déclin et de sa désagrégation prochaine. D'ailleurs, il en est sans doute ainsi de tout l'univers où parmi les astres visibles et le nombre infiniment plus grand encore des planètes que nous ne pouvons voir, la vie ne fleurit en même temps que sur quelques-uns, tandis que les autres n'ont pas encore atteint ou ont déjà dépassé la période vitale.

associée dès leurs commencements, et qu'elle doit surgir de ces conditions mêmes. Elle n'est absente que des profondeurs de l'étendue de substance diffuse que la volonté initiale laisse dans le repos, ou des mondes éteints qui ont épuisé leur évolution et sont entrés dans la dissolution finale; mais chaque monde en activité la voit apparaître inévitablement dès que son évolution particulière a atteint les derniers confins de l'ordre physique; et il est tout aussi certain que selon le rôle que chaque monde remplit dans la constitution de l'univers intégral, la vie, tant qu'elle reste appropriée à l'évolution spéciale de son milieu, est plus ou moins élevée en perfection, plus ou moins près de l'essence supérieure du Grand-Être supra-substantiel.

La puissance immatérielle qui agite dans l'espace et anime les amas tourbillonnaires de la substance, rejaillit partout à son heure par une éclosion de vie où elle commence à se dégager de son alliage temporaire pour s'épurer ensuite graduellement. Toute évolution de monde passe donc par un chaos suivi d'un ordre physique, puis couronné par une floraison vitale, toutes choses qui sont nécessairement en rapport avec la forme évolutive, et qui doivent différer d'un monde à l'autre, autant que ceux-ci diffèrent entre eux de modes et de conditions d'existence, ainsi que d'âge plus ou moins avancé. (*)

---

* « Ces astres (les étoiles) ou pour mieux dire les planètes

A la mort, que devient le principe vital qui s'est retiré de la masse substantielle qu'il animait?

Quand la mort est absolue et ne laisse rien de vivant dans l'organisation synthétique qui constituait l'être, la désassociation des deux principes immatériel et substantiel fait tomber aussitôt le tourbillonnement d'atomes dont l'ensemble constituait la forme vivante. Le tourbillon a cessé d'exister, et les particules de substance qu'il entraînait sont rendues aux affinités de l'ordre physique. C'est la destruction d'une individualité vivante, mais ni un atome de cette substance, ni rien de l'émanation supérieure qui l'animait n'a été anéanti. Il n'y a de disparu qu'une forme momentanée des manifestations de la vie. Tandis que les atomes substantiels rentrent dans le mouvement physique, le principe qui les animait va se manifester en d'autres foyers qui prennent la place des tourbillons finis, et dans lesquels se continue l'ensemble de l'évolution vitale qui s'étend de l'atome animé jusqu'à l'homme.

---

qui roulent autour d'eux, possèdent des éléments capables de constituer des êtres organisés suivant leur état respectif, et cela quelle que soit la différence qui sépare leur condition des nôtres..... En chaque monde tout être est nécessairement organisé suivant son milieu vital, quelle que soit la nature de celui-ci. „

En ces termes précis se prononce M. C. Flammarion qui a approfondi avec tant d'autorité cette grande question de l'habitabilité des astres.

Tant que la vie terrestre poursuit son essor ascensionnel d'espèce à espèce, en le continuant même entre les diverses races dont se compose l'humanité, il semble que la transmigration du principe supérieur vers des formes vitales toujours plus parfaites, doive rester la loi générale; mais quand après avoir atteint son degré culminant, l'évolution physico-vitale de notre planète verra son élan s'affaiblir de plus en plus en s'avançant vers la dissolution finale, il est inévitable que les êtres vivants périssent au fur et à mesure que la chaleur et les autres conditions physiques du monde se réduiront. Cette rétrogration de la vie qui commencera nécessairement par ses sommets, restituera sans doute directement au principe supérieur ultra-substantiel cette vie terrestre qui ne se sera élevée progressivement jusqu'à la perfection qui est possible sur notre planète, que pour s'éteindre ensuite graduellement comme tout ce qui meurt de mort naturelle, à moins que quelque cataclysme ne vienne rendre subitement à leur isolement absolu les deux facteurs uniques de l'évolution terrestre. Tout rentrera alors à sa place d'origine; la fin de l'évolution verra la désassociation complète des deux principes, et la substance recouvrera son état naturel d'équilibre parfait, tandis que la volonté initiale dispensatrice de la force et du mouvement se sera retirée, et le principe vital avec elle.

La vie et la mort se confondent donc actuellement dans des renaissances continuelles, jusqu'à ce que le principe vital se résorbe dans le Grand-Être immatériel qui est l'arbitre intelligent de la substance, et en qui se résume toute vie passée, présente et future.

Comment se développe et progresse l'évolution vitale ?

Nous avons reconnu qu'en vertu du mode intelligent qui est apparu au-dessus de la constitution physique de la substance terrestre, les molécules vivantes engendrées les unes des autres et rassemblées en amas non encore organisés, en arrivent insensiblement à se grouper dans l'ordre qui répond le mieux aux tendances de toutes, ainsi qu'à la distribution la plus pratique de l'aliment commun. Cet ordre est naturellement dicté par les effets favorables ou contraires que produisent dans ce groupe malléable et sensitif, le genre de ressources et les influences diverses auxquelles il est soumis. Les groupes d'unités vitales qui s'organisent de la manière la plus heureuse et la plus résistante, assurent ainsi une durée à leurs formes qui persistent et se renouvellent, tandis que les ébauches mal venues cèdent aux causes de destruction qui ne cessent de les assaillir.

Sous l'action de ces influences extérieures et des réactions intérieures qu'elles provoquent, on voit une gravitation d'ordre nouveau diriger les molécules vivantes du groupe, soit dans une disposition accessible à la pénétration des influences extérieures favorables, soit en résistance contre leurs effets pernicieux. C'est ainsi que sous les incitations de la chaleur, de la lumière, des fluides propices ou nuisibles, les amas de substance animée se dilatent ou se contractent, ferment ou livrent passage, et prennent les formes et les contours dans lesquels se dessinent les groupements commandés par les circonstances et les besoins qui s'imposent.

Les organismes primitifs, alimentés de désagrégations minérales, ébauchèrent d'abord les premiers rudiments du règne végétal, tandis que d'autres créations plus avancées s'élevèrent par la suite au degré d'activité et d'organisation qui caractérise la vie animale servie par une alimentation où entrent principalement des substances déjà organisées, et par conséquent préparées au rôle plus compliqué de la vie errante.

Dans l'animal en formation, la lumière sensibilisera particulièrement un certain point plus directement affecté par elle; les ondes sonores impressionneront plus spécialement un côté différent; la faculté tactile deviendra plus active et efficace aux diverses extrémités, tandis que l'ensemble de la masse s'entourera d'un épiderme durci par contraction sous les injures et les atteintes du dehors. L'apport réparateur des matériaux indispensables à l'entretien de cette existence cessera bientôt d'avoir lieu par simple imbibition ou infiltration, et il se formera des courants internes qui se répartiront entre eux le travail du remplacement ou de la permutation des individus moléculaires, au moyen du sang, ce merveilleux agent de la circulation de tous les matériaux de l'être corporel; la contractilité musculaire, effet de la sensation et de la force vitale, donnera la vigueur aux tissus que viendra d'autre part soutenir une charpente osseuse, et par suite la faculté pour l'être entier de se déplacer par simple reptation d'abord, et plus tard par les mouvements plus efficaces d'organes locomoteurs diversement appropriés; enfin la sensibilité se sera concentrée principalement dans une substance nerveuse dont les filaments relieront ensemble toutes les parties du corps de l'animal; et ainsi aura été franchie pas à pas, à travers les formes végétales et animales, toute la distance qui sépare la simple unité vitale des êtres organisés de plus en plus accomplis.

Pourquoi la vie progresse-t-elle au lieu de naître déjà parfaite?

Le seul fait d'une marche évolutive des mondes implique nécessairement des degrés progressifs dans leur avancement physique et vital. Le principe supérieur qui s'est manifesté plus librement sous l'aspect vital dès que la constitution physique fut arrivée à terme, est dès lors entré à son tour dans une voie d'organisation dont la cellule vivante représente le premier pas. De même que l'ordre physique ne s'est définitivement constitué qu'après une longue période de conflits chaotiques où ont fini par prévaloir des résultantes fatales et conformes au plan déjà virtuellement contenu dans le mode d'impulsion initiale s'exerçant sur la substance, l'ordre vital où persiste le conflit des deux principes passagèrement associés dans une évolution qui les rend de plus en plus à leur indépendance originelle, verra se continuer une longue série de combinaisons et de transformations qui l'achemineront progressivement vers une résultante dernière qui sera l'être terrestre parfait, en qui le principe supérieur dominera sans partage sur le principe substantiel, et à partir duquel il n'y aura plus d'autre progrès possible que le retour de chacun des deux facteurs de la vie, à son identité originelle. C'est cette seconde période chaotique, propre à l'organisation vitale, qui a commencé aux grossières ébauches des premiers âges de la Terre, et qui se continue à notre époque (*), offrant à notre observation des formes où domine encore l'influence des obstacles qui circonscrivent le champ de l'expansion vitale, car cette expansion dépend toujours étroi-

---

* C'est ainsi qu'il y a une connaissance fermée et infranchissable de la chimie minérale, soit de l'ordre physique, tandis que la chimie organique touchant l'ordre vital, est illimitée et ne connaîtpas encore de frontières.

tement des milieux où elle se développe, et ne commence qu'à peine à manifester dans ses sommets humains, une action déjà voulante et supérieure par conséquent aux conditions délimitatives de son milieu terrestre.

Aussi n'est-il pas dit que l'organisation vitale la plus achevée d'aujourd'hui, réalisée dans l'espèce humaine actuelle, soit le dernier terme de la progression. Les périodes à venir verront sans doute tout au moins une transformation considérable de notre espèce susciter des races très supérieures à l'Européen d'aujourd'hui qui, à la suite des Colomb et des Magellan, a déjà pris presque partout possession du globe, et reléguer ses descendants au bas de l'échelle, ne faisant du reste en cela que continuer le mouvement ascensionnel qui, dès les âges primitifs, pousse successivement sur le même sol des flots renouvellés de races humaines toujours plus aptes et plus avancées.

Sous quels aspects distincts voyons-nous se produire les divers degrés de la vie?

La vie n'est qu'une, et les formes innombrables qu'elle a revêtues ne représentent que ses adaptations successives à des conditions particulières d'existence; toutefois, la permanence plus ou moins longue des mêmes conditions vitales l'ont distribuée par catégories, et ont fixé pour un temps des organisations distinctes que nous nommons des espèces. Mais ces catégories n'ont rien d'absolument stable; elles varient à la longue, car l'évolution qui commence aux formes les plus élémentaires, se poursuit toujours grandissante et changeante à travers les espèces nouvelles se dépassant les unes les autres, sous l'influence de conditions plus propices ou de nécessités plus pressantes.

Les espèces constituent ainsi les ramifications diverses de l'arbre de vie : Les plus proches se tiennent entre elles par les liens d'une visible parenté et forment un même groupe ou genre, et les divers genres de même ordre forment des classes qui elles-mêmes partent des principaux embranchements, lesquels sortent directement de la même et unique souche. Maintenant, qu'un seul ou que divers rameaux ayant cru simultanément, aient amené, soit plusieurs soit une seule apparition de chaque espèce y compris l'espèce humaine, cela ne change rien à l'ordre de choses que nous entrevoyons.

Plus grandit et s'étend l'arbre de vie, plus ses ramifications se séparent et s'éloignent nécessairement les unes des autres, pour se ramifier encore dans le sens de leurs directions particulières, mettant ainsi des différences de plus en plus marquées entre les formes vivantes des diverses lignées.

En quoi consistent les progrès qui différencient les espèces entre elles?

Ils consistent en ce que chaque espèce ajoute

des modifications ou des facultés nouvelles à celles qui, dans chaque lignée, limitaient le développement de l'espèce qui précède, poussant ainsi toujours plus avant l'épanouissement des sommets de l'arbre de vie.

Le point de départ de l'évolution de l'individu reste le même, soit la molécule vivante des amas protoplasmiques, et cette évolution s'avance en repassant à l'état embryonnaire, par toutes les phases antérieures du développement organique revêtues par la vie, depuis les premiers commencements jusqu'à la station à laquelle appartient cet individu; et cela d'autant plus succinctement que l'espèce est d'ordre plus élevé et le chemin parcouru plus considérable.

Au-delà même de la période embryonnaire, c'est-à-dire après la naissance, et dans le cours d'une même existence animale, nous trouverons encore des exemples visibles de ces développements récapitulatifs des êtres avant qu'ils aient atteint leur dernière transformation spécifique : Tantôt une forme intermédiaire comme celle du têtard, s'intercale entre un poisson et un batracien qui ne font à eux trois qu'un seul et même animal, la grenouille, et il semble alors voir un embryon précocement né, continuant en liberté le développement fœtal qui, chez la plupart des espèces, s'achève dans l'œuf ou le sein maternel; ailleurs ce sont ces singulières générations à formes alternées dont la chaîne se recommence indéfiniment ; puis encore viennent les curieuses métamorphoses des insectes.

Les espèces sont donc des réédifications sur un plan agrandi de ce qui a précédé leur organisation actuelle, et quand leurs formes ont progressé, ce n'a été qu'en ajoutant quelque chose à l'enchaînement ancien qui se conserve et se retrouve toujours en principe au-dessous des formes arrêtées. On peut même dire qu'en l'être humain, le plus accompli des êtres terrestres et le dernier venu, dont l'embryogénie traverse, à partir du début cellulaire, les états successifs de mollusque, de poisson, de reptile, d'amphibie, enfin de mammifère, se résument tous les degrés parcourus jusqu'à lui par l'ensemble de l'évolution vitale terrestre dont il représente la somme et la dernière synthèse. Or, ces degrés se récapitulent, non pas idéalement mais effectivement, du moins en ébauches, comme le prouvent en outre des métamorphoses régulières de l'embryon même, les réversions vers quelque type animal qui sont si frappantes dans les cas d'idiotie et d'arrêt de développement ; et surtout les déviations de formes partielles et accidentelles qui se produisent parfois au moment de la gestation, c'est-à-dire lors de la mise en œuvre des matériaux ancestrals. Parmi ces réversions, les unes ne s'éloignent pas beaucoup de l'espèce, mais d'autres remontent très haut sur l'échelle parcourue antérieurement par la vie. C'est ainsi que les monstres ou simplement les images phénoménales qui apparaissent chez quelques individus et se désignent communément sous le nom d'*envies*, sont des exemples de ces déviations anormales qui se séparent du grand ensemble récapitulatif, pour aboutir à des formes contre nature ou stigmatiser bizarrement quelque partie du corps. Ces apparitions réversives attestent, dans la formation du tourbillon vital de l'être humain, la présence de tous les plans organiques qui se sont succédé dans l'histoire entière de la vie terrestre. Quand elles ont lieu chez un animal, ces déviations de courants ne sauraient évidemment porter que sur des formes antérieures au degré qu'occupe l'espèce chez laquelle elles se produisent. Il ne saurait en effet apparaître dans le développement d'un embryon, des signes d'une organisation supérieure à la sienne propre, puisque son espèce ne la contient pas encore.

Entre les causes déterminantes de ces accidents, il faut compter certaines impressions fortuites éprouvées au cours d'une grossesse et qui surviennent dans cette rapide récapitulation des aspects de la vie passée, comme des pierres d'achoppement qui font évidemment dévier certains courants particulièrement sollicités, lesquels s'isolent alors de la fusion générale, pour aboutir sous leur propre impulsion à des marques reconnaissables de quelque forme vitale inférieure.

Sous quelles influences les espèces vivantes pren-

nent-elles les formes particulières que nous leur voyons ?

Il n'y a pas eu de créations spécifiques spontanément formées de toutes pièces. Les formes réalisées jusqu'à notre époque sont les résultats du conflit qui a toujours eu lieu entre les actions et les conditions de toute nature régnant dans chaque milieu spécial, et les foyers de vie qu'ils contiennent et dont l'expansion subtile et rayonnante conquiert sur elles un domaine conforme à la sorte d'activité vitale qui est possible dans le milieu particulier à chacun d'eux ; or, par milieu il faut entendre, non pas seulement une généralité physique d'éléments et de climat, mais encore une certaine place parmi les espèces rivales qui se disputent déjà l'espace et les aliments nécessaires à l'entretien de tout ce qui vit. (*) Ainsi ces aliments et leur rareté même qui limite impitoyablement le nombre des individus appelés à s'en nourrir, sont aussi des conditions de milieu, comme en général toutes les difficultés ou les facilités entre lesquelles une espèce peut trouver à subsister. Tout vide où quelque nouvelle activité vitale trouvera place, constituera donc

---

* C'est même cette rivalité et cette émulation réciproque qui, plus encore que les nécessités et la succession des milieux, font la marche ascensionnelle de la vie terrestre, ou plutôt en sont la condition pratique, la cause première de l'avancement vital étant dans l'essor intime de l'évolution intégrale que poursuit l'étreinte des deux principes.

un milieu dans lequel pourra se façonner une forme animée qui se calquera sur les conditions de résistance ou de facilités régnant dans ce milieu; et cette forme, qu'elle y soit née ou, ce qui est presque toujours le cas, qu'elle soit venue s'y adapter, deviendra l'objet d'un modelage incessant exercé sur son activité intime par le milieu ambiant.

Dans le conflit de l'action inéluctable des milieux naturels d'une part, et de l'énergie élastique du foyer vivant d'autre part, c'est en effet l'être animé flexible et malléable qui se pliera seul à des nécessités aveugles et fatales. C'est ainsi que le volume et les proportions du corps, les organes divers avec leurs fonctions appropriées, les sens et leur merveilleux mécanisme, le genre d'existence adopté, tout répond rigoureusement et dans les moindres détails, aux conditions du milieu spécial où l'être, animal ou plante, s'est formé ou s'est adapté. Les nombreuses espèces imparfaitement conformées à leurs milieux actuels ne semblent contredire cette règle que parce que leur lente transformation graduelle n'a pas encore eu le temps de s'accomplir.

Les diverses époques géologiques de l'existence de notre globe attestent des transformations considérables de conditions physiques, comparativement à celles qui existent dans la période présente; mais la vie s'est toujours appropriée aux conditions changeantes de ses milieux successifs, en se modifiant de plus en plus par l'adaptation et en produisant autant de formes différentes qu'elle a occupé de ces milieux si prodigieusement complexes et divers, car son activité spontanée a su trouver toutes les issues et se faire jour à travers les moindres fissures qui s'ouvraient devant son essor. Or, le nombre des milieux différant entre eux sous les rapports de climat, de ressources alimentaires, de concurrence vitale, etc., étant sans limites, les formes vivantes qui leur sont appropriées sont par conséquent innombrables. La substance vivante et sensible, pétrie en quelque sorte par le conflit engagé entre l'expansion vitale et les compressions ambiantes, devait nécessairement se modeler dans son milieu comme en une matrice naturelle, puis durer sous les formes acquises, autant que persisteraient les mêmes conditions.

Tout dans les êtres vivants est adaptation et relation ; le tout montre ce que doit être la partie, et par la partie l'on peut remonter au tout. Ne suffit-il pas de quelques restes d'un animal inconnu pour reconstituer par la pensée l'être auquel appartenait ce débris, pour reconnaître son genre de vie, ses aptitudes physiques, et son milieu d'origine, cause déterminante de tous ces enchaînements? C'est donc à l'inséparabilité des conditions de milieu et des appropriations vitales correspondantes, qu'est due la variété infinie des formes que dans le cours des âges la vie terrestre a revêtues.

Dans quelles limites s'exerce la malléabilité des formes acquises dont le milieu vient à changer?

Les formes achevées de la vie acquièrent par une longue stabilité d'organisation, une consistance propre que l'on peut comparer à l'élasticité des minéraux, laquelle n'existe que dans les limites où s'exerce la loi précise et connue de leur résistance. C'est aussi en vertu de la *résistance vitale* que les espèces arrêtées se maintiennent quelque temps contre les influences d'un milieu hostile.

Lorsque la vie s'est donc spécifiée dans une forme définie, cette forme équilibrée et fixée par un long exercice de son activité spéciale, acquiert une certaine énergie résistante qui lui permet de traverser sans péril des milieux différents du sien propre, et même d'en adopter de nouveaux quand cette énergie ne se heurte pas à des forces capables de la briser. Mais il arrive en ce cas que les formes fixées dans une espèce que les circonstances ont déplacée de son ancien domaine, rentrent bientôt en travail d'adaptation, se modifient et s'approprient par une réorganisation correspondante à des conditions d'existence très différentes de celles de leur origine, et l'on voit alors les organes devenus inutiles, s'atrophier par leur inaction même, tandis que d'autres s'élaborent ou se transforment en harmonie avec les nouvelles nécessités.

Ces changements prouvent suffisamment l'inéluctable subordination plastique des formes vivantes à tous leurs milieux possibles, et l'étroite relation du principe substantiel avec le principe vital. Ce n'est qu'en arrivant à l'espèce humaine qu'un certain affranchissement des conditions de milieux commence à se faire sentir dans l'avancement de la vie terrestre, et que la volonté, jointe à un accroissement de consistance vitale, meut déjà l'être vivant dans une aire qui dépasse un peu celle d'une adaptation rigoureuse; enfin qu'apparaissent au sommet de l'évolution, les débuts d'une action isolée du principe supérieur qui commence à triompher visiblement de ses attaches matérielles.

Examinons en détail l'adaptation des êtres et de leurs organes aux conditions qui leur sont imposées par leurs milieux.

Pour commencer, si nous examinons ce que sont nos sens, nous reconnaîtrons de suite que le plus délicat de tous, le sens de la vue, s'est en quelque sorte mécaniquement approprié à la nature des ondes lumineuses par sa pupille qui les introduit dans l'œil avec proportion, et son cristallin qui les étale sous l'angle convenable sur la rétine, laquelle n'est que l'épanouissement du nerf optique qui en perçoit la sensation et la transmet au cerveau. On verra de même pourquoi ce précieux organe se protège par des paupières et des cils; comment il se meut et s'ajuste aux nécessités de l'optique et de la perspective, et pourquoi il entretient la limpidité de sa surface en l'oignant constamment d'un liquide que des glandes spéciales sécrètent dans ce seul but. L'on pourra même suivre pas à pas tous les progrès réalisés successivement par l'œil à partir de l'apparition des premiers rudiments de cet organe chez les espèces inférieures, jusqu'aux derniers perfectionnements réalisés dans la suite chez d'autres animaux, et l'on comprendra quelle doit être la délicatesse extrême de sa structure et de ses tissus pour qu'ils aient pu correspondre à la ténuité infinie de la substance des ondes lumineuses produites par les vibrations de l'éther. C'est ainsi encore que l'oreille dont le pavillon arrête et conduit vers le tympan les ondes aériennes plus matérielles que celles de l'éther, les traduit en vibrations sonores et fournit au cerveau des avertissements et des impressions d'une autre nature. (*)

Les ondes lumineuses ou sonores propagent au loin l'ensemble de leurs lignes composantes disposées selon les aspects ou les vibrations des

---

* L'incalculable diversité des sons que l'oreille est capable de percevoir, s'explique encore physiquement par les microscopiques cordes harmoniques qui, au nombre de plus de trois mille, se tendent inégalement comme une harpe merveilleuse, dans le colimaçon de l'oreille intérieure. Par contre, les deux seules cordes vocales du larynx qui jouent un rôle non plus passif, mais actif, suffisent par les degrés variés de dilatation ou de contraction qu'elles peuvent parcourir, à produire les nuances sans nombre des émissions de la voix.

corps d'où elles rayonnent ou dont elles ont rencontré les figures sur leur passage, et leur perception par les organes de la vue ou de l'ouïe consiste en une répercussion qui s'opère sur des instruments matériellement façonnés sous l'action répétée de ces ondes. Lors donc que les rayons lumineux, perdant leur parallélisme, se réfractent inégalement sur les divers corps rencontrés, l'œil en interprète fidèlement toutes les modifications sous l'aspect de formes ou de couleurs, de même que l'oreille sait démêler au milieu de la complexité des vibrations de l'air, une multitude d'ébranlements particuliers qui renseignent le cerveau sur la plupart des causes de ces ébranlements. Toutefois, l'un et l'autre sens ne peuvent percevoir que le nombre limité des ondes de la lumière ou du son sous l'influence desquelles ils se sont lentement et graduellement construits. Au delà de ce nombre cesse la perception, c'est-à-dire la portée de l'instrument.

Il est aussi aisé de reconnaître dans les moindres détails de l'appareil vocal, d'autres résultats immédiats d'une appropriation rigoureuse qui est visible également dans les organes servant à l'alimentation et à la respiration, soit aérienne, soit aquatique, organes qui se sont élaborés ou transformés en parfaite conformité avec la nature physique des divers éléments appelés à participer au fonctionnement de la vie. C'est ainsi que le tube intestinal s'anime d'un mouvement vermiculaire propre à charrier et à distribuer sur toute son étendue les substances qui fournissent à l'alimentation de l'organisme, et que les côtes et le diaphragme opèrent exactement comme un soufflet pour appeler ou chasser l'air nécessaire à la combustion vitale. D'autre part, la présence dans l'organisme des sucs sécrétés en vue d'un travail chimique indispensable pour dissoudre les aliments; les contractions du cœur motrices du flux et du reflux du sang qui est l'agent de tout le mouvement d'assimilation ou d'expulsion des éléments matériels de la vie; la chaleur vitale entretenue par l'oxygénation incessante des matériaux charriés dans le sang, sont également des effets en rapport avec les conditions physiques et les nécessités du même milieu.

Quant à la structure et à tout le mécanisme du corps, avec les articulations de sa charpente osseuse dont le liquide synovial facilite les glissements, son assemblage de nerfs incitateurs et de muscles moteurs, ce sont encore et toujours des appropriations conformes aux conditions faites à tous les développements de la vie par le milieu ambiant et les lois naturelles de l'ordre physique.

Les conditions à remplir et le but à atteindre sont donc toujours les causes déterminantes des formes animées, bien mieux encore que lorsque, par une semblable obéissance à des nécessités également souveraines, l'homme construit ces ingénieuses machines industrielles qui semblent présenter un simulacre de vie. (*)

Jamais les influences extérieures ne cessent de déterminer les voies qui seront accessibles à l'activité vitale. C'est en raison de l'avantage ou des désavantages offerts, des bons effets éprouvés ou des obstacles rencontrés que l'être animé va à ce qui lui profite, et fuit ce qui lui est nuisible; et quand les conditions extérieures viennent à changer, il change de même. Ses allures, son industrie, ses mœurs, ses organes, se façonnent toujours selon le sort que lui fait le milieu qui l'entoure.

Toutes les espèces sont en quelque sorte comme des empreintes vivantes de leurs milieux, empreintes parfaites quand elles n'ont pas quitté leur patrie d'origine, ou le plus souvent imparfaites, c'est-à-dire en voie d'appropriation à des conditions nouvelles, lorsque les formes primitivement acquises dans le milieu originel, sont transplantées dans un autre habitat auquel elles s'adaptent insensiblement. Cette adaptation a même joué un rôle immense dans la multiplication des espèces, en étendant à des milieux de

---

* Les types variés de nos navires sont aussi un frappant exemple de créations où tout: formes, dimensions, ordonnance, matériaux employés, engins de toute sorte, n'existe et n'a été combiné qu'en application rigoureuse de conditions et de besoins qui en ont commandé tous les détails, et auxquels remonte la cause maîtresse de leur aspect général qui en fait en quelque sorte des organismes comparables en ce sens à l'animal lui-même.

plus en plus différents, des types primitifs d'abord peu nombreux, mais assez flexibles pour pouvoir se modifier et s'étendre de proche en proche à toutes les situations que la vie a fini par conquérir ; et cette adaptation se remarque de même dans tous les détails de la structure organique de l'animal, détails qui ne sont eux aussi qu'une suite de métamorphoses ou de développements de constructions antérieures.

Il n'est pas jusqu'à l'outillage industriel et aux armes naturelles de tout être vivant qui ne soient la conséquence de conditions imposées par des nécessités spéciales ; aussi la structure de ces armes et de cet outillage est-elle calquée sur la nature des attaques à repousser ou des besoins à pourvoir, comme si elle en était la contre-partie. L'appropriation de cet outillage est surtout visible dans les innombrables dispositions du bec des oiseaux, toujours façonné en conformité du genre de vie adopté par chaque espèce, selon qu'il s'agisse de broyer des graines, de pêcher des poissons, de saisir des insectes ou de déchirer une proie ; et elle ne l'est pas moins dans l'arrangement qui a présidé à la construction des plumes dont se revêt le même animal, et qui en outre de la graduation facultative de chaleur qu'elles lui procurent instantanément en se soulevant plus ou moins, graduent de même son poids dans le vol, par le vide ou le plein de l'air que leurs tubes lui permettent de faire à son gré, et deviennent de plus encore par leur beauté, un moyen charmant de plaire à la saison des amours, et par conséquent un élément de succès dans les luttes qui font le progrès des espèces. (*) Ce n'est pas indifféremment que l'animal revêt son corps de poils, de plumes ou d'écailles; et quand le mollusque sécrète son enveloppe pierreuse à l'épreuve des ressacs du rivage, ou que l'arbre dont la sève précieuse doit être préservée, s'entoure d'une écorce protectrice, c'est la nature même du dommage menaçant la forme vivante en voie d'adaptation qui l'a incitée à s'abriter contre ce dommage par le moyen le plus direct et le plus conforme au but à atteindre. La provocation extérieure est la cause, et le système défensif opposé par l'être actionné est l'effet.

---

* Il n'y a peut-être pas d'exemple plus probant de la malléabilité d'une espèce, que celui que nous offrent les innombrables races de nos chiens dont l'existence étroitement rattachée à celle de l'homme depuis les premiers âges, s'est moulée sur les habitudes, les allures, les sentiments de ses maîtres au point de présenter une très nombreuse variété de types correspondant à autant de types humains, et de permettre même de juger du caractère d'un homme par la nature spéciale de ceux de ces animaux qui ont ses préférences marquées. Et dans une région de la vie toute différente, quel plus merveilleux exemple également d'adaptation parfaite que cet insecte du Brésil (le Phyllium pulchrifolium) qui, pour se soustraire à la vue et échapper aux recherches de ses ennemis, s'identifie avec les feuilles de son arbuste préféré au point, non seulement de leur ressembler de point en point comme forme superficielle, mais encore de suivre les mêmes phases de croissance, de changements de coloration et de durée d'existence !

Nous voyons donc que dans la première période de la vie, l'être est manifestement une résultante active et passive en même temps des expansions incessamment aux prises, du principe vital d'une part, et de son milieu ambiant d'autre part. Les formes vivantes sont ainsi moulées et façonnées par la rencontre en sens opposés de deux ordres différents d'activité : L'activité intérieure et expansive des foyers de vie, et les compressions limitatives de toute nature qui du dehors sont exercées sur ce foyer par le milieu ambiant. (*)

Quelles causes principales stimulent l'expansion de la vie dans tous les milieux possibles, tout en la contenant dans les bornes nécessaires?

Tous les êtres subissent la loi de la concurrence

---

* A ces exemples de l'adaptation de la vie animale aux conditions des milieux, nous pourrions ajouter ceux que nous offre le règne végétal. Nous évoquerons seulement la riante image des fleurs de nos jardins, où il n'est pas de nuances, de dessins, de contours étalés au soleil par des corolles de toute forme et de toute couleur, qui ne soient autant de moyens appropriés pour acquérir aux apprêts génératifs de la plante, et dans le degré précisément nécessaire, non seulement l'humidité et la chaleur, mais encore les seuls rayons chimiques qu'appelle chaque organisation florale particulière née sous leur influence directe. Dans le nombre infini de ces gracieux organes des plantes on peut voir une étonnante et merveilleuse variété d'instruments d'analyse adaptés par la vie végétale aux effets très divers des éléments vivifiants que contiennent les rayons solaires.

qui rejette du banquet de la vie, où il n'y a place que pour quelques-uns, les vaincus et les faibles qui se voient alors contraints sous peine de mort à chercher un domaine moins convoité, en se pliant aux nécessités nouvelles d'un milieu plus difficile, par l'appropriation de leurs organes ou par la création d'un nouvel outillage. Cette appropriation à de nouvelles conditions d'existence a multiplié de tous côtés les espèces en même temps que les centres d'activité vitale, et de cette mêlée universelle est résulté le refoulement de la vie dans tous les milieux possibles, même les plus ingrats, où les déshérités ont pu trouver un refuge.

Ainsi toute place occupable est circonscrite par les ressources limitées qu'offre son milieu, et une trop grande multiplication mettrait bientôt en péril les espèces les plus appropriées et les mieux douées ; mais quand ce danger n'est pas balancé par des causes extérieures de restriction, ou ne se conjure pas de lui-même par un ralentissement de la reproduction, il suscite fatalement des luttes terribles dont les effets ramènent le nombre des individus dans les seules bornes qui conviennent à la meilleure viabilité de l'espèce. (*) Les conquêtes de la vie

---

* L'homme surtout, à cause même de sa situation privilégiée qui favorise l'expansion toujours grandissante de son espèce, n'échappe pas à cette loi naturelle à laquelle il doit en partie ses instincts de guerre que la civilisation est im-

dans les milieux, même les plus difficiles, et la limitation dans chaque milieu des espèces qui les occupent, ont ainsi les mêmes causes, qui sont la rareté de l'aliment et la concurrence vitale.

Pourquoi la concurrence vitale n'entraîne-t-elle pas partout la destruction et le remplacement des formes primitives par les formes perfectionnées ?

C'est toujours une question de milieux. Nous avons vu que par milieu il faut entendre un ensemble déterminé de conditions physiques et vitales où la concurrence réciproque de tous les êtres vivants a elle-même une large part ; or, les milieux inférieurs restent le domaine des formes inférieures, et la rivalité y reste circonscrite entre espèces de degré correspondant, sans que les existences d'ordre plus élevé leur disputent rigoureusement toute la place. C'est ainsi que

---

puissante à empêcher. On dirait même que plus nous nous éloignons des violences et des luttes journalières de l'état de barbarie, où l'équilibre se faisait en quelque sorte d'une manière continue, plus les grandes guerres deviennent périodiques et inévitables, comme si l'avance gagnée par la prospérité et le respect des vies et des biens appelait à de certains moments une compensation de fureur destructive. La guerre serait ainsi par elle-même une nécessité dont la politique n'est le plus souvent que l'occasion ou le prétexte, et ce fléau n'aurait son remède que dans le maintien rigoureux d'une proportion nécessaire, entre le chiffre de la population et la somme des places disponibles, permettant le libre épanouissement vital de chacun de ses membres.

nous voyons encore subsister côte-à-côte des représentants de toutes les stations de la vie, depuis la monère jusqu'à l'homme.

Relevons quelques exemples des transformations que subissent les espèces qui ont changé de milieux.

Il est évident que lorsque nous voyons par exemple des oiseaux qui ne volent pas comme les manchots ou pingouins; des mammifères tels que les phoques qui vivent dans l'eau comme des poissons; que d'autres mammifères, les chauves-souris, volent; que des insectes construits pour le vol renoncent à la lumière et s'enfouissent sous terre; nous sommes tentés de voir là de flagrantes contradictions au principe de l'adaptation parfaite de la vie aux conditions des milieux. Cependant observons de plus près, et nous verrons que ces animaux ne vivent plus actuellement dans les milieux auxquels ils étaient originairement appropriés et que, soutenus par la résistance spécifique, ils se sont accoutumés de leur mieux à de nouvelles conditions d'existence tout en adaptant leurs organes et leurs membres à ces conditions différentes. Il est en effet aisé de reconnaître que leurs organes primitifs sont entrés en voie de transformation et que leur cas, bien loin de porter atteinte aux lois de l'adaptation, en est au contraire la confirmation la plus éclatante, car les formes et l'outillage qui s'utilisaient d'abord tant bien que mal dans le nouvel habitat, ont peu à peu perdu de génération en génération leur caractère primitif, pour prendre celui que commandait la situation nouvelle.

Ne voit-on pas dans les diverses variétés de phoques, la structure d'animaux d'origine terrestre dont les premiers ancêtres pêchaient déjà sans doute comme nous voyons faire à certains autres animaux plus ou moins amphibies et qui, par la privation de tout autre aliment que le poisson, se sont vus obligés à une existence de plus en plus aquatique? Les derniers descendants de ces animaux en sont arrivés à perdre à peu près complètement l'usage terrestre de leurs pieds qui se sont au contraire palmés et appropriés à la nage; et même chez le lamantin de notre époque, dont la transformation est beaucoup plus avancée que celle du phoque commun, les inutiles jambes postérieures ont complètement disparu pour se résoudre en une véritable queue de poisson. Toutefois la structure générale de ces amphibies, leurs yeux recouverts de paupières mobiles, leurs dents canines, leurs poils persistants, témoignent encore grandement de leur ancienne origine exclusivement terrestre.

On peut en dire autant des cétacés dont la transformation plus complète, partie également d'une souche terrestre et accomplie au sein des mers, s'est bien plus rapprochée encore que celle des phoques et des lamantins du type parfait des poissons. D'autre part, c'est certainement une marche dans un sens opposé qui a rendu terrestres quantité d'espèces inférieures nées d'abord au milieu des lagunes et des mers fécondes des premières époques paléontologiques.

Peut-être aussi peut-on voir une transformation plus étonnante que toutes les autres, dans le chameau et le lama chez lesquels il ne paraît plus rester à notre époque la moindre trace du type oiseau, si ce n'est de vagues rapports de forme dans la courbure de l'échine et de la tête, ainsi que dans les attaches contournées de leurs membres antérieurs, mais qu'un caractère décisif paraît relier encore pourtant à la classe des oiseaux, c'est-à-dire la forme oblongue des globules sanguins qui n'appartient, sauf précisément l'unique exception du chameau et du lama, qu'aux seuls oiseaux. Il se pourrait donc que ce dernier vestige témoignât encore d'une aussi lointaine origine pour des animaux transformés au point d'avoir complètement passé d'une classe à une autre. L'existence avérée d'un type absolument intermédiaire, l'ornithorynque, actuellement à mi-chemin d'une évolution pareille, fait d'ailleurs que cette hypothèse ne semble plus alors tout à fait inadmissible.

Des remarques de même ordre frappent l'esprit quand on observe à quel point le pingouin est devenu impropre au vol et inséparable des rivages où le retient une vie facile; comment l'autruche trop alourdie pour s'élever dans les airs, a réduit ses ailes et perfectionné ses jambes pour la course; en raison de quelles nécessités les échassiers ont démesurément allongé leurs pattes et leur bec; pourquoi les ailes et les élytres de certains insectes dégradés comme les cancrelats qui ont cessé de voler, se sont soudées à leur corps ou sont près de disparaître; pourquoi d'autres insectes, s'habituant aux ténèbres, ont suppléé ou remplacé le sens de la vue par un long et délicat appareil tactile; ou par quel prodige encore d'autres êtres en pareil cas, s'éclairent eux-mêmes dans les noires profondeurs de l'océan, de phosphorescences lumineuses; et tant d'autres exemples indéniables d'appropriations étonnantes que le naturaliste rencontre à chaque pas. Certes, ce n'est qu'à travers un nombre considérable de générations que ces modifications fort lentes à se réaliser, deviennent sensibles, mais elles ne cessent jamais de s'avancer vers une appropriation de plus en plus parfaite au dernier milieu adopté, et nous comprenons alors la raison de tant de différences entre les espèces dont les formes disparates resteraient de tout autre façon inexplicables.

Sans même qu'elle s'éloigne de son milieu habituel, un simple changement de régime suffit parfois pour qu'une espèce vienne à se transformer sensiblement. C'est ce que l'on peut voir dans le corps applati et surtout dans la tête contournée et grimaçante de la limande et de la sole, poissons qui ont abandonné leur ancienne station verticale pour s'étaler sur les fonds vaseux ou sablonneux où ils trouvent une pâture facile.

et abondante. Ces poissons sont en voie évidente de transformation vers le type de la raie qui a complètement terminé la sienne dans les mêmes conditions sans doute. Parfois aussi des vestiges dénonciateurs d'une très lointaine filiation persistent longtemps malgré une adaptation d'apparence parfaite ; c'est ainsi que le fœtus de la baleine montre encore des dents inutiles qui disparaissent du reste avec la croissance. On cherche l'explication de tant de formes mixtes et transitoires dans leur rattachement à un petit nombre de types primitifs et fixes, ancêtres communs de telles ou telles lignées principales. On ne gagne à cela que de remonter plus haut pour avoir malgré tout à franchir le même pas décisif, soit la reconnaissance sans restriction aucune, d'une même et universelle cause absolue de la diversité des formes vivantes, qui est l'adaptation toujours active mais longtemps contenue par la résistance spécifique, aux conditions changeantes qui à travers les temps se sont successivement imposées aux espèces par la variabilité de leurs milieux.

Il est certain que toutes les branches et les moindres rameaux de l'arbre de vie se relient étroitement les uns aux autres et ne forment qu'une seule filiation généalogique. C'est par des modifications successives que les êtres vivants se sont perfectionnés et transformés graduellement en espèces de plus en plus distinctes, y compris l'homme lui-même dont tous les détails d'organisation et de structure ne sont que des progrès réalisés sur les formes antérieures. Il suffirait au besoin du seul aspect de son humérus tordu sur lui-même d'une demi-circonférence, et ayant entraîné du même coup la torsion des muscles et des vaisseaux qui les accompagnent, pour démontrer entre autres exemples, que le bras humain originairement disposé comme les membres antérieurs des quadrupèdes précédant les anthropomorphes, s'est adapté à la longue par une inflexion convenable, aux travaux d'une vie de plus en plus industrieuse.

Et la main humaine qu'est-elle, sinon la transformation graduelle de l'extrémité des membres locomoteurs, d'un organe qui n'a pas changé de plan essentiel depuis les pattes du lézard jusqu'aux griffes du lion et jusqu'aux ailes de la chauve-souris ? On le voit tantôt disparaître mais persistant toujours, sous le sabot du cheval ou sous la masse graisseuse d'une nageoire de baleine, tantôt s'étalant chez les plantigrades ou se découpant dans l'organe de préhension du quadrumane, puis devenant chez l'homme le pied solide, assoupli et approprié à la marche, et enfin cette main intelligente qui se plie aux plus délicates nécessités du travail, et qui est un des plus grands chefs-d'œuvre de la nature.

La vie est une; ses formes s'organisent ou se modifient selon les conditions qui leur sont faites par les milieux, et ces milieux toujours changeants depuis les commencements du monde, ont déterminé d'incessantes transformations, montrant parfois les empreintes de plusieurs milieux différents et successivement traversés, dans les formes vivantes qui peuplent chaque milieu actuel.

En présence d'une telle diversité de voies et de moyens concourant tous au même but qui est l'avancement graduel d'une évolution générale et unique, il semble voir la vie gagnant de proche en proche malgré mille obstacles, comme par la poussée incessante d'une lente explosion qui la soulève à travers toutes les fissures de l'ordre physique. Nous en sommes encore à la période obscure des premiers tressaillements dont les plus récents progrès sont à peine éclairés d'une faible lueur de conscience ; mais cette lueur est déjà l'aurore blanchissante du grand jour à venir, de la pleine lumière qui accompagnera le dégagement définitif et le règne du pur principe supérieur rendu à lui-même. L'équilibre qu'ont gardé jusqu'à la venue de l'espèce humaine les influences physiques et la puissance vitale dans la marche ascensionnelle de la vie, indique suffisamment que la lutte des deux principes est encore en balance, mais que cette marche ne cesse pourtant d'être progressive, et que le triomphe de plus en plus décisif du principe supérieur conduit nécessairement à une perfection dont le dernier terme ne saurait être autre que la fin du chaos vital et le retour à l'absolue pureté de l'origine ultra-substantielle de la vie.

En vue de quels besoins et dans quelles conditions de milieux nos sens ont-ils pris naissance?

Les sens qui se répartissent entre eux sous certains aspects tout spéciaux l'exercice de la sensation originellement acquise à la vie, relationnent l'animal avec le dehors, en interprétant au service de l'organisme les ébranlements physiques de tout ordre qui atteignent et affectent l'être et sont pour lui autant d'avertissements différents; or, c'est sous l'influence même de ces ébranlements et en corrélation parfaite avec les lois naturelles régnant dans le milieu viable, que les sens se sont élaborés lentement et progressivement, et qu'ils sont devenus ce qu'ils sont.

La lumière, le son, l'odeur, la saveur, le tact, ne sont pas des choses existant par elles-mêmes, mais seulement de simples relativités de l'ordre physique et de l'ordre vital. Les couleurs n'apparaissent telles que par rapport à l'œil qui interprète des jeux d'ondulations éthérées spéciales qui sont pour nous la lumière, et il arrivera même qu'elles seront perçues très différemment par des yeux qui peuvent avoir entre eux des dissemblances mêmes fort légères de structure. Il en est de même des sons, des odeurs, des saveurs, des impressions du tact, toutes choses d'ailleurs que rapproche un étroit parallélisme de rapports et d'effets sensitifs, et qui ne sont que des aspects de relation entre les manifestations du monde extérieur et la sensibilité qui est propre aux êtres vivants. Aussi, à l'encontre de la vie organique interne dont tous les ressorts fonctionnent d'eux-mêmes dès le début sur un plan préexistant, l'exercice des sens qui dépend du dehors, nécessite-t-il une véritable éducation pour devenir efficacement pratique.

Les sens ne représentent que certains modes seulement d'interprétations des actions physiques qui intéressent le plus directement la vie des êtres, ce qui fait qu'ils diffèrent sensiblement d'une espèce à une autre, selon le milieu et le genre de vie, et c'est pourquoi il ne faut pas s'étonner de l'ignorance dans laquelle ils nous laissent de quantité de phénomènes physiques sur lesquels ils restent muets parce que ces phénomènes n'ont que peu ou point participé à leur élaboration. Chaque sens est visiblement la résultante organique d'un conflit particulier et constant qui a lieu entre certains côtés du jeu habituel des forces physiques d'une part, et l'activité vitale d'autre part, laquelle s'est outillée en conformité des conditions extérieures qu'elles avaient à utiliser ou à subir. C'est un simple fait d'adaptation dont la portée ne dépasse pas les besoins ressentis par l'espèce qui les utilise; si bien qu'en-deçà ou au-delà par exemple du nombre relativement restreint des vibrations aériennes ou éthérées qui composent les sons ou les couleurs que nous connaissons, il n'y a plus pour nous de perception effective.

De cette origine toute de relativités spéciales, on peut donc inférer que nos sens ne nous enseignent rien d'absolu quant à la nature intime des choses qu'ils reflètent en nous. Néanmoins l'image de la nature ambiante qui pénètre à travers nos sens jusqu'à notre entendement, est d'autant plus exacte et fidèle qu'il y a eu un contrôle réciproque plus étendu des différents modes de la sensation percevable.

Le degré de l'activité de l'être se mesure au degré d'activité des sens. Un être qui perçoit fortement réagit aussi avec énergie, puisque la sensation transmise au cerveau et aux autres centres sensitifs secondaires par l'office des nerfs, est toujours renvoyée sous une forme active quelconque. Il y a donc proportion entre ces deux sortes de manifestations correspondantes : Où le travail des sens est actif et pressant, la réaction nerveuse est énergique ; mais quand l'âge ou la maladie vient affaiblir tout l'organisme et émousser la vivacité des impressions, le calme et la lenteur succèdent à l'ardeur d'autrefois. Dans le sommeil, l'activité extérieure cesse en même temps que l'exercice de la sensation. En outre, les impressions des sens deviennent d'autant plus intenses qu'elles sont plus nouvelles ou que les organes sont plus reposés ; aussi la répétition des mêmes impressions émousse-t-elle l'acuité des sens qu'une application trop longue fatigue. Il faut alors attendre qu'une réfection paisible et suffisante vienne leur rendre la plénitude de leurs facultés. Ce sont encore les sens qui, façonnés d'abord au service de l'organisme, sont devenus ensuite peu à peu les merveilleux constructeurs du cerveau, c'est-à-dire de leur propre centre commun où leurs excitations incessantes ont accumulé à travers les générations successives des animaux, une somme de plus en plus considérable de perceptions, lesquelles en se contrôlant les unes par les autres, et en provoquant des réactions organiques correspondantes, se sont concrétées substantiellement et ont formé ces sortes de registres moléculaires dont l'accumulation ordonnée et fixée dans l'espèce, constitue l'organe par excellence, le cerveau qui domine l'être tout entier.

Enfin, en dernière analyse, reconnaissons que nos divers sens se réduisent de fait à un seul, le toucher, qui les comprend tous. En effet, qu'il s'agisse de la sensation que les ondes du son et de la lumière, ou les molécules odorantes et sapides déterminent sur les instruments appropriés à leurs effets particuliers, ou bien du tact plus grossier des papilles nerveuses de la main, c'est toujours une pression qui s'exerce sur quelque partie de notre être corporel, et qui met en jeu sous mille formes subtiles l'élasticité rayonnante que nous avons reconnu appartenir en propre aux atomes, élasticité qui est devenue sensation en passant de l'ordre physique à l'ordre vital.

A quelle cause peut-on attribuer les formes symétriques si remarquables dans l'aspect extérieur des animaux?

Il suffit d'observer un peu attentivement le passage de la vie végétale à la vie animale pour deviner que la symétrie que présentent les organes extérieurs des animaux a probablement été la conséquence de la mobilité, qui est un des principaux caractères distinctifs du règne animal.

Tant que la vie était scellée à une même place où elle puisait son aliment, ses formes se développaient irrégulièrement sous l'action variable des influences du dedans et du dehors, sauf les cas où la symétrie d'un végétal est le résultat d'un certain équilibre de croissance ; mais dès l'instant où des nécessités de déplacement s'imposèrent à l'être et l'obligèrent indispensablement pour qu'il pût avancer, à des mouvements reptatiles ou ondulatoires à la recherche de points d'appui successifs, il y eut à droite et à gauche de la forme errante, des sollicitations égales et parallèles entre elles qui développèrent une activité spéciale aux places où se produisait un maximum d'effort. Cette activité, dirigée en conformité d'un balancement régulier du corps, devait se traduire par une duplication de semblables organes naissants propres à la locomotion, et répondre également à une double sollicitation sensitive bi-latérale, les conditions physiques des divers milieux déterminant les modes de déplacement les plus réalisables dans ces milieux, ainsi que la disposition et les éléments de la structure de ces organes extérieurs. On conçoit que ces conditions, remplies dans un inévitable équilibre, devaient aboutir à une parfaite ressemblance des instruments créés dans ce double champ d'action.

Ces premiers facteurs symétriques de la vie ambulante furent nécessairement accompagnés de muscles, de nerfs, d'outillage semblables des deux côtés, et qui se rencontrent donc par paires dans l'animal, tandis que les viscères et autres organes exclusivement affectés à la vie interne, et qui se sont formés antérieurement et en dehors de ces conditions de translation, sont restés irréguliers de formes et soumis aux seules nécessités de la vie organique.

Les sens, pour s'utiliser efficacement, devaient, en se dédoublant, eux aussi, partager leur fonctionnement entre ces deux côtés semblables, et il n'est pas jusqu'au cerveau lui-même qui n'ait dû participer de ce dédoublement de sensations et de fonctions bi-latérales, et concentrer sur deux lobes symétriques, le double travail des sensations et des réactions correspondantes, du moins pour ce qui concerne leurs attaches nerveuses et abstraction faite des autres localisations cérébrales, remontant à des causes internes. Les sensations perçues par le cerveau sont d'autant plus nettes et précises que les doubles organes des sens qui les lui communiquent sont plus rigoureusement semblables entre eux. Le moindre désaccord rend confuses les perceptions des sons, des couleurs, des odeurs, en troublant par leurs dissemblances, l'image qui en arrive au cerveau, circonstance qui milite encore en faveur de l'équilibre à réaliser pour produire la plus grande similitude possible entre les organes dédoublés.

Quant à la prééminence si remarquable d'un côté du corps sur l'autre, généralement le côté droit sur le côté gauche, prééminence qui entraîne pour ce côté une certaine supériorité de force et d'aptitude, il n'y a peut-être discordance que parce que l'initiative du mouvement doit nécessairement partir d'un des côtés, et que le côté favorisé se trouverait être le même pour le plus grand nombre qui aurait hérité cette prédisposition d'habitudes ancestrales. Il va de soi que la partie latérale à laquelle le hasard aurait donné au début de la vie animale le plus d'exercice, se serait renforcée, et par cela même aurait conservé ensuite l'initiative du mouvement en rendant cette disproportion héréditaire.

Pourtant il doit y avoir autre chose encore qu'un premier hasard dans cette règle qui dirige vers la droite, non-seulement les mouvements les plus naturels de l'homme, mais même jusqu'aux spires des coquillages, jusqu'à l'enroulement des liserons de nos charmilles. Cette orientation singulière que ne saurait expliquer aucune loi connue, a peut-être sa cause dans le sens originel de l'évolution propre de ces unités moléculaires dont se compose tout ce qui vit, animal ou plante. L'essor de gauche à droite prévaudrait dans l'ensemble d'un groupe vivant, lorsque les complications ou les arrangements organiques ne s'opposeraient pas à la libre répercussion moléculaire de ce sens initial du premier mouvement tourbillonnaire de la vie.

Revenant à la symétrie des formes extérieures des animaux, elle est telle qu'il semble que l'animal, vu de face, soit la juxtaposition de deux organismes inversement semblables, séparés par une ligne médiane et enserrés dans un épiderme qui, chez l'homme notamment ne réussit pas tout à fait à dissimuler la soudure (*) des deux parties semblables qui se sont développées simultanément en conservant de chaque côté une existence assez distincte pour que l'une puisse tomber accidentellement en paralysie, tandis que l'autre conserve encore l'usage intégral de sa part de facultés.

La cause originelle de la symétrie des formes extérieures des animaux remonterait donc à des nécessités d'équilibre dans les organes naissants de la vie ambulante primitive, équilibre conservé dans tous les développements et perfectionnements ultérieurs des espèces, et commandé par le balancement nécessaire du corps vivant qui se meut au fond des eaux, sur le sol, ou dans les airs.

De quelle manière envisagerons-nous dans tout son ensemble et son unité l'arbre figuratif de la vie ?

---

* Cette soudure est visible chez plusieurs personnes en certains endroits du corps tels que l'extrémité du nez, la ligne verticale du milieu des lèvres, de l'ombilic, etc.

La vie s'est répandue et a progressé sur le globe dans un enchaînement qui relie tous les êtres entre eux sans solution de continuité. Ainsi les mêmes racines sont communes à toutes les formations des deux règnes de la vie où tout se ramifie et se tient d'un bout à l'autre, et d'où les individus ne s'isolent librement que par la rupture de la fibre nourricière qui partout attache les germes ou rejetons à l'organe géniteur qui leur donna naissance. Or, il est essentiel de remarquer que ce lien matériel de toute filiation successive des êtres vivants, a nécessairement relié de même aux points de bifurcation des espèces, des genres, des classes, des règnes vivants, toute propagation de la vie, quelque forme nouvelle qu'elle ait revêtue pas à pas dans le cours de ses développements. Si donc nous embrassons d'un seul regard tout l'ensemble de la vie présente et passée, ces attaches de la filiation de tous les êtres terrestres nous apparaîtront comme un réseau idéal unique, s'étendant génératívement à l'universalité de tout ce qui vit et qui a vécu, depuis les temps paléontologiques jusqu'à notre époque, car la vie est une.

Au milieu des changements continuels des formes vivantes, qu'est-ce qui limite et distingue rigoureusement les espèces entre elles?

A le prendre dans un sens absolu, il n'y a pas de catégories spécifiques ayant un caractère d'existence propre; il n'y a que des foyers individuels de la vie universelle. Les séries d'espèces sont l'œuvre de milieux où règnent les mêmes influences et où la vie s'organise et se reproduit en des individus semblables entre eux, que la résistance vitale consolide en leurs formes et dans une filiation directe identique. Tant que les mêmes conditions durent, l'espèce se maintient telle, mais lorsque ces conditions changent sans retour, nous avons vu que les individus et par conséquent les espèces qui les sérient, finissent par céder aux influences ambiantes, et se modifient bientôt par l'adaptation qui remanie les formes, et par la sélection qui donne la prééminence et la survivance aux êtres les mieux doués et les mieux armés dans le combat de la vie.

De légères modifications qui se fixent et se perpétuent créent seulement des variétés dans l'espèce, mais quand des écarts considérables viennent à séparer ces variétés successives, entre lesquelles l'extinction de séries entières font parfois des vides profonds, cette différence finit par en arriver aux caractères distinctifs d'une espèce nouvelle, car de la lutte pour l'existence résulte en effet à la longue l'extermination ou la disparition complète de quelques-unes des organisations les plus rapprochées se disputant des milieux à peu près les mêmes, et un écart de plus en plus sensible entre les descendants d'un type originairement unique. C'est ainsi que de proche en proche, et par de très lentes transformations, la vie s'est étendue à la plupart des milieux viables du globe, et qu'elle offre aujourd'hui une si grande diversité d'espèces distinctes.

Fixées temporairement dans les formes qui conviennent au milieu spécial de chacune, les espèces ne sont donc pas des catégories indépendantes provenant de créations spontanées; toutefois elles n'en constituent pas moins des séries très réelles d'un caractère particulier, que circonscrivent assez nettement les limites de la faculté de reproduction, continuant la même organisation dans une descendance féconde à son tour et non arrêtée à une hybridité impuissante; et cette délimitation entre les diverses espèces par la possibilité générative, est la plus simple et la plus vraie, puisqu'elle est fournie par la nature elle-même et ne se prête à aucune équivoque. C'est donc cette faculté de reproduction intégrale et continue qui seule marque les véritables limites qui circonscrivent les espèces, les unes par rapport aux autres.

Est-ce dans la sélection ou dans l'adaptation qu'il faut voir la principale cause immédiate de l'avancement vital?

La sélection naturelle qui ne laisse à la fin survivre que les formes les plus résistantes, et la sélection méthodique plus prompte en ses effets par le choix intelligent que l'homme sait apporter dans les sujets offerts à la reproduction, sont pour les espèces une cause de perfectionnements continuels; néanmoins la sélection produite par la concurrence vitale, ne saurait être considérée comme la cause principale de ces perfectionnements. Elle élimine fatalement les individus les moins aptes à soutenir la lutte, et perfectionne ainsi sans cesse il est vrai l'ensemble de chaque espèce; mais c'est l'adaptation réalisée par une organisation intelligente que nous examinerons plus loin, qui seule a déterminé chez les survivants une structure animale ou végétale plus appropriée à leur champ d'action, et de nature à assurer leur supériorité sur les formes attardées.

L'avancement de la vie par une conformité de plus en plus grande aux nécessités des divers milieux, n'est donc qu'un fait d'adaptation où la sélection n'intervient que comme une conséquence fatale de la lutte pour l'existence qui ne maintient nécessairement aux places occupables que les individus qui ont une supériorité décisive sur leurs concurrents.

A quelles causes déterminantes peut-on ramener la formation, les développements et les progrès des êtres vivants?

La substance vivante qu'excite le besoin inéluctable d'alimenter continuellement son activité tourbillonnaire par des matériaux substantiels nouveaux que le tourbillon rejette après en avoir épuisé les qualités, est amené par la concurrence réciproque de ses propres unités composantes, à disposer ces unités dans l'ordre qui permet le mieux à chacune d'avoir sa part proportionnelle d'aliment ; or, cet ordre distributif, en présence des dispositions, des ressources et des hasards du milieu occupé, ne saurait être arbitraire. Il dépend d'une part, des conditions propres à ce milieu, et d'autre part de la tendance qu'a la vie à s'avancer jusqu'aux dernières limites possibles de la place que lui offrent ces conditions. De là sortiront diverses conséquences qui décideront de la constitution générale des formes vivantes et qui seront successivement : L'arrangement moléculaire le plus favorable à toutes les unités vitales associées, considérées dans leur ensemble aussi bien que chacune en particulier, pour l'acquisition et la distribution de l'aliment commun ; la solidarité de ces unités vitales dont l'intérêt est mieux servi par leur union que par leur isolement ; la division et la répartition économique entre groupes spéciaux, du travail commun à accomplir ; une dépendance réciproque entre les fonctions organiques diverses, et une hyérarchie nécessaire entre les groupes appelés à exercer ces fonctions ; soit enfin ce qu'on peut appeler l'*organisation* la plus conforme à la résultante virtuelle de ces diverses tendances vers le meilleur état possible de la communauté vivante.

Tous les êtres, animaux et plantes, doivent ainsi être considérés comme des agrégations d'individus moléculaires organisés en corps collectifs, fonctionnant en conformité des conditions vitales possibles pour eux, et ils se répartissent en autant d'espèces différentes qu'il y a de ces adaptations réussies et persistantes, capables de durer et de se perfectionner dans chaque milieu spécial. L'*adaptation* est alors la loi qui dirige l'organisation vitale en conséquence des milieux où la vie est possible; or, nous avons vu que par milieux il fallait entendre non seulement l'entourage physique, mais encore la place laissée occupable par les espèces rivales et par la concurrence vitale qui limite dans l'espèce elle-même l'expansion de la vie.

Les espèces sont variables parce qu'elles dépendent des milieux changeants auxquels elles s'adaptent sans cesse, et elles sont progressantes, non seulement en vertu de la tendance qu'a la vie à s'épandre indéfiniment, mais encore parce que la concurrence vitale met les individus rivaux en lutte continuelle pour la conquête de leur subsistance, ainsi que pour la satisfaction de tous leurs appétits entre lesquels les ardeurs amoureuses sont au premier rang. Ce combat pour la vie et la propagation de la vie, où la victoire finale est pour les mieux doués et les mieux armés, provoque des perfectionnements toujours nouveaux en forces et en moyens qui rendent leurs possesseurs maîtres du champ de bataille. Une *sélection* continuelle qui est la conséquence de la lutte pour l'existence, réserve ainsi l'avenir à l'élite seule des formes vivantes, par la faculté de se maintenir et de se reproduire de préférence aux autres, au grand avantage de l'avancement de chaque espèce.

Nous voyons maintenant qu'une fois la vie apparue, ses développements et ses progrès peuvent être ramenés à trois principales causes déterminantes qui sont : *l'organisation* en vue de laquelle se meuvent et se coordonnent spontanément les unités vitales ; *l'adaptation* qui incline l'expansion vitale en conformité des milieux ambiants ; enfin la *sélection* qui perfectionne continuellement la vie en faisant prévaloir et durer les formes et les outillages les plus aptes et les plus résistants à l'exclusion des autres, au milieu de la concurrence qui limite le nombre des individus pouvant subsister dans chaque milieu. (*)

---

* Le principe de l'adaptation, c'est-à-dire ce qui a été appelé l'influence du monde ambiant, est la loi du progrès vital telle que l'ont conçue les Lamarck et les Geoffroy Saint-Hilaire. Darwin venu après ces maîtres inspirés, est surtout frappé des conséquences heureuses de la lutte pour la vie au point de vue de la survivance des plus forts, et il ne voit plus que la sélection suffisant à faire avancer les espèces par le moyen de légères différences entre les individus, lesquels, dit-il, « ne sont pas absolument coulés dans le même moule », et par la prévalence fatale entre ces légères différences, des modifications les plus aptes à assurer le succès au milieu de la concurrence générale. Il accorde à peine quelque part à l'influence directe des conditions offertes par les milieux dont les effets sont plus lents assurément à se produire d'eux-mêmes que lorsqu'ils sont aidés par la sélection méthodique ; mais il n'aborde pas le pourquoi de ces légères différences qui constituent pourtant le point de départ essentiel de tout changement : « Quant à la variabilité elle-même, dit-il, ELLE EST GOUVERNÉE PAR DES LOIS INCONNUES. » Faut-il cependant laisser le hasard décider de l'apparition

Ces trois choses sont inséparables les unes
des autres : l'organisation serait incertaine sans

---

des formes heureuses dont profiterait la sélection? La conception d'E. Geoffroy Saint-Hilaire, du façonnement des formes
vivantes par la pression des milieux, fait une part plus juste
au rôle prépondérant de ces milieux qui, dans l'adaptation
naturelle, guide la structure des formes et de l'outillage des
êtres vivants selon le climat, les ressources possibles, les
pentes entraînantes, ou les difficultés à surmonter.
 Il est vrai qu'une sélection heureusement pratiquée précipite les effets de l'adaptation, parce qu'elle développe de
préférence les détails organiques prépondérants offerts à la
reproduction, mais ces effets rapides ne sont-ils pas toujours
le développement des forces vitales tendues en avant, mais
contenues par des lois d'équilibre et de corrélation organiques et dont quelques-unes seulement dans la sélection
méthodique, s'épanchent dans la voie qui leur est facilitée
par l'effacement relatif des autres caractères qui leur sont
sacrifiés dans une disproportion voulue et longtemps répétée ? C'est encore de l'adaptation à des conditions artificielles
créées par l'expérimentateur, et ces conditions cessant,
l'équilibre et l'adaptation au milieu naturel reprennent
bientôt le dessus. La plasticité des espèces a du reste ses
limites marquées par la loi de résistance des organismes
consolidés par un long exercice, et au-delà desquelles il y a
rupture d'élasticité et égarement ou destruction des formes
ainsi violentées ; car si la sélection réussit à accroître chez
les plantes et les animaux domestiques les caractères qui ont
la préférence de l'horticulteur ou de l'éleveur, il ne faut
pourtant pas en arriver à ce que la force de résistance soit
définitivement vaincue par un excès de tension, parce
qu'alors les formes vivantes perdent tout à coup cette flexibilité qui maintenait leur cohésion et leurs principaux
caractères, et elles dégénèrent ou s'éteignent promptement.
La sélection ne vient donc qu'après l'adaptation qui elle-même

l'adaptation qui la guide et sans la sélection qui ne conserve que ses meilleures créations ; l'adap-

---

relève de l'organisation, laquelle règle seule la distribution des unités tactiques de la vie dans leurs groupements végétaux ou animaux efficacement dirigés dans les sens les plus profitables à l'ensemble du groupe.

Revenant à ces légères différences sans lesquelles le transformisme manquerait de base, ces faibles variations sont tout dans l'avancement des espèces. Au lieu d'y voir de simples hasards, dont profiterait la sélection, il faut se dire qu'il n'y a pas de hasard dans la nature ; il n'y a jamais que des effets provenant de causes connues ou inconnues, et dans le cas des transformations qui nous occupent, un premier pas qui sera suivi d'un second, puis d'un troisième, et ainsi de suite, car la nature vivante ne se développe qu'insensiblement ; ce premier pas, disons-nous, est déjà aussi bien que ceux qui suivront, une adaptation qui a déjà ses nécessités et ses causes réelles et décisives. Disons donc en toute assurance que cette variabilité aux différences légères, mais répétées et toujours plus accentuées, dont la cause paraît avoir été méconnue par Darwin, est précisément la marche même par petites poussées graduelles de l'adaptation des formes vivantes à leurs milieux changeants.

La lutte pour l'existence présenté comme la principale cause du progrès vital, n'est qu'un point de vue partiel et incomplet qui semble inspiré par le génie exclusif de la race anglo-saxonne. Cette loi, d'ailleurs de la plus haute importance pour l'avancement de la vie dont elle déblaie les voies trop encombrées, a été si admirablement approfondie par l'illustre physiologiste anglais, qu'elle a pu un moment laisser dans l'ombre la conception plus large des Lamarck et des Geoffroy Saint-Hilaire, déjà soupçonnée par Goethe et Diderot, de la malléabilité de la matière vivante s'organisant ou se transformant sous l'influence directe des milieux, et dont la sélection n'est qu'une conséquence amenée par la nécessité d'éliminer le trop-plein de la vie. La sélection occupe donc à son rang une

tation ne serait qu'un vain mot sans l'organisation
qui exécute et réalise les modifications qu'elle

---

place essentielle, mais non plus au premier plan, car elle
dépend de causes antérieures qui sont : l'adaptation qui dirige
et l'organisation qui agit.

D'autre part, la sélection darwinienne envisagée isolément,
laisse sans réponses un certain nombre de questions essentielles. Darwin lui-même, avec sa haute bonne foi, reconnaît
et signale plusieurs de ces lacunes de sa théorie, entre autres
celle-ci à propos des hybrides : « Rien ne peut, dit-il, nous
expliquer pourquoi un organisme placé sous des conditions de
vie contre nature devient stérile. » La sélection n'a rien à voir
ici en effet, tandis que l'on comprendra qu'un organisme
détourné de l'adaptation parfaite aux conditions ordinaires de
l'une ou de l'autre espèce ascendante, dépense toutes ses forces
à se maintenir dans cette situation contre nature, sans qu'il lui
en reste assez pour reporter encore plus loin des discordances
vitales d'une inconciliabilité grandissante. Il n'y a donc là que
l'organisation et l'adaptation qui soient en cause.

C'est tout le contraire qui arrive avec les surcroîts de
vigueur et de vitalité qu'apportent dans une même espèce, les
croisements de deux sangs complémentaires l'un de l'autre, ou
bien une extension d'habitat; au lieu qu'une filiation trop
directe ou la continuité trop prolongée de conditions incomplètes, causent une déperdition d'éléments vitaux dont l'intégralité se rétablirait par des croisements heureux ou par les
ressources nouvelles d'un domaine agrandi. Là non plus le
principe trop étroit de la sélection toute seule n'explique rien ;
aussi quand le célèbre auteur de l'Origine des Espèces parle
de « quelque lien inconnu, essentiellement corrélatif avec le
principe même de la vie », semble-t-il pressentir sans toutefois
l'aborder le principe même de l'organisation. Remarquons
également qu'après avoir admis que la grande mortalité des
embryons d'hybrides peut être attribuée à ce que l'hybride,
qui ne participe qu'à moitié de la nature de la mère, se trouve

dicte, et sans la sélection qui élimine le trop-plein de la vie, et faute de laquelle tout périrait

placé avant sa naissance dans de plus mauvaises conditions de vie qu'une fois né et reçu dans le milieu extérieur favorable à ses deux progéniteurs, Darwin annote après coup l'observation suivante : « Après tout, la cause doit plus probablement résider dans quelque imperfection de l'acte d'imprégnation originel, amenant un développement imparfait de l'embryon, plutôt que dans les conditions auxquelles il est subséquemment exposé. » La cause n'est-elle pas en effet dans le défaut de concordance des deux modes d'organisation coopérants, qui complique le branle de l'activité naissante de la progéniture, et ne réussit que difficilement à conduire au terme de la période fœtale un produit mixte si laborieusement combiné? Il n'y a ici apparamment qu'un fait d'organisation héréditaire sans qu'intervienne l'adaptation, et encore moins la sélection, à moins qu'on ne veuille voir dans l'hybride une résultante de deux activités vitales différentes où, dans une série de conflits moléculaires, l'organisation a été conduite par l'adaptation et la sélection des unités vivantes du nouvel organisme en formation, mises individuellement aux prises dans une étreinte réciproque où les influences dominantes sont à la fin de part ou d'autre restées maîtresses.

Ces conflits intestins des premiers débuts embryogéniques de l'organisation animale, remontant jusqu'aux tendances individuelles des unités vitales elles-mêmes, expliqueraient alors de la manière la plus plausible les produits si bizarres des unions sexuelles ordinaires : Les proportions variables de l'influence paternelle ou maternelle dans la nature du rejeton, au lieu de l'égale distribution d'un simple mélange ; la prépondérance des caractères dominants d'un seul des progéniteurs, ou même la réapparition atavique de qualités et de traits restés latents chez le père, mais ayant dominé chez l'aïeul ; enfin les moindres comme les principaux phénomènes de la constitution héréditaire, physique et morale, d'une progéniture.

étouffé dans une obstruction générale destructive de tout essor ; enfin la sélection ne suffirait pas, par le seul hasard des modifications heureuses, à déterminer le progrès intelligent et incessant des diverses espèces, sans l'adaptation qui indique la nature des changements les plus favorables à accomplir en conséquence des besoins nouveaux ou des difficultés à vaincre dans les milieux trop disputés, et surtout sans l'organisation intime qui l'accompagne nécessairement et qui seule exécute le progrès que la sélection fait ensuite prévaloir.

C'est ainsi que la vie marche et progresse parce qu'elle est toujours poussée en avant par la cause évidente bien qu'inconnue de l'évolution universelle, et qu'il est même permis de dire que dans tout ce qui se rapporte à la vie, depuis l'organisme le plus élémentaire jusqu'aux formes spécifiques les plus perfectionnées, et depuis la plus simple association jusqu'à la constitution des grandes sociétés humaines, tout n'est qu'organisation, adaptation et sélection.

La vie terrestre peut-elle être considérée comme fixée dans les espèces actuelles?

Ce qui ressort avec toute évidence de l'histoire entière de la vie terrestre, c'est la succession dans le temps d'espèces diverses végétales et animales constituées, soit en conformité organique avec leurs milieux d'origine, soit en adaptation à de nouveaux milieux d'option, par suite du refoulement de la vie partout où elle a pu pénétrer et se maintenir.

Pour ce qui est de notre époque, il est certain que les places actuellement occupées et si laborieusement conquises au milieu de la concurrence générale, ne laissent guère de chances pour que des élaborations entièrement nouvelles, nécessairement lentes et difficiles, puissent germer encore sur ce champ de bataille si disputé. Néanmoins ce qui se passe dans les profondeurs insondables de la vie des infiniment petits, échappe à nos investigations, et peut-être là s'essayent des formes inconnues qui seraient capables de se développer et de progresser à leur tour si un joint favorable venait à s'offrir à leur essor. (*) Les microbes constituant telles épidémies nouvelles et sans précédents qui éclatent tout à coup, en sont peut-être des indices ou mêmes des exemples effectifs; toutefois comme l'adaptation des anciennes formes à des conditions nouvelles suffit à elle seule pour façonner graduellement des êtres qui répondent à toutes les possibilités actuelles d'existence, ce qui du reste à été le cas de la plupart sinon de toutes les espèces que nous connaissons, il y a lieu de croire que les édifications de la vie terrestre ne

---

* Cette supposition implique nécessairement la possibilité de milieux neufs où viendraient se façonner des organismes directement partis des premières associations moléculaires de la substance vivante.

partent plus des premiers commencements, comme aux temps primitifs où l'ordre vital s'élaborait et prenait une place encore vierge au sein du monde physique.

Telle qu'il nous est donné de la contempler, la nature vivante nous présente un ordre de choses qui nous paraît arrêté et fixé pour toujours. Né d'hier, l'homme a la prétention de mesurer le temps à l'éphémère durée de sa vie, pour juger des périodes incommensurables que la nature emploie à l'accomplissement de ses œuvres. Pourtant les écarts énormes qui séparent les espèces de notre époque des créations paléontologiques, nous montrent que tout un monde d'animaux et de plantes disparues de la surface de notre planète, a fait place à des formes de vie toutes différentes, et ils nous prédisent que le même sort attend le monde vivant actuel qui ne jouit par conséquent que d'une fixité passagère.

Les forces vives qui ont amené l'évolution vitale au point où nous la voyons, subsistent toujours tout entières ; et soit par la transformation des espèces existantes, soit même par la naissance après tout possible de formes entièrement nouvelles, surgissant de l'organisation moléculaire d'une parcelle de substance protoplasmique, la vie continuera d'animer les milieux changeants qui se succéderont au cours de l'histoire complète de notre monde, jusqu'à extinction, ou plutôt résorption en son principe originel.

Quelle image nous présente la succession des formes dans lesquelles s'individualise la vie?

La vie qui s'est régularisée et consolidée dans une forme durable, se continue ensuite par bonds successifs qui font que chaque élan individualisé dans un être vivant, ne dispose que d'un quantum mesuré de force expansive, laquelle force se dépense en progression croissante d'abord et décroissante ensuite, jusqu'à son épuisement et la dissociation des parties substantielles qu'elle réunissait. Quant à la durée de l'essor, elle est des plus variables selon les espèces, sans que la perfection et l'harmonie des formes paraissent influer sur cette durée. Néanmoins les grandes longévités paraissent s'accompagner d'une intensité exceptionnelle de vigueur et de résistance vitale, comme si elles étaient le fait d'une concentration extrême d'énergie réalisée dans certaines organisations favorisées qui se rencontrent dans l'un comme dans l'autre des deux règnes vivants.
. Dans la plénitude de son activité, chaque tourbillon de vie peut projeter hors de sa sphère des émissions de sa propre substance virtuellement animées du même élan évolutif que celui qui leur donna naissance, et ces émissions se recommencent d'individu à individu, propageant ainsi indéfiniment le même mode d'évolution vitale, tant qu'aucune cause perturbatrice ne vient la modifier ou la détruire, et comme si le tourbillon concentrait ses excédents d'énergie en des reprises de son entier essor qui n'auraient besoin

que des mêmes conditions d'entretien pour répéter un développement semblable à celui du foyer même qui les a lancées.

C'est donc par émissions génératrices les unes des autres, que les formes réussies de la vie, perpétuent leur existence spécifique tant que le milieu ambiant leur reste favorable.

Sur quel principe repose l'acte de la procréation?

Ce principe est la *scission*. La reproduction des formes élémentaires de la vie est une opération des plus simples : Un fragment s'en sépare et continue de vivre et de croître isolément pour se scinder ensuite à son tour et multiplier indéfiniment l'espèce par le même moyen. Mais chez les êtres d'organisation plus compliquée, ce qui se détache, tout comme dans la scission pure et simple qui se voit chez la monère, c'est une spore, une graine, un œuf, qui eux aussi sont des fragments de l'individu, mais des fragments compliqués de tous les développements qui se sont ajoutés à l'évolution élémnetaire des premiers êtres apparus. Chez ceux-ci la simplicité et l'uniformité de l'évolution la rendent directement et semblablement transmissible dans ses prolongements successivement détachés, dès qu'ils excèdent la mesure de l'élan individuel dévolu à chacune de ces formes élémentaires. Même dans le ver de terre qui n'est qu'un enchaînement d'anneaux uniformes, la simple fragmentation suffit encore, mais il n'en est plus ainsi des êtres chez lesquels des complications organiques ont apporté la variété des détails dans l'unité de l'ensemble. Cet ensemble ne se reproduit plus qu'à la condition de reporter symétriquement la même coordination de courants tourbillonnaires dans un germe continuateur de cet ordre symétrique de vie perfectionnée. L'élaboration du germe sera donc toujours proportionnée à la complication des formes vivantes appelées à se perpétuer.

D'autre part, un individu unique pourra conserver longtemps encore l'intégralité du pouvoir reproducteur; cependant lorsque par une inégale répartition des facultés, les sujets devenus incapables de suffire seuls à tant de complications, en arrivent à ne posséder que des parts incomplètes des réserves germinatives nécessaires, dont l'ensemble ne se rencontrera plus qu'en réunissant les éléments complémentaires les uns des autres, une association deviendra indispensable pour obtenir la réalisation parfaite de l'œuvre générative, et alors la monogénie ou l'androgynie première fera place à la division et à la répartition sexuelle.

Remarquons à ce sujet que c'est pricipalement au sexe femelle qu'incombe la part la plus essentielle de la tâche, car c'est en lui que se continue le plus directement l'espèce par le bourgeonnement des formes renaissantes qui n'attendent plus que le concours opportun du sexe complémentaire pour évoluer ensuite intégralement jusqu'à leur entière séparation de la forme mère. C'est lui également qui suffit à ménager au rejeton les soins ou l'allaitement qui le préparent à vivre de ses propres ressources; et dans l'élaboration de ce lait, premier aliment transitoire du mammifère, nous retrouverons encore une nouvelle et merveilleuse appropriation de moyens suggérée à la vie par la nécessité de s'adapter à des conditions de milieu d'une difficulté croissante.

Avec la sexualité, la procréation ne sera désormais possible que par la conjonction de l'ensemble des détails germinatifs qui se sont partagés entre mâles et femelles, les sexes se trouvant alors définitivement fixés par l'atrophie complète de part et d'autre d'une moitié des anciens attributs de l'être monogène. (*) Ainsi il importe de constater que la sexualité n'est bien que la répartition entre sujets différents des éléments d'un monogénisme primitif dont il est resté des traces visibles jusque dans les espèces les plus avancées, telles que l'ébauche des seins qui persiste chez le mâle et surtout les réversions d'hermaphrodisme

---

* Un frappant exemple de désuétude des anciennes conditions génératives et d'écart sexuel, se remarque chez ces fleurs où l'intervention du vent et des insectes a déshabitué le pistil et l'étamine de leur rapprochement androgynique sur une même tige, et où ces organes ont pu s'isoler et vivre à part depuis qu'un agent étranger suffit à transporter efficacement le pollen fécondateur.

qui apparaissent quelquefois dans l'espèce humaine elle-même.

C'est donc la réunion et la fusion de tous les caractères et attributs qui ont été divisés et répartis entre les individus sexués qui assure au rejeton la dotation complète de la virtualité des phases successives qu'il parcourra jusqu'au degré où s'est arrêtée son espèce; or, ces phases, de la première à la dernière, récapitulent dans la croissance de l'embryon, tout le chemin parcouru antérieurement par les développements progressifs de la vie, depuis ses premiers commencements, comme nous l'avons déjà constaté pour l'embryogénie de l'être humain.

Il va sans dire que les influences physiques du dehors se sont imposées dès les premiers débuts des formations germinatives de toute manifestation vitale, et les ont fait concorder avec les époques de l'année qui leur sont le plus favorables. Les plantes obéissent plus directement que les animaux à ces influences, et les animaux qui, plus que l'homme sont restés près de la nature, ne procréent guère encore qu'à la saison ordinaire des amours. Quant à l'homme, l'excitation passionnelle qui lui vient de son imagination et du milieu artificiel qu'il a su se créer, a forcé dès longtemps les règles naturelles et étendu pour lui à toutes les saisons la possibilité de reproduire son espèce.

Le rôle fécondateur qui fait la continuité de la vie est si essentiel que toute forme animale ou végétale en danger de s'éteindre par dépérissement, reporte sur ses organes génitaux de préférence tout ce qui lui reste de vigueur et de vitalité ; et ce soin si précieux pour l'avenir de chaque espèce emploie partout des réserves de forces assez considérables pour que lorsqu'il y a perte accidentelle des facultés procréatrices, et par conséquent disponibilité de ces réserves, on voie une exhubérance physique anormale apparaître chez les individus affranchis de la tâche générative.

Quant à ce germe, à cet œuf fécondé dans lequel se concrète tout le passé et le présent des développements organiques de l'espèce qu'il résume, est-ce autre chose au fond que l'isolement d'une réelle partie représentative de l'individu tout entier, comme il en est de la simple fragmentation par laquelle se multiplient les formes rudimentaires de la vie ? Pour une grande partie du règne végétal, l'égale efficacité du mode simple et du mode compliqué de la reproduction est même telle que ces deux modes continuent de coexister et que la même espèce peut se reproduire indifféremment, soit par une bouture, simple prolongement de l'évolution vitale de la plante, soit par une graine dans laquelle se dessine l'embryon déjà fait à l'image de la forme mère.

Il reste évident que la reproduction fidèle de toutes ces complications se reporte virtuellement tout entière dans la disposition des unités vitales essaimeuses qui s'isolent de la forme adulte pour recommencer dans le même ordre une évolution identique, dès que la confluence et la projection des forces génératrices suffisantes se seront produites dans les élans par lesquels se renouvellent les formes acquises à chaque espèce.

Dans la monère, un simple fragment détaché suffit pour que la reproduction d'une évolution aussi élémentaire que celle de cette ébauche de vie se continue dans la partie telle qu'elle existe dans le tout; mais chez les êtres plus complexes dont la reproduction générative réclame l'union sexuelle, le germe naissant et intégralement fécondé doit résumer virtuellement toutes les complications organiques survenues jusqu'à son espèce, pour que ce soit cette espèce compliquée qui se reproduise. Mais quant au principe même de la multiplication des êtres par la scission, il est au fond resté invariable.

Qu'est-ce qui empêche que le mariage d'une espèce avec une espèce différente puisse être fécond?

Les deux sexes ne sont exactement complémentaires l'un de l'autre que dans la même espèce. Entre formes différentes la procréation d'hybrides est rare et la plupart du temps impossible; et sans sortir même de l'espèce où déjà il faut un heureux concours de circonstances pour que se rencontre la parfaite conjonction de tous les composants du germe génératif, il se voit des races et des familles séparées par des différences constitutionnelles assez grandes pour que leurs mariages restent inféconds, ce qui montre bien qu'une parfaite identité doit exister entre l'activité à engendrer, et l'activité génératrice.

Quant aux croisements entre variétés d'une même espèce, nous avons déjà remarqué qu'ils n'ont de bons effets que lorsque ces unions rapprochent des qualités complémentaires les unes des autres, et raniment ainsi le branle tourbillonnaire affaibli, la filiation trop longtemps soutenue entre proches, appauvrissant d'ordinaire par des déperditions insuffisamment réparées, les facteurs si complexes de l'activité qui est propre à chaque genre d'existence. Hors de là, il n'y a que discordance entre les divers éléments réunis pour préparer le recommencement vital, lequel échoue fatalement partout où l'harmonie indispensable fait défaut.

N'y a-t-il pas pour les êtres vivants des causes d'épuisement et même de perte totale de la faculté générative ?

On voit les facultés génératives s'épuiser dans des cas assez nombreux et assez étendus pour amener parfois l'extinction de races entières : Tantôt il suffira d'une profonde modification du genre de vie accoutumée, telle que la captivité, la transplantation dans un climat contraire, ou bien des désordres passionnels, ou même un simple encombrement de nutrition pour user tout l'essor vital individuel, et empêcher de s'amasser les réserves qui assurent d'ordinaire les recommencements génératifs; d'autres fois il y aura dépérissement d'une espèce par l'insuffisance du milieu, ou encore parce que la vigueur particulière à une race, à une certaine lignée, s'épuise et touche à son terme; et cet affaiblissement de la race se marquera alors de plus en plus par de la stérilité.

D'autre part, avec l'existence surmenée de notre époque, l'impuissance à procréer se verra dans les individus chez lesquels une dépense trop grande d'activité physique ou intellectuelle a fini de même par user les réserves de forces qui se fussent sans cela employées à l'essaimage reproducteur. C'est ainsi que les abus de la civilisation restreignent la faculté générative, laquelle se montre moins féconde dans les régions sociales supérieures que chez le paysan ou l'ouvrier.

Il est par conséquent des rameaux de l'arbre de vie qui tombent sans avoir pu fournir de rejetons, mais la sève qui d'en bas ne cesse de monter avec la même énergie, maintient toujours un puissant et splendide épanouissement de l'ensemble de la vie terrestre. Toutefois, dans ce fait même du ralentissement de la reproduction de la vie qui se remarque aux régions avancées de l'humanité, ne nous sera-t-il pas permis de voir un indice précurseur de la future pondération des formes vivantes des temps à venir où l'encombrement du chaos vital actuel aura fait place à l'ordre, à la proportion et à l'équilibre réciproque des êtres vivants qui se partageront alors paisiblement le domaine terrestre ?

La vie n'eût-elle pu se produire et se continuer sans tant de complications ?

La nature ne fait rien d'inutile et ne maintient aucune fonction devenue superflue. Jamais le simple ne fait place au complexe sans absolue nécessité. Les causes qui naissent vont à leurs effets conséquents par le plus court chemin possible, eu égard à tous les obstacles qu'il leur faut tourner, et les complications les plus apparentes de la vie sont relativement simples en ce sens qu'elles ne pouvaient être moins compliquées qu'elles ne le sont dans les conditions régnantes. Ces conditions viennent-elles à se réduire, la complication des fonctions se réduit de même ; un organe devient-il oisif, il s'atrophie et s'efface peu à peu de lui-même, parce que les matériaux d'entretien répondent de moins en moins à l'appel affaibli de son activité décroissante.

Les voies que suivent les développements de la vie sont celles que lui trace le plan de l'évolution qui conduit notre monde à des fins prévues et fatales, et les formes animées qui se succèdent les unes aux autres, ne sont que des aspects de plus en plus avancés de l'étreinte des deux principes aux prises dans cette évolution où tout se tient et suit un rigoureux enchaînement de cause et d'effets. Les complications qui nous étonnent sont donc le travail même de l'avancement évolutif, sans que rien ne persiste qu'en conformité d'un plan contenu déjà en principe dans les premiers débuts de la carrière vitale de notre planète.

Quelle comparaison analogique suggère à l'esprit la reproduction générative des êtres vivants?

La progéniture, dont le mode d'existence est une reproduction de la vie de ses procréateurs, ressemble en quelque sorte à un jeune essaim emportant avec lui, tel qu'une colonie qui part se fonder, tous les principes d'organisation de la société mère, avec ses mêmes éléments composants, son expérience acquise, ses aptitudes éprouvées et son plan pratique d'existence en communauté, bases fondamentales dont les développements dans la jeune société, sont stimulés par les ardeurs du début et les ressorts tendus d'une évolution commençante. Le groupe nouveau reproduira ainsi l'image fidèle de l'ancien et comme lui, il fournira à son tour d'autres essaims qui perpétueront de la même manière le mode d'organisation des collectivités d'unités vitales qui constituent les formes vivantes

Considérons un instant de quelle importance est le sentiment qui préside à la transmission de la vie.

La transmission de la vie est, après le besoin inéluctable de son entretien, le mobile qui prend la plus grande place dans l'existence de tous les êtres. Nous avons vu l'ordre vital se continuer par une succession d'individus issus les uns des autres, dans lesquels se perpétuent les formes et le genre d'activité particuliers à chaque espèce. Un acte aussi essentiel que celui de ce renouvellement des êtres, devait réunir le concours de tout ce qui fait la contexture intime de chaque sorte d'existence ; aussi est-il naturel que l'œuvre par laquelle se transmet la vie en ses principes matériels et immatériels, se proportionne pour chaque espèce au degré d'avancement qui marque sa place dans la hyérarchie des êtres. Plus une forme vivante est éloignée du point de départ de la vie, plus elle a, comme nous venons de le reconnaître, de complications et de développements à résumer dans cette œuvre merveilleuse de recommencement génératif, et plus aussi grandissent, avec l'importance de l'espèce à perpétuer, l'élan et l'ardeur nécessaires pour l'accomplissement de cet acte capital.

L'impérieuse loi qui pousse en avant le grand courant de la vie terrestre, ne saurait permettre la quiétude et l'indifférence aux individus qui sentent en eux-mêmes sourdre et s'agiter les ferments de l'avenir de cette vie. C'est alors que les attributs sexuels complémentaires les uns des autres se recherchent et s'attirent invinciblement ; c'est alors que cette attraction prend toutes les voies et suscite tous les moyens pour arriver à la fusion attrayante et féconde ; et l'inconscient rapprochement des êtres inférieurs devient peu à peu la passion profonde et charmeresse de l'être perfectionné capable d'apprécier la beauté, c'est-à-dire l'expression matérielle de l'harmonie dans les créations de la vie.

La lutte pour l'existence ne se borne pas à se disputer une proie entre concurrents affamés, elle redouble à la saison des amours entre les prétendants des femelles les plus attrayantes, et c'est à qui emploiera pour captiver l'objet convoité et triompher de ses rivaux, les moyens les plus décisifs, depuis la séduction jusqu'à la violence. Là aussi par conséquent les mieux doués l'emporteront et feront prévaloir au profit des progrès de l'espèce, la descendance des plus forts et des plus accomplis

L'amour est le grand charme de la nature qui lui doit son embellissement en même temps que la continuité de la vie. Le sentiment de l'amour croît, disons-nous, avec l'élévation des espèces. C'est donc chez l'homme surtout qu'il se manifestera avec le plus de grandeur. Quand son heure a sonné, l'âme semble se distendre et embrasser des horizons nouveaux, devenant capable en ce moment d'exaltation, de tous les dévouements et de tous les sacrifices; et quand l'amour a fixé l'objet de ses aspirations, il commande à tous les autres sentiments et à la raison même, au point de les effacer et les asservir tant que dure son effervescence.

Les élans de l'amour sont sans limites et leur portée est en raison du rang moral auquel chaque homme a su atteindre : Encore tout instinctif et brutal chez les derniers de notre espèce, prodiguant au hasard leurs ardeurs, il s'épure bientôt et s'anoblit dans les natures d'élite plus réservées dans leur choix et plus enthousiastes dans leurs aspirations.

Nous n'avons pas ici à tenir compte des écarts dénaturés vers lesquels des mœurs déréglées ou des oblitérations du sens moral entraînent le sentiment de l'amour; nous n'en considérons en ce moment que les grands traits véritablement naturels. L'amour, c'est l'essor vers la descendance, vers le renouvellement de la vie, vers l'avenir attirant; c'est à ses heures la plus irrésistible de toutes les aspirations de l'homme. L'image la plus pure et la plus riante du vrai bonheur sur la terre, n'est-elle pas toujours à tous les yeux celle de ce jeune couple qui se présente la main dans la main au seuil du temple d'hyménée, sans que dans son attrayant cortège, la présence des austères devoirs ôte rien au charme des fécondes promesses?

Le sentiment qui agite dans ses plus profonds arcanes l'histoire entière de la vie terrestre résumée dans sa plus parfaite créature, procure à l'âme qui sait en goûter les indicibles perspectives, une élévation qui la rapproche des sources supérieures de la vie; et plus cet idéal s'élève, plus l'élan est sublime vers la fusion ineffable de deux âmes complémentaires, en même temps que vers la réunion impatiente des attributs appelés à faire œuvre créatrice, presque à l'image de l'auteur suprême de toute existence; car aux avancées de son évolution terrestre, ne semble-t-il pas que le principe vital, dans les courts instants de ses essors de renaissance, ait comme de fulgurantes clartés de sa nature ultra-substantielle?

Mais ce n'a été qu'un éclair passager, une aspiration trop haute, suivie le plus souvent des désillusions et des découragements qui accompagnent les impuissances de cette vie, et qui nous rendent parfois injustes envers l'être aimé qui nous a paru l'objet même du mystère, et de qui nous réclamons vainement une constance d'élévation qui n'est ni en lui ni en nous, mais bien au-dessus de l'un et de l'autre des collaborateurs du mystique voyage.

Et d'ailleurs, là n'est pas tout l'amour. Il faut la venue toujours émouvante de l'enfant pour que se révèle dans sa profondeur, ce que le cœur de l'homme peut contenir de candides joies et d'élans généreux. Et pourrait-il en être autrement devant le rayonnement auguste qu'apporte au foyer la jeune âme encore empreinte de la pureté originelle du principe de vie? N'est-il pas vrai qu'aux débuts d'une existence, comme aussi quelquefois aux approches d'une mort sereine, il y a pour l'âme un détachement matériel que ne connaît plus la période intermédiaire et trouble des combats de ce monde inférieur? Il n'y a d'amour complet que celui qui, descendu des époux sur l'enfant, remonte épuré encore de l'enfant aux époux, c'est-à-dire l'amour dans la famille.

Quel est l'organe le plus essentiel de la vie des animaux ?

Tandis que les formes sédentaires de la vie végétale alimentent leur activité au moyen de matériaux tirés surtout du milieu physique et assimilés directement, les formes ambulantes de la vie animale procèdent à un emmagasinement préalable d'aliments empruntés principalement aux dépouilles d'autres organismes, et se trouvant ainsi déjà préparés à un rôle plus élevé que celui de la vie végétale.

Le magasin et le laboratoire de cette forme supérieure d'alimentation, est le tube estomacal et intestinal qui constitue l'axe essentiel de l'activité tourbillonnaire de toutes les existences animales. Ainsi, l'organe fondamental, celui duquel dépendent tous les autres, c'est l'estomac.

Après avoir vu les premières ébauches d'organisation de la substance animée s'alimenter d'abord par une simple imbibition hasardeuse, puis se grouper de manière à régler davantage les fonctions essentielles de la nutrition, nous voyons à présent l'alimentation se frayer une voie principale d'où elle se distribuera dans l'organisme tout entier. C'est ce progrès considérable qui se trouve réalisé dans la forme si répandue des vers, c'est-à-dire déjà d'un véritable estomac rudimentaire d'où naîtront tous les développements organiques subséquents.

Depuis le simple ver de terre qui est de fait le prototype de tous les êtres qui ont gravi après lui les degrés de l'échelle de la vie animale jusqu'à l'homme, ni le nombre ni la diversité des transformations qui se sont accomplies dans les espèces progressantes, ne sauraient faire perdre de vue que tous les animaux empruntent les éléments de leur activité physique à un courant incessant de matériaux ayant pour siège l'estomac continué dans son prolongement intestinal. L'estomac est la base sur laquelle se sont édifié toutes les autres parties de l'organisme, parties qui restent toujours sous la dépendance de cet organe fondamental. C'est autour de cet agent essentiel du fonctionnement nutritif que se groupent, selon les divers modes d'existence, les autres organes de plus en plus compliqués et appropriés, et dont la raison d'être se rattache toujours directement ou indirectement à l'entretien de la vie, c'est-à-dire à l'alimentation incessante du tourbillon vital, au moyen d'apports venus du dehors, qui se répandront ensuite dans l'ensemble de l'organisme, par le travail distributif dont l'estomac est le point de départ.

Que par la suite, une bouche se perfectionne au sommet de ce conduit essentiel et s'arme de manière à saisir et broyer une proie; que des viscères infatigables, des muscles vigoureux et des membres travailleurs s'ajoutent un à un; que des sens avertisseurs se forment et s'approprient à relationner l'animal avec ce qui l'entoure ; qu'un centre répercuteur et pondérateur des diverses sensations passives ou réactives de cet être perfectionné, devienne enfin un cerveau dirigeant, il n'existera pas de forme animale véritable qui ne commence à un estomac et ne dépende tout entière de lui.

Le tube primitif s'est modifié, amplifié, replié sur lui-même, s'est enfoui dans l'assemblage des nombreux organes qu'il s'est adjoints d'espèce en espèce, mais son rôle n'a pas changé : Comme au commencement, lorsqu'il était à lui seul l'être entier, il reste l'organe essentiel, la condition première de toute existence animale.

Le mouvement vermiculaire dont il est animé, et qui n'arrête jamais complètement tant que l'être dure, est le grand ressort de l'activité organique, et de ce moteur principal relève tout le reste du fonctionnement vital, au point que c'est lui encore que nous reconnaîtrons dans les élans qui préparent les reprises génératives chez tous les animaux. Un ressort aussi essentiel ne saurait faiblir sans danger pour la vie ; aussi est-il de sa nature de profiter alternativement, soit des régimes qui le favorisent, soit des provocations qui l'excitent et le font réagir.

En considérant d'une part le ver de terre, simple estomac rampant, et d'autre part le tube intestinal de l'homme, véritable ver enrichi de tous les perfectionnements successifs de la vie terrestre, l'on a sous les yeux les deux termes extrêmes d'un seul et même principe d'existence.

Quelle est l'origine et quel est le rôle du cerveau?

Si la vie organique est basée sur l'existence de l'estomac, ainsi que nous venons de le voir, la vie sensitive a son siège principal dans la substance nerveuse qui est le tissu le plus subtil et le plus noble dans lequel aient pu se grouper les unités vitales composant les êtres animés. Les fibres nerveuses vibrent aux moindres impulsions qui du dehors viennent affecter les sens, lesquels ne sont eux-mêmes que des adaptations de cette même substance nerveuse aux aspects particuliers des manifestations physiques du milieu habité; et de ces impressions diverses résulte alors un ensemble de sensations qui constitue la vie extérieure de l'animal.

Remontons aux premiers commencements et constatons que la sensibilité diffuse dont se trouvait originellement douée la substance vivante, consistait en de simples effets de contractilité ou d'expansivité spontanée, se produisant lentement de molécule à molécule, mais que lorsque des nécessités vitales plus pressantes déterminèrent la formation d'une correspondance interne plus active, l'attribut sensitif, sans changer de nature, se concentra avec une intensité considérable dans l'agent nerveux qui devint apte à transporter instantanément aux plus profonds réduits de la masse vivante, les impressions qui auparavant n'y parvenaient que par une égale et lente répercussion moléculaire.

L'attribut essentiellement vital de la sensibilité, resté simplement contractile dans les tissus secondaires, est donc arrivé dans la substance nerveuse à une excitabilité intense qui en fait le régulateur rapide de l'activité animale à laquelle chaque organe coopère individuellement par le rôle qui lui appartient en propre dans l'être synthétique.

C'est sans doute aux premières relations d'organe à organe que remonte le besoin et la réalisation d'une communication instantanée indispensable au fonctionnement organisé de l'ensemble de l'être. L'excitation venue du dehors pénétra ainsi directement au point que cette excitation intéressait avec la même forme d'ébranlement atomique que celle de la cause extérieure, provoquant alors sa réaction naturelle par un choc en retour dans une sorte d'angle d'incidence et de réflexion, et se traduisant par l'effet vital correspondant; puis à partir de ce début, une synthèse de vie toujours progressante, multiplia de plus en plus en nombre et en importance les agents nerveux des communications inter-organiques, et en forma le merveilleux réseau qui gouverne toute l'activité de l'animal.

Une première partie, la plus ancienne du réseau, s'emploie à la direction du fonctionnement purement organique ou végétatif. L'autre partie, née des progrès de la vie de relation, et à peine reliée au réseau primitif, a un rôle moins régulier mais plus élevé et plus compliqué ; c'est elle qui est le siège et le véhicule de toutes les sensations apportées du dehors, dont elle dirige l'action vers un point conjonctif du système où se réunissent et se contre-balancent toutes les excitations qui intéressent la vie.

Il est évident que la première rencontre de deux fibres nerveuses mêla leurs vibrations et les équilibra l'une par l'autre, et qu'il en fut de même de la conjonction terminale de tous les courants nerveux, lesquels sur leur route ne se mêlent et ne se confondent jamais. L'angle conjonctif commun du début a vu alors, pour ainsi dire, son sommet s'entourer de toutes les convergences nouvelles, et une certaine accumulation de substance a été nécessairement le résultat du martellement continu des vibrations sensitives sur ce même centre de répercussion où elles se résolvent en résultantes conformes à leur nature et à leur nombre, car un tel travail de concentration appelait le concours actif d'un nombre proportionné d'ouvriers moléculaires qui s'y sont peu à peu fixés et organisés selon les nécessités permanentes de ce travail.

Partout où dans un assemblage organique, il s'est rencontré le besoin d'un foyer d'activité dirigeante, se sont formées des concentrations ganglionnaires où se nouent et se dénouent toutes les complications immédiates et conséquentes de l'excitabilité perçue, en vertu de l'activité particulière qui s'est fixée sur ce point pour y devenir une fonction constante et un rouage impulseur. C'est ainsi qu'ont pris naissance et que ce sont développés par la suite, à travers les formes progressantes de la vie, tous les centres nerveux, et particulièrement le plus important de beaucoup, qui est le cerveau. C'est dans ce principal centre réfléchissant que se heurtent, se balancent et se pondèrent les uns par les autres, dans la lutte des influences en contact où l'avantage est pour celles qui sont le plus conformes au bien de l'organisme, tous les effets de la sensation mis aux prises avec la tendance vitale. C'est là que se reportent en y laissant leur empreinte, tous les contre-coups de cette activité, faisant ainsi du cerveau un dépôt durable et héréditaire de la sensation expérimentée qui s'y grave en des concrétions substantielles dont la masse encéphalique représente toute la matière. Là tel qu'en un forum où se produisent toutes les sollicitations et les tendances actuelles ou anciennes en conflit, d'où sortira la résultante gouvernementale d'un État, s'élabore et se décide la direction supérieure de l'être ; car bien que le cerveau laisse aux ganglions nerveux indépendants la conduite machinale des fonctions organiques d'ordre en quelque sorte végétatif, il n'en préside et n'en domine pas moins toute l'activité vitale de l'homme et des espèces avancées.

Enfin, ce noble organe reçoit le plus sublime des couronnements, lorsque le moi humain, résulté d'un immense capital de sensations concrétées et d'un jaillissement plus direct du principe supérieur présent dans la substance organisée, sort du mode simplement sensationnel et réagissant pour donner une place à la conscience et à la volonté par l'apparition du *sentiment transcendantal*. Il vient faire alors du cerveau de l'homme, l'instrument le plus parfait qui soit encore possible sur la terre de ce même principe immatériel qui anime et gouverne les mondes.

Quelles preuves sensibles existe-t-il de la corrélation du cerveau et de la pensée ?

La place même que le cerveau s'est faite au sommet de la moelle épinière, montre en lui une accumulation de substance nerveuse dont le croissant développement a provoqué l'extension des dernières vertèbres devenues l'enveloppe protectrice de ce précieux organe; or, le crâne se soulève d'autant plus que la puissance mentale du cerveau grandit davantage, et cette puissance se mesure sensiblement au degré que présente l'angle facial de l'homme et des animaux supérieurs. C'est bien là qu'est le siège de tout le travail intellectuel dont le plus ou moins de vigueur est en dépendance étroite avec la conformation et la qualité de l'organe où il s'élabore : Il y a des cerveaux exceptionnellement vastes et perfectionnés où réside une pensée ample et forte; il y en a d'étroits et de pauvrement doués, faibles instruments d'une intelligence réduite; il en existe de difformes qui raisonnent à faux, et trop souvent l'on est témoin de lamentables folies qui n'ont d'autre cause immédiate qu'une lésion ou une dislocation du fragile mécanisme. (*) Le rapport est donc absolument direct entre la puissance de l'instrument et la portée de l'œuvre intellectuelle qui s'y manifeste. Si étroite même est la relation de la sensation et des facultés mentales, que le travail cérébral ou nerveux se traduit et s'exprime en des mesures précises de vitesse, de durée, de chaleur, c'est-à-dire en des résultats physiques allant même jusqu'à produire des sécrétions et des excrétions spéciales.

Mais c'est au-dessus de cet intime alliage physico-vital que réside le principe suprême de la pensée, car intelligence et activité cérébrale ne sont pas plus identiques que force et machine applicative de cette force ne sont qu'un. S'il en était autrement, on pourrait renverser les termes du problème de la vie, et dire que le mécanisme

---

* A ce sujet, n'est-il pas digne de remarque que le trouble mental le plus irrémédiable se marque par la folie de la persécution et des grandeurs, c'est-à-dire la réaction désordonnée d'une organisation atteinte dans ses fondements essentiels qui sont précisément les sentiments de la conservation individuelle et du progrès ou de la prospérité illimitée, sur lesquels s'édifie tout le reste? La mort qui vient prématurément détruire l'être ainsi frappé dans le principe même de l'organisation vitale, n'ajoute-t-elle pas son fatal et irrécusable témoignage à l'évidence de la corrélation étroite qui unit la pensée à l'organe qui en est le siège vital?

fait le principe aussi bien que le principe a suscité le mécanisme, lequel peut être accidentellement faussé dans ses ressorts sans que le principe qu'il n'exprime plus fidèlement soit lui-même en cause. Dans ce qui fait la vie terrestre, tout n'est que dans le contact, dans ce contact mystérieux, incompréhensible des deux principes que tout dénonce, mais que nous ne pouvons saisir, qui fait qu'un organisme se construit en conformité des doubles conditions plus ou moins entières que réunit l'alliage physico-vital où le principe ultra-substantiel a seul l'initiative de l'association, et qui défend qu'un corps sain et vigoureux qui vient d'être touché par la mort, puisse être rappelé à la vie.

C'est en vain que dans notre impuissance à comprendre, nous inventons un élément animique, nous essayons de doter la matière de l'attribut sensitif conduisant à l'élaboration de la vie et de la pensée. Si nous remontons l'enchaînement des effets et des causes sur toute l'étendue de l'ordre physique et de l'ordre vital : de groupements substantiels en affinités chimiques, de nécessités de milieux en conformités vitales, nous arrivons en dernier terme, d'une part à la seule matière en mouvement, et d'autre part à la seule sensation intelligente qui fait la vie; or, là se rompt l'enchaînement, là s'ouvre l'abîme. Après avoir reconnu la condition immédiate de chaque aspect de la substance et de la vie, nous sommes arrêtés à ce point extrême par deux questions finales qui restent sans réponse : Quelle est la condition absolue de la matière, et quelle est la condition originelle de la sensation ? Conclusion inéluctable : Principe matériel d'un côté, principe immatériel de l'autre, c'est-à-dire deux choses profondément distinctes et irréductibles entre elles, et pourtant associées ensemble dans l'évolution vitale.

C'est cette association des deux principes que nous constatons dans la corrélation étroite de la pensée immatérielle et de son organe substantiel, sans qu'il soit possible de conclure à leur identité.

En quoi la vie organique et la vie animale ou sensitive diffèrent-elles l'une de l'autre ?

Bien qu'il n'existe qu'un seul principe de vie, on doit remarquer cependant qu'il y a chez l'animal perfectionné deux ordres séparés de fonctions répondant à deux genres différents de nécessités vitales : Il y a la vie organique intérieure, laquelle après avoir accompli dans le simple mollusque le mécanisme essentiel des fonctions de la vie de l'animal, reste ensuite à peu près la même pour toutes les espèces qui se sont succédé en progressant jusqu'à l'homme ; puis il y a la vie dite animale ou sensitive qui se superpose et s'ajoute à l'existence organique, et de laquelle procéderont plus tard toutes les facultés nobles de l'être.

La première de ces deux vies est la plus capitale, puisqu'elle est l'assise et la condition de la seconde qui n'existe nulle part que par elle; et cette vie fondamentale a dû subsister longtemps seule et se suffire à elle-même avant l'entrée en scène des premiers organes de la vie de relation, car son fonctionnement intégral s'est constitué tout à fait à part, et est resté indépendant du second degré d'activité auquel préside le cerveau. Ce second ordre d'activité, celui de la vie sensitive, est aussi changeant et divers en ses aspects et ses manifestations que le premier est resté stable. C'est qu'au lieu d'être affecté à un travail constant, il a eu autant de rôles à remplir qu'il s'est rencontré de modes différents d'existence possible au milieu des nécessités de la vie de relation; car ce sont surtout les relations extérieures qui ont été le champ dans lequel se sont développées les formes sans nombre de la seconde vie.

Tandis que l'organisme fondamental continuait son mode de vie végétative dans un automatisme inconscient, il se formait sur divers points de sa périphérie de nouveaux organes propres à assurer ou améliorer son existence menacée de toute part. Les membres locomoteurs, l'outillage pourvoyeur ou défensif, les sens vigilants naissaient et se complétaient réciproquement, créant un nouvel ensemble d'organisation où la sensibilité devenait de plus en plus intense par l'effet d'un exercice incessant au milieu de circonstances toujours variables. C'est donc un ordre d'activité tout différent qui s'inaugure avec les organes spécialement affectés aux relations de l'animal avec le dehors ; or, cette seconde organisation, appelée d'abord à servir la première, a grandi peu à peu d'importance, et a augmenté de portée jusqu'à devenir par la suite la plus haute expression de la puissance vitale. Elle a constitué ainsi un système distinct de celui de la vie organique à laquelle ne la relient plus guère que des rapports de nutrition et d'impulsions passionnelles, et ce sont les seuls progrès de cette seconde vie qui portent enfin l'homme au rang qui l'élève si fort au-dessus des autres espèces.

Qu'est-ce que le sommeil ?

Nous venons de voir que la vie des animaux dépend avant tout du système organique fondamental dont l'activité continue peut avoir des ralentissements, mais ne saurait s'arrêter tout à fait sans causer la mort. Il n'en est pas de même du mécanisme de la vie sensitive qui est intermittent et ne pourrait supporter sans péril une excitation trop prolongée. De là deux degrés alternatifs de l'activité vitale, laquelle bat son plein dans l'état de veille, et se ramène presque à la seule vie organique durant le sommeil.

Il est une nécessité de l'équilibre tourbillonnaire des êtres vivants qui réclame les retours périodiques d'un calme en quelque sorte végétatif, durant lequel les troubles et la fatigue des agitations du jour se réparent par une régularisation pondérée de tous les ressorts de l'organisme en général, et une réfection suffisante des énergies dépensées. C'est alors que se produit le phénomène du sommeil qui rappelle et concentre tout à coup à l'intérieur la direction de l'activité qui agite l'ensemble de la masse animée; et ce n'est que lorsque l'harmonie et l'allure régulière du tourbillon vital tout entier sont complètement rétablies, que renaît la sensibilité et que l'activité animale s'étend pleinement de nouveau du réseau organique au réseau sensitif.

Le passage de l'un à l'autre de ces deux états de sommeil et de veille est donc réglé par le degré d'énergie dépensée ou récupérée par les organes de la vie de relation, et dans la mesure du plus ou moins de perte ou de rétablissement de cette énergie. Quant à la distribution à peu près régulière des temps de veille et des heures de sommeil, on comprend qu'elle se soit naturellement conformée à la succession des jours et des nuits, c'est-à dire à l'intermittence des maximum et minimum des causes d'excitation pour les agents de la vie extérieure. L'élasticité dont l'activité vitale est capable permettra bien sans doute de retarder volontairement l'arrivée du sommeil, mais une compensation proportionnelle de repos devra nécessairement s'ensuivre.

Si l'épuisement de l'énergie de veille s'étend également à tous les organes de la vie sensitive, le sommeil est alors entier; mais le sommeil peut n'être que partiel seulement lorsqu'il reste encore des velléités d'activité pour quelque partie moins fatiguée du réseau sensitif, tandis que le reste a dépensé toute sa part d'excitabilité temporaire. C'est alors que s'agitent dans le cerveau sous forme de rêves, d'incohérents vestiges d'images et de pensées dont le désordre et l'inconsistance marquent le déséquilibre qui règne dans l'intellect incomplètement assoupi.

L'état de somnambulisme est encore un sommeil partiel durant lequel certains côtés seulement de l'être sensitif agissent sans la pondération ordinaire de l'ensemble des facultés mentales, pondération en dehors de laquelle il n'y a pas de vie véritablement consciente.

Il est aussi des cas où le sentiment déjà rendu impressionnable par le retour presque achevé de l'énergie sensitive, se trouve sollicité par des objets d'un ordre tout autre que celui des mouvements désordonnés d'un sommeil incomplet; c'est lorsque de mystérieuses effluences d'une délicatesse trop grande pour qu'elles puissent être perçues dans l'état de veille, viennent apporter au cerveau des images plus ou moins distinctes de choses existant hors de la portée de nos sens. Nous reviendrons plus loin sur ce phénomène tout particulier, lorsque nous aurons démontré l'irradiation fluide qui émane de tous les êtres qu'anime le principe vital.

Le sommeil peut être provoqué volontairement par une concentration obstinée de l'attention, ou du simple regard sur un même objet, parce qu'il se produit ainsi, du fait de cette contrainte, un arrêt paralysateur, un véritable enrayement de l'ensemble de l'activité du second degré où tout est solidaire, et un retour forcé à la seule activité organique. Un semblable résultat sera obtenu encore par l'absorption d'un narcotique, parce que l'anesthésie paralyse alors également l'action des mêmes organes et ne laisse subsister que l'activité essentielle du premier degré.

Dans le sommeil magnétique il se produira de même, ainsi qu'il en sera bientôt plus longuement question, un enrayement plus ou moins étendu de l'activité sensitive d'un sujet, par le rayonnement d'une activité étrangère plus puissante qui la domine et la maîtrise au point de la conduire à son gré; et dans les faits de léthargie, il y aura réduction persistante au minimum absolu de l'activité tourbillonnaire d'un être accidentellement affaibli.

Parfois une forte commotion suffit pour arrêter tout à coup l'activité vitale du second degré. Dans ce cas, la syncope est le résultat d'une dépense subite et totale de l'énergie sensitive en action. Là comme toujours, qu'il s'agisse d'une secousse physique ou morale, ou bien d'une intoxication anesthésique, il est essentiel que l'action paralysatrice soit assez mesurée pour n'affecter que le second réseau nerveux et musculaire de l'activité tourbillonnaire de l'être. Si l'enrayement vient par malheur à s'étendre jusqu'au système organique, par l'effet de quelque violence irrésistible, c'est alors l'arrêt complet et l'évanouissement définitif du tourbillon vital tout entier, c'est-à-dire la mort.

Jusqu'à quel point peut s'étendre, pour en faire de nouveaux êtres collectifs, la loi d'harmonie qui rassemble et organise la substance vivante ?

Les affinités qui groupent, combinent et organisent les molécules vivantes pour en faire une individualité animale, se manifestent encore au-delà même de cette individualité, dans les collectivités qui s'organisent à leur tour sous la pression de besoins et d'intérêts qui sont communs à tous les individus rassemblés en sociétés. C'est en obéissant aux lois supérieures d'une synthèse de vie de plus en plus vaste, que les groupes d'individus se disciplinent et se coordonnent entre eux jusqu'à composer de nouvelles associations dont l'ensemble rappelle par ses grandes lignes, tous les caractères de la vie organisée : Les cités, les États ne sont-ils pas de réels organismes territoriaux où s'édifient des formes appropriées et durables; où se créent des liens, des voies et des rapports de toute sorte; où se répartissent des fonctions distinctes mais relatives entre elles; où circulent et se distribuent des éléments d'entretien que ces organismes travaillent sans relâche à conquérir; où règne véritablement la solidarité vitale; où s'éveillent enfin des sentiments exclusivement collectifs, tels par exemple que le patriotisme local ou national et le sentiment de conservation propre à une communauté dont les citoyens sont les unités composantes? Bien mieux encore, ces organismes territoriaux ne luttent-ils pas entre eux, ne s'entre-dévorent-ils pas comme les autres êtres vivants? (*)

---

* Au-dessus de la collectivité sociale, au-dessus de l'organisme national, il y a certes la grande collectivité générale de l'espèce humaine qui englobe toutes les autres; mais les temps ne sont pas encore venus où le sentiment patriotique de la nation puisse disparaître et se fondre dans l'unique patrie terrestre de l'ensemble de l'humanité. Pour tant que le sentiment d'une fraternité universelle apparaisse comme but supérieur de la civilisation, l'état actuel de l'évolution sociale ne permet pas que les liens sacrés de la famille nationale se relâchent et jettent l'individu à la dérive d'un trop vaste océan humain où ne règnent encore que le désordre et les implacables brutalités de la lutte pour l'existence, et où les meilleurs d'entre les hommes, au milieu du particularisme universel ou des écrasements de forces brutales non gouvernées, seraient vite désabusés de leur trop précoce idéal. L'ordre et l'organisation présentement possibles ont des frontières plus restreintes. Il est certainement permis d'envisager la fraternité de l'espèce comme un noble sentiment et de la pratiquer charitablement d'homme à homme, mais le devoir strict du citoyen actuel est qu'il soit tout entier à sa nation, à l'individualité collective qui s'appelle la patrie et qui a ses intérêts exclusifs et sa vie absolument propre et distincte de celle des autres nationalités. Cela est si vrai de soi-même, qu'un sentiment plus fort que toute raison, impose à tous les cœurs bien nés des joies et des angoisses exclusivement patriotiques, impossibles à expliquer si l'on ne sait que ces mouvements qui n'existeraient pas pour le citoyen du monde, sont ceux de l'âme nationale, de la grande existence particulière et très réelle de l'être collectif qui vit en l'ensemble des citoyens d'un État distinct et fatalement rival des autres États.

Ne voit-on pas une civilisation avancée absorber l'individu au point d'en faire une existence

---

Mieux encore que des intérêts, l'âme nationale a ses sentiments d'honneur et de dignité qui lui désignent le rang qu'elle mérite entre les peuples. Autant que l'individu, elle doit avoir son ressort moral et ses principes qui ne sauraient se relâcher sans déchéance. Une nation qui accepterait la honte et ne vengerait pas tôt ou tard ses humiliations serait irrémédiablement décadente ; mais tant que le sentiment de sa personnalité et de son honneur vibre en elle, il n'est pas de danger ou même de chute dont elle ne puisse sortir victorieuse. C'est dans ces crises décisives, qu'à l'étonnement de tous, un bouillonnement soudain et irrésistible soulève partout à la fois les esprits et les cœurs, et accomplit des prodiges sous l'empire d'une exaltation patriotique dont l'expression spontanée naîtra alors seulement dans les notes inspirées d'un Méhul ou d'un Rouget de l'Isle. Pour l'être peuple comme pour le simple individu, le combat heureux de la vie est encore dans la période actuelle, l'inéluctable condition d'existence, et seuls vivront ceux qui sont capables des suprêmes efforts.

En se plaçant à ce point de vue spécial qui fait de chaque nation un organisme, on trouvera naturel également que les agglomérations récentes constituent tout d'abord des républiques démocratiques où les citoyens suppléeront par une énergique initiative individuelle à l'action ordinaire des grands organes sociaux non encore constitués ou trop peu consistants. Plus tard, là aussi le temps fera son œuvre d'organisation hyérarchique en rapport, cela va sans dire, avec le progrès des temps et la valeur d'ensemble de la collectivité. Et, d'autre part, quand de vieilles sociétés se désagrègent, tombent en poussière, et redeviennent à leur tour des républiques de plus en plus nivelées, c'est une phase de réorganisation qu'elles traversent pour se réédifier ensuite sur un plan nouveau dicté par l'avancement évolutif de l'humanité.

simplement relative, un rouage approprié à cette seule civilisation, et lui faire perdre cette intégralité des aptitudes naturelles de l'espèce que le barbare continue de posséder plus entières, parce qu'il reste à lui seul une individualité plus indépendante que n'englobe pas encore une forte organisation sociale ?

De l'unité vitale à l'être organisé, et de l'homme à la société tout entière, des lois de même ordre gouvernent la vie et s'affirment par des effets en tous points comparables entre eux, qu'il s'agisse de la collectivité d'unités simples réunies en l'être humain, ou de l'organisme social englobant des millions d'hommes. C'est à ce point que ces collectivités de tout degré traversent des phases identiques de naissance, de développement et de fin, et que les sociétés comme les individus, ont leur filiation, leur personnalité, leurs luttes, leurs forces, leurs langueurs et jusqu'à ce qu'on peut

---

La vraie civilisation actuelle ne va pas à la fusion égalitaire des peuples ; elle va au contraire à l'organisation de plus en plus exclusive de chacun d'eux en particulier, tel que l'ont fait son histoire, sa géographie, le génie spécial des races harmonisées dans un même organisme national. Or, l'humanité ne perd aucun de ses droits ni aucune de ses espérances à cette marche du perfectionnement de la vie par une individualisation marquée de chaque peuple, le progrès général étant dans le sens de l'élévation incessante de la dernière des synthèses humaines, celle du futur ensemble des nations accomplies qui se partageront un jour le globe terrestre et préluderont à l'harmonie plus grande encore de l'unique organisme synthétique de la vie de notre planète.

appeler leurs maladies et leurs contagions. (*) Tantôt des rivalités profondes les divisent, tantôt des intérêts communs les rapprochent. Elles se comportent les unes par rapport aux autres, comme tout ce qui vit et combat pour assurer ou défendre son existence, donnant depuis qu'il existe des sociétés, le spectacle de guerres continuelles où tour à tour conquérants et conquis absorbent ou sont absorbés. Il en est de puissantes et de dominatrices, tandis que d'autres sont faibles et opprimées, ou que d'autres encore vivent en parasites et ne prospèrent que par le détournement à leur profit d'une sève ou d'un sang étranger. Ces collectivités sentent et agissent autrement que chaque individu du groupe pris en particulier. Elles inspirent l'homme souvent médiocre que les circonstances placent à leur tête, et elles savent au besoin susciter à point nommé des interprètes plus ou moins conscients de leur mission, qui parlent et travaillent pour elles, comme dans ce grand exemple de l'âme de la vieille Gaule qui se réveilla rajeunie et toute vibrante dans notre divine Jeanne d'Arc.

---

* Entre autres exemples de troubles constitutionnels qu'on peut reconnaître comme appartenant en propre à l'être collectif réagissant violemment contre une situation menaçante, on peut citer l'ancienne secte des assassins de l'Inde et celle des castrats de Russie, aberrations monstrueuses relevant moins des individus que d'une société rendue de plus en plus misérable par une disproportion croissante entre le chiffre de la population et les moyens d'existence possibles pour cette population.

Ne sait-on pas aussi que les foules ne sont dirigeables que par des incitations ayant prise sur des sentiments et des mobiles où la logique ordinaire n'a rien à voir? Les grands conducteurs de peuples, eux, le savent bien. Les collectivités sont enfin de réelles individualités ayant leur existence propre au-dessus de la vie personnelle de leurs unités composantes qui peuvent même sans inconvénient s'échanger et passer d'un de ces organismes dans un autre, ou encore appartenir en même temps à plusieurs.

Remarquons en outre que si les collectivités sont le plus souvent aveugles et brutales, il se pourra aussi que certaines présentent une grandeur morale, une hauteur de sentiment, de courage, qui ne se rencontre telle en aucun des seuls individus qui les constituent, et ne relèvent donc absolument que de l'être collectif, car celui-ci, comme toute individualité, a sa valeur morale particulière, son tempérament, ses qualités et ses défauts dont l'empire se manifeste inopinément dans les mobiles et les actes de la vie sociale et publique à laquelle chacun de nous concourt par le côté qui le rattache à la collectivité. (*) Lors

---

* Ceci compris, on ne s'étonnera plus qu'une collectivité fortement hyérarchisée, disciplinée et fusionnée, bien que se composant souvent d'éléments médiocres, soit partout maîtresse des groupes où la présomption, l'intransigeance, la valeur isolée même des individus dépourvus d'abnégation personnelle, enlèvent la cohésion qui fait la force d'une société, d'une armée, d'un État.

donc que d'une foule, d'un peuple soudainement excité, on voit parfois s'élever des mouvements spontanés dont le sens caché et souvent profond, hors de toute proportion avec la valeur individuelle de chacun, confond et dépasse la science de l'homme d'État et la portée des vues du philosophe, c'est que le souffle de l'être synthétique a passé par là et a incliné dans son sens toutes les volontés qu'il englobe en lui-même et qu'il commande.

C'est dire qu'il y a aussi une sorte de genèse de la vie transcendante des collectivités humaines où s'essayent toutes sortes d'ébauches, ainsi qu'il en a été des créations primitives et rudimentaires de la vie végétale et animale C'est à ce degré supérieur d'organisation de l'existence collective, la même période qu'alors d'essais hardis ou de tâtonnements hasardeux, où parmi des figures indécises, des monstruosités éphémères, des évocations chimériques, se rencontrent des formes possibles et viables qui durent et se fixent, formes encore grossières et imparfaites assurément, mais qui néanmoins préludent aux progrès et à l'avancement de la grande vie collective de l'avenir. De ce second ordre d'existence du monde social, vient l'infinie variété des caractères, des allures, des mœurs, et même des manières qui distinguent les individus faisant partie des classes, des corporations, des ordres, enfin des diverses répartitions constitutives dans lesquelles se décompose le grand organisme national.

Ainsi, dans les nombreux points de ressemblance qui rapprochent les allures et les actes des collectivités humaines de celles des simples individus, il y a plus qu'une curieuse analogie; il y a, à des degrés plus ou moins avancés, identité de principe d'organisation vitale, relevant des mêmes lois et des mêmes causes originelles, aspect qui ouvre les plus vastes et les plus fécondes perspectives dans toutes les questions politiques et sociales.

Déjà tout rassemblement de quelque durée entraîne pour tous les membres d'un groupe, des nécessités d'ordre général et de cohésion intime qui tendent à une certaine organisation et une certaine communauté si passagères qu'elles soient, comme un premier effet déjà sensible de ces lois synthétiques qui gouvernent tout ce qui vit. Une foule à peine formée n'a-t-elle pas déjà ses impulsions, ses engouements, ses clameurs, ses mots propres qui n'ont de sens que par elle et pour elle? A chaque pas nous rencontrons quelques-uns de ces traits généraux qui englobent les actions individuelles. Nous en trouverons jusque dans les attractions de nos fêtes, dans les règnes dominateurs de la mode ou de l'art, dans les appels même d'un orchestre éveillant chez tous un commun sentiment. C'est ainsi que dans les rythmes et les danses l'on subit des entraînements harmoniques qui ajoutent à la variété des excitations individuelles un nouveau mouvement d'ensemble dans lequel toute cette diversité vibre, se relie et se berce en un même branle qui de l'individu s'étend à tout un groupe. Par là les effets des cadences et des sons musicaux se rapportent également à ces lois d'harmonie synthétique qui soulèvent et groupent tous les éléments de la vie. Et ce n'est pas seulement dans les collectivités humaines, dans leurs corporations solidaires, dans leurs armées compactes, c'est encore parmi les groupes d'animaux rassemblés sous l'influence de communs besoins, que s'organisent un ordre et une solidarité non pas arbitraires, mais résultant des inévitables lois d'harmonie qui déterminent cet ordre et cette discipline : Le troupeau qui forme une seule masse vivante où l'initiative du déplacement part nécessairement d'un point de sa périphérie qui en devient la tête ; le vol de ramiers qui évolue en bloc avec une merveilleuse précision de mouvement ; le nuage de moustiques qui danse au soleil dans un rythme parfait et monte ou descend tout à coup d'un seul trait rapide, ne font qu'obéir à une tendance extensive des lois synthétiques qui ont dès l'origine groupé et organisé toute substance douée de vie. (*)

---

* Il est impossible de ne pas reconnaître les effets d'un même mouvement de conservation inhérent à tout ce qui vit, dans l'instinct qui, devant un danger pressant, rassemble en ordre de défense, non seulement des animaux relativement intelligents tels que les chevaux et les taureaux dont le cercle de sabots redoutables ou de cornes acérées devient infranchissable pour le fauve affamé, et même les serpents que des voyageurs

Les causes profondes qui régissent les mouvements de la vie ont une portée indéfinie qui étend leur admirable immutabilité, de la simple unité vitale aux êtres organisés, végétaux et animaux, et de ces derniers à tous les groupements possibles des êtres vivants.

Résumons les principaux traits de la synthèse physique et vitale.

Il y a deux seuls principes : La *Substance* qui

---

ont parfois rencontrés assemblés et reliés en forme de buisson présentant de toute part des gueules menaçantes, ou encore les abeilles qui se ramassent en boule comme un lourd projectile, mais même jusqu'aux infusoires qui, en présence de quelque monstre microscopique comme eux, savent eux aussi former un amas plus capable que des animalcules isolés, de résister à l'ennemi commun. Ici également nous constatons la formation réelle bien qu'accidentelle d'un seul être collectif dont les unités composantes s'organisent avec une remarquable convenance de formes et de moyens les plus propres à répondre aux nécessités qui ont déterminé ces associations défensives. Ces adaptations mutuelles à des conditions passagères ne nous aident-elles pas à comprendre les adaptations permanentes aux conditions constantes des unités vitales réunies en communauté qui, d'associations en associations de plus en plus compliquées, ont produit pas à pas toutes les formes vivantes fixées dans les espèces actuelles? Quand par exemple un annélide réunit et soude en un seul animal un certain nombre d'individus semblables à la suite d'une tête qui devient commune à toute la file, il nous offre un exposé simple et élémentaire de ce qui existe chez tous les êtres, mais que dissimulent à nos yeux des complications de structure qui sont en raison des perfectionnements de la vie.

existe par elle-même et emplit l'espace qui n'est que par elle, sous forme d'atomes finis, indivisibles et semblables entre eux, se faisant réciproquement équilibre en vertu de l'*énergie de position* qui leur est propre; et la *Puissance supérieure et initiale* ultra-substantielle qui imprime à la substance le mouvement, c'est-à-dire le branle sans lequel elle garderait un repos absolu.

Sans la division de la substance en atomes séparés les uns des autres, tout mouvement serait impossible, et sans l'énergie immanente à l'atome, il n'y aurait ni l'équilibre absolu de la substance diffuse et immobile, ni l'équilibre relatif de la substance entrée en *évolution* dans la constitution de l'univers. De même, sans la puissance initiale extérieure qui est venue ébranler la substance, il n'y aurait ni mouvement ni mondes en évolution où l'on voit les deux forces fondamentales s'opposer l'une à l'autre dans une étreinte élastique, la force initiale exerçant à divers degrés son action coercitive, et l'énergie atomique tendant toujours à retourner à la diffusion et la densité naturelles de la substance primordiale.

En outre, le branle initial porte en lui-même l'évidence d'une direction conséquente, c'est-à-dire d'un but final qui implique à son tour l'*intelligence* et la *volonté* accompagnant la puissance initiale, et se manifestant au-dessus du mode purement dynamique du mouvement. L'univers en évolution est ainsi le produit de deux facteurs essentiels qui sont : la *Substance* existant par elle-même, et la *force initiale* partie de la puissance ultra-substantielle ; puis encore d'une troisième cause nécessaire comprise en la puissance initiale et manifestation de sa volonté, sous l'aspect du *but final* auquel tend le mouvement déterminé par l'intervention de la force sur les points de l'étendue substantielle où le pouvoir immatériel vient à se manifester.

Qu'est la substance et qu'est la puissance immatérielle qui opère sur la substance? A cela il n'y a pas pour nous de réponse. Ces choses sont, c'est tout ce que nous pouvons en savoir, car leur existence s'impose d'elle-même, avec les attributs distincts d'énergie passive mais réagissante pour la première, et d'intelligence, de volonté et de force pour la seconde.

L'impulsion initiale extérieure qui détermine la formation des mondes, vient rompre l'équilibre originel de la substance, et entraîner celle-ci dans une évolution temporaire au cours de laquelle l'énergie de position immanente à la substance, bien que dominée par la force initiale, tend toujours à se ressaisir et à reconstituer un nouvel équilibre, autant qu'il redevient possible dans ces conditions de mouvement.

Les atomes ainsi déplacés dans des entraînements irréguliers où leur énergie propre et la force initiale se trouvent aux prises, subissent nécessairement de réciproques éloignements ou rapprochements qui créent des rapports toujours changeants et provoquent des groupements atomiques à divers degrés de condensation, avec des combinaisons correspondantes de force initiale et d'énergie substantielle. Ces groupements et ces combinaisons, d'une complexité croissante, multiplieront donc indéfiniment les aspects de la substance universelle où toutes les transformations du mouvement ne seront jamais que des modes successifs de l'unique force extérieure combinée avec l'énergie atomique.

L'état chaotique produit par le premier choc des deux principes n'est qu'une confusion passagère où la tendance naturelle au rapprochement et à la fusion des affinités de même pente, et la prévalence bientôt acquise aux grandes forces ainsi déterminées, préludent à un ordre relatif qui suivra cette première période trouble de laborieuse collision, et qui travaillera sans cesse à poursuivre un équilibre toujours instable entre les énergies atomiques multipliées entre elles et le branle évolutif qui se continue sans arrêt.

C'est alors que l'*ordre physique* déduit de la dynamique de l'impulsion initiale et des réactions de l'énergie substantielle, est définitivement constitué avec ses lois désormais fixées qui gouvernent les rapports réciproques internes et externes des diverses masses substantielles en évolution, et qui se contrebalancent sans que le mouvement puisse cesser nulle part dans ce milieu, tant que l'évolution dure.

Ce n'est que lorsque l'ordre physique est enfin

assis, que la puissance ultra-substantielle qui a émis la force contraignant l'énergie atomique, commence à s'isoler peu à peu et à se manifester en un ordre nouveau et supérieur qui constitue l'*ordre vital* dans lequel se dégage progressivement de l'évolution commencée, une action plus directe de sa nature immatérielle, par l'entrée en scène des attributs d'intelligence, de volonté et de force qui accompagnent spontanément la vie dès sa première apparition.

L'ensemble de toute cette activité physique et vitale dont la disposition future était virtuellement contenue en germe dans le premier contact de la force initiale et de la substance, forme une évolution continue représentant un tourbillonnement incommensurable où les actions engagées poursuivront l'enchaînement de toutes leurs conséquences successives, jusqu'à un aboutissement final ; or, la simple notion de la naissance, de la durée et de l'extinction des mondes, commençant et finissant à la substance immobile, implique nécessairement la preuve de l'existence de deux principes différents, tantôt séparés, tantôt réunis, et constituant tout ce qui est, soit en dehors, soit au cours du cycle évolutif des mondes qui se succèdent dans l'univers.

Chacun de ces mondes nous apparaît sous l'image de *tourbillons* particuliers, aux innombrables courants solidaires les uns des autres, et relevant partout de l'énergie atomique immanente à la substance et de la force initiale émise par la puissance inconnue ultra-substantielle, dont la mutuelle étreinte, selon la proportion dans laquelle ces deux forces sont combinées, produit tous les phénomènes naturels, et détermine les lois intimes du mouvement évolutif. La gravitation se montre alors comme la dernière résultante d'ensemble des effets opposés de la force extérieure et de l'énergie substantielle, résultante qui précipite ou retient la matière actionnée en proportion directe des masses et inverse des distances, et identifie la pesanteur avec la force qui contraint la substance, mais qui est combattue par l'énergie atomique toujours sollicitée de revenir à son équilibre primordial. C'est le même conflit qui cause la rotation et la translation des astres, par le prolongement des projections de force s'élançant en résultante dernière des rencontres angulaires des deux ensembles inégaux de ces actions contraires qui luttent en tous sens au sein de toute formation cosmique, avec réciprocité d'action de masse à masse, soit en solidarité de toutes les parties de la force initiale, s'exerçant de toute part sur la substance universelle.

La fin de l'évolution intégrale verra la force initiale se retirer, et la substance retourner à sa densité naturelle, dans une diffusion immobile et parfaitement équilibrée. L'ordre physique et l'ordre vital auront cessé d'être et se seront résorbés l'un et l'autre dans les deux principes différents qui leur avaient donné naissance par leur alliage temporaire.

Une multitude de tourbillons solaires centrals accompagnés de tourbillons satellites dont ils ont été les générateurs, et eux-mêmes reliés entre eux par d'étroites dépendances de gravitation réciproque, forme dans l'univers un certain groupe particulier qui est la nébuleuse dont notre système fait partie. Les concentrations de substance qui la composent n'absorbent cependant pas la totalité de la matière ambiante. Il reste entre les mondes un minimum irréductible de substance diffuse dans laquelle baignent les formations astrales, et à travers laquelle celles-ci peuvent échanger des communications telles que la chaleur, la lumière, l'électricité, la pesenteur, que transmettent par répercussion atomique les ondes de cette dernière réduction de la substance, que nous appelons l'éther ; car il n'y a pas de vide absolu dans la nature, les écarts interatomiques étant occupés par cette énergie rayonnante que nous devons reconnaître comme appartenant nécessairement à l'atome, sans la comprendre plus que nous ne comprenons l'essence de la force et du mouvement. Au-delà de notre groupe stellaire s'entrevoient de nombreuses taches d'apparence nébuleuse qui paraissent être la matière d'autres assemblages sidéraux encore, et c'est tout ce que nous savons.

Toutefois, il nous est permis de soupçonner que les amas globuleux qui sont pour nous la seule forme connaissable de la matière des mondes, n'est qu'un aspect spécial et particulier au coin d'espace qu'occupe notre univers, lequel ne représente qu'une infime partie de l'univers intégral qui nous reste caché, et qu'au-delà peuvent se déployer des ensembles et des contours de substance tout autrement disposés, sous des lois plus vastes et plus complètes. Peut-être les merveilles que réalise la vie dans les proportions infiniment réduites de notre petit monde partiel, sont-elles un indice des formations innomables qui peuvent occuper l'espace bien au-delà de notre firmament qui est si peu de chose, que nos meilleurs instruments ne l'apercevraient même plus à une distance moindre que le diamètre sous lequel il ne paraît si infiniment grand qu'à nous autres chétifs atomes, soit un point perdu dans l'immensité. Peut-être notre univers connaissable se réduit-il à quelque détail organique d'une de ces existences inimaginables que l'infini de l'espace doit certainement contenir.

Revenant aux mondes dont se compose notre univers, ils représentent malgré leurs rapports et leurs liens réciproques, autant d'évolutions distinctes qui distribuent et disposent leur substance en raison de combinaisons spéciales diversement déduites des formes d'impulsion qui les ont ébranlés l'un après l'autre, ce qui donne lieu pour chacun d'eux à un ordre physique propre et à un ordre vital correspondant; or, nous avons vu que le premier est la régularisation du mouvement remplaçant dans l'évolution l'ancien équilibre stable de la substance, et que le second représente l'action devenue plus directe de la puissance intelligente et voulante extérieure à cette substance. A l'un appartiennent les lois physiques et substantielles ; à l'autre se rapportent les lois immatérielles de la vie. Le caractère des lois physiques se renferme dans la dynamique des tourbillons évolutifs des mondes entraînant en tous sens les atomes qui les constituent. Les lois vitales s'ajoutant aux lois physiques desquelles ne saurait s'abstraire la substance employée aux manifestations de la vie, viennent plus tard déterminer au milieu de cette même substance, des formations d'ordre tout nouveau où, en outre des affinités atomiques, règne une étroite solidarité de tous les éléments constituants, dans un tourbillonnement évolutif dont les matériaux s'échangent et se renouvellent sans cesse.

Une parcelle de substance ainsi animée et solidarisée du premier au dernier de ses atomes, forme un tout indivis où se manifestent deux choses nouvelles dans le monde qui n'était livré jusqu'alors qu'aux seuls mouvements de l'ordre physique : Premièrement une tendance constante vers le meilleur entretien possible de l'alimentation substantielle de cette activité qui absorbe et rejette continuellement comme tous les tourbillons, et deuxièmement l'attribut essentiellement vital de la *sensibilité* intelligente qui guide cette tendance dans les voies favorables au but final ; or, ce renouvellement assimilateur de la substance organisée, et cette sensibilité ou sensation qui différencient du tout au tout l'ordre vital de l'ordre physique, correspondent aux affinités moléculaires et à l'énergie atomique de ce dernier ordre, élevées par l'introduction de l'attribut intelligent et voulant, aux modes supérieurs d'organisation et de sensation qui font l'ordre vital.

Le *tourbillon vital* apparaît ainsi au-dessus de l'ordre physique, par une plus libre manifestation du principe supérieur jusqu'alors confondu dans le chaos du début évolutif, et ce tourbillon dont le branle est comme une lointaine répercussion de la première impulsion génératrice des mondes, représente en petit à son tour une évolution complète tant immatérielle que substantielle, un véritable microcosme qui offre peut-être une image des grandes existences universelles qui nous restent cachées, avec sa genèse, ses lois propres, son commencement, ses développements et sa fin.

Pour ses premiers débuts, la vie se manifeste à des profondeurs atomiques inaccessibles à nos investigations. Il semble y voir d'infimes remous du branle initial, échappant en partie à la résistance substantielle, et c'est l'atome irréductible qui, sans changer de nature intrinsèque, ni cesser entièrement d'obéir aux lois de l'ordre physique, s'imprègne alors de la nature immatérielle du principe supérieur, et devient la première *unité vitale* dont la multiplication et l'organisation produiront par la suite toutes les formes de plus en plus compliquées de la vie terrestre. Celles-ci représentent en effet les innombrables combinaisons auxquelles donne lieu la tendance constante des unités vitales vers le meilleur entretien possible de leurs existences individuelles ; or, comme ce qui satisfait le mieux à cette nécessité dans le conflit évolutif, c'est l'association et la division des attributions fonctionnelles, choses toujours profitables à toutes les communautés, tout sera associations et combinaisons dans les groupements d'unités vitales qui constitueront les formes animées. En outre, on peut admettre que ces premières unités de la substance vivante, douées des attributs mêmes du principe supérieur, soit : l'intelligence, la volonté et la puissance, s'offrent inégalement sous leurs diverses faces aux édifications de la vie, permettant ainsi les combinaisons les plus variées de l'organisation et de l'aptitude de tous les êtres.

Le premier effet du besoin d'appui réciproque et le premier pas de l'organisation des unités vitales, se voient dans la cellule vivante qui répond à la plus essentielle urgence d'association entre ces unités simples, et qui devient à son tour une sorte de molécule élémentaire ou d'*unité tactique* de la vie, car elle constitue l'unique élément reconnu de toutes les constructions animées, depuis le proto-plasme informe jusqu'aux édifications organiques les plus compliquées des deux règnes vivantes. Tout ne démontre-t-il pas la nécessité d'une première unité vitale dont les multiplications et les dispositions infiniment variées sous les différents aspects qu'elle tient du principe supérieur qui l'anime, et sous la pression des conditions du milieu physique, rendront seules possibles les complexités et l'infinité des formes que nous voyons revêtir par la vie ? Tous les progrès, toutes les transformations, tous les recommencements partent nécessairement de cette unité vitale, et c'est elle et ses premières orientations qu'il faut envisager au fond de toute existence, si l'on veut surprendre le secret et le point de départ de toutes les évolutions et révolutions de la vie terrestre.

Les combinaisons des unités vitales sont premièrement déterminées par le genre d'avantages ou d'obstacles qu'offrent les différents milieux où il leur est possible de s'organiser ; et des conditions toujours diverses des milieux sont nés les divers genres d'activité organique, ainsi que les constitutions multiples qui distinguent les communautés cellulaires les unes des autres ; la persistance des mêmes conditions perpétuant les mêmes formes, et leur changement entraînant toujours la création de dispositions nouvelles ou la transformation des anciennes.

Toutes les manifestations de la vie des êtres sont de même caractère que ce qui apparaît plus tard dans l'organisation des mutualités de la vie sociale, des groupes constitués en corps, tels qu'un État, une armée, une congrégation, un établisssement industriel. C'est que les êtres animés ne sont eux-mêmes que des groupes d'unités organisées, des républiques de molécules vivantes. On peut donc considérer les êtres, disons-nous, comme autant de sociétés d'unités vitales coordonnées ensemble, et constituant des individualités collectives qui elles-mêmes peuvent s'associer encore entre elles et former de nouveaux groupements organisés à divers degrés de puissance. Il est probable aussi que les idées de beauté ou de laideur que nous inspire l'aspect des divers êtres, ont rapport aux différents degrés réalisés d'harmonie ou de discordance que présentent leurs organisations particulières. L'attrait de la beauté serait alors l'attraction naturelle que les plus parfaites créations synthétiques exerceraient sur les autres en vertu de la tendance vers une perfectibilité sans fin qui est le grand mobile de la vie.

Les formes vivantes constituées et consolidées par un long exercice de leurs qualités spécifiques, se continuent en reproduisant par une succession d'élans évolutifs semblables, leur propre organisation et leur genre particulier d'activité, et, de plus, elles possèdent par la consistance qu'elles ont acquise avec le temps, la faculté de supporter dans de certaines limites, la transplantation dans des habitats différents de leur lieu de formation, quittes à s'adapter ensuite lentement mais inévitablement aux conditions du nouveau milieu ; or, par milieu il faut entendre toutes les influences physiques et vitales sans exception aucune qui s'exercent en un champ circonscrit : L'alimentation, le climat, les luttes à soutenir contre les influences nuisibles, ou entre concurrents trop nombreux, tout cela fait partie des conditions de milieux, aussi bien que le lieu terrestre ou aquatique de l'habitat.

Des conditions de milieux aussi diverses ont produit nécessairement des différences sans nombre entre les formes successivement réalisées par les groupements auxquels une étroite solidarité a donné le caractère de synthèses vitales absolument individuelles. C'est ainsi que la vie organisée, après avoir débuté par d'élémentaires associations d'unités moléculaires, a vu ces associations se perfectionner et se compliquer de groupes et de sous-groupes de mieux en mieux ordonnés, sous l'impulsion toujours tendue de l'unique principe vital spontanément manifesté en sa première base atomique, au fur et à mesure que de plus heureuses dispositions servaient mieux la commune tendance vers le meilleur état possible de l'association, dans les conditions offertes par les milieux. Les organes internes et externes, et notamment les sens si rigoureusement appropriés à des nécessités physiques précises, attestent en effet par la progression qu'ont suivie leurs perfectionnements incessants d'espèce en espèce, que leur façonnement n'est qu'un fait de lente mais d'exacte appropriation de la vie aux conditions multiples des milieux où elle s'est développée.

Toutes les organisations durables, consolidées par la *loi de la résistance vitale* acquise aux formes longtemps persistantes, et maintenues par l'égalité de leurs milieux, ont pu ainsi se perpétuer sans se confondre, dans les limites permises par la concurrence générale; et nous assistons aujourd'hui au spectacle infiniment varié de l'échelle des espèces vivantes qui s'étend par degrés, des formes les plus rudimentaires des premiers commencements, jusqu'aux organisations les plus compliquées des derniers perfectionnements, représentant autant d'adaptations primitives ou transplantées que de milieux différents occupés.

Étroitement liée au principe substantiel dans le cours de ses développements grandissants, la vie se façonne rigoureusement selon les conditions que lui fait le milieu viable, jusqu'à ce qu'arrivée à ses sommets humains, elle commence cependant à s'affranchir du joug matériel, et laisse voir dans les manifestations de la volonté et du libre-arbitre, l'action déjà indépendante du seul principe supérieur.

Ainsi s'avance dans le temps l'organisation de plus en plus perfectionnée de la vie terrestre, dont les luttes intestines sans trêve et les formes toujours perfectibles, prouvent que l'ordre vital, encore en plein travail de pondération et d'achèvement, traverse à son tour une *période chaotique* au terme de laquelle l'épanouissement achevé de toutes les réserves vitales recélées dans l'évolution virtuelle s'arrêtera nécessairement à des formes en parfaite concordance réciproque ; car dans les milieux ordinaires desquels dépendent les adaptations de la vie, ce qui a le plus d'action sur un être vivant, ce sont encore les autres êtres avec lesquels il doit partager un habitat physique qui est souvent commun à des séries considérables d'espèces dont la diversité de structure et de genre de vie, relève principalement de la concurrence qu'elles se font entre elles. L'harmonie vitale aura alors remplacé l'état de trouble et de lutte des périodes transitoires, et correspondra effectivement à l'idéal de vie facile, de paix et de bonheur terrestre dont le pressentiment existe déjà chez l'homme qui sent en lui-même l'annonce d'un but suprême auquel mène le progrès vital.

Pourquoi faut-il que le sombre tableau d'une destruction finale vienne effacer d'avance le mirage enchanteur de cette ère future d'une vie parfaite ? Mais il est fatal qu'après une période de plénitude de vie, l'évolution aille en s'affaiblissant jusqu'à sa fin et sa disparition de la scène universelle. Une rétrogradation inévitable ramènera pas à pas avec la perte de la chaleur et des autres forces évolutives épuisées, les formes de la vie jusqu'aux éléments primitifs de ses commencements qui disparaîtront eux-mêmes longtemps après l'extinction de la brillante floraison humaine ; si cependant au lieu de ces conséquences envisagées au point de vue d'un retrait régulier des forces évolutives, il n'est pas plus conforme aux destinées astrales, de laisser rapidement tomber la matière des évolutions épuisées sous l'empire de la seule énergie substantielle qui, dans un temps relativement court, pendant lequel se débat (sous l'aspect cométaire peut-être) l'agonie des mondes finissants, restitue cette matière au vaste océan de l'éther, tandis que la vie épurée de ces mondes se résorbe directement dans l'Être immatériel.

Quelle que soit la voie qui conduise notre globe à sa ruine, ce sera la destruction de l'humanité et de toute vie terrestre, devançant la fin de tout ce qui fut ici-bas, mais une fin comme toutes celles de la nature universelle où ce qui finit prépare une renaissance dans des existences se rapprochant toujours davantage de la source supérieure de qui descend et vers qui remonte toute forme de vie.

La vie est une et se relie dans tout l'ensemble de ses organisations terrestres, sans qu'on puisse reconnaître une ligne de démarcation précise entre le règne végétal qui se fixe au sol nourricier par une attache persistante, et le règne animal où un foyer mouvant de substance nutritive toujours renouvelée, se substitue définitivement après quelques formes intermédiaires, au mode d'alimentation sédentaire de la plante.

De l'un à l'autre des deux règnes vivants, c'est du reste un échange continuel des mêmes éléments de la vie dont la plante nourrit l'animal, qui à son tour les restitue à la plante ; et par cet échange, ainsi que par tous leurs autres rapports réciproques, les deux règnes apparaissent comme étant deux aspects complémentaires l'un de l'autre, d'une seule et même vie.

Quant aux diverses formes vivantes, elles se continuent par espèces distinctes, entre lesquelles le travail séculaire de la sélection a creusé des écarts de plus en plus considérables, et dans chacune desquelles se voit en quelque sorte la perpétuation d'une résultante physico-vitale maintenue par des conditions semblables et persistantes, tant que durent ces conditions. Bien que ces espèces n'aient rien d'absolu quant à leur durée, elles n'en constituent pas moins, tant qu'elles existent, la seule classification naturelle des êtres vivants, comme autant de branches distinctes appartenant au même arbre de vie.

Ces espèces, nous l'avons vu, représentent les adaptations des formes vitales aux conditions précises de chaque milieu. L'adaptation est parfaite pour les espèces restées dans leur milieu de formation, et imparfaites, ou plutôt en voie de transformation, ce qui est presque toujours le cas, pour celles qui ont changé d'habitat, car la transplantation est toujours suivie du changement des anciennes formes en de nouvelles qui s'approprient insensiblement à leurs nouveaux milieux. Ce ne sont d'abord que de légères modifications qui en se fixant créent de simples variétés dans les espèces; mais de variétés en variétés, une transformation incessante finit par mettre une distance considérable entre des organisations dont l'ascendance fut pourtant la même; et cette origine commune finit par devenir parfois méconnaissable, surtout lorsque l'extinction des variétés intermédiaires a fait disparaître les preuves vivantes de cette gradation.

La loi de résistance vitale maintient longtemps des formes remontant à une ou même à plusieurs stations antérieures, et c'est ce qui explique les anomalies que présentent tant de végétaux et d'animaux dont les organes et l'outillage sont en flagrant désaccord avec le dernier milieu où le choix et surtout la nécessité les ont poussés. Pourtant l'adaptation n'interrompt jamais son œuvre, et se manifeste de tous côtés par de légères modifications successives qui se fixent dans la descendance, œuvre lente et mesurée dans l'évolution directe, ou subitement retournée et renversée dans les révolutions que commandent certains déplacements de l'équilibre organique des groupements de substance animée. C'est entre ces modifications que la sélection choisit, soit naturellement par la simple concurrence fatale et incessante qui favorise les formes les mieux adaptées, soit systématiquement dans la sélection pratiquée par l'homme. Ce dernier genre de sélection devance plus ou moins rapidement l'œuvre de l'adaptation libre, en délivrant de suite de toute concurrence les meilleurs sujets, ou bien elle profite de la loi de résistance vitale pour maintenir et développer, même anormalement, les seuls caractères préférés par l'expérimentateur.

Le développement et le progrès de la vie comportent ainsi trois aspects distincts, bien qu'étroitement relatifs entre eux : En premier lieu apparaît l'*Organisation*, c'est-à-dire l'arrangement moléculaire formant le groupement végétal ou animal ; en second lieu, l'*Adaptation*, où les seules conditions offertes par le milieu ambiant déterminent la sensibilité vers le genre d'organisation qui convient le mieux à la communauté vivante fixée dans ce milieu ; en troisième lieu enfin, la *Sélection* qui fait prédominer à la longue les tentatives les plus appropriées de l'organisation inclinée par l'adaptation.

C'est l'organisation qui agit ; c'est l'adaptation qui donne le plan du façonnement des formes, et c'est par la sélection que prédominent les organismes les mieux adaptés. Toutes les manifestations de la vie en général relèvent de ces trois choses. Que l'on considère les aspects externes ou internes des êtres ; qu'on examine leur fonctionnement organique ou sensitif ; ou bien qu'on remarque l'outillage ou les armes naturelles propres à chaque espèce, tout cela correspond intelligemment et dans tous les détails à des nécessités courantes, et s'est en quelque sorte moulé dans le milieu sous la direction presciente d'un principe qui incline la vie vers les issues les plus favorables à ses expansions.

C'est par des reproductions indéfiniment renouvelées du même élan évolutif que les formes vitales se recommencent et se multiplient. Cet élan a son ressort dans la portion même de sa propre substance que la forme-mère abandonne et par laquelle un même ordre d'activité se reproduira entièrement et progressera jusqu'à ce que l'état adulte soit dépassé et que cette nouvelle forme achevée se divise à son tour pour se multiplier encore par le même moyen. L'acte génératif des organismes les plus élémentaires ne s'accomplit pas en effet autrement, et la simple *scission* suffit à leur reproduction indéfinie. Les perfectionnements ultérieurs de la vie viendront plus tard compliquer considérablement un mode aussi primitif, mais le principe de la scission n'en restera pas moins la base de toute multiplication des espèces, car s'il ne suffit plus à l'évolution compliquée de se rompre purement et simplement pour que la fraction reproduise intégralement la même évolution que le tout et la continue, c'est cependant encore une réelle fragmentation compliquée germinativement de toutes les phases du développement complet de la forme adulte, qui se réalise dans l'émission de l'œuf ou de la graine dotés par l'être intégral compliqué et sexué, de la possibilité virtuelle de l'évolution entière.

Beaucoup d'organisations végétales, bien qu'ayant déjà concentré l'élan évolutif de leur espèce dans une semence, restent encore capables de se reproduire par boutures, c'est-à-dire par de simples scissions, ce qui est bien une des preuves que, même en passant du simple au compliqué et du monogénisme à la répartition sexuée, le principe de la scission, dans la multiplication des formes vivantes, reste absolument intact.

A l'activité vitale des sédentaires végétaux, suffit une alimentation en majeure partie puisée dans les matériaux pris ou restitués à l'ordre physique, mais les formes plus avancées de la vie animale réclament principalement des aliments déjà organisés par la vie et préparés par conséquent à remplir des rôles plus difficiles. Dans tous les cas, c'est toujours nécessairement l'unité moléculaire ou cellulaire qui s'assimile l'aliment et l'anime à son tour, si elle ne passe pas elle-même comme un aliment tout vivant d'un organisme dans un autre où elle apporte son concours d'activité à la place que lui assignent les vides disponibles et aussi les qualités particulières dont elle peut être douée par l'agencement varié des unités simples qui la constituent. Cet échange de substance organisée entre les diverses formes vivantes, et cette transmigration incessante des unités vitales, d'organisme en organisme, est un des aspects les plus curieux de la rivalité des êtres s'entre-détruisant pour subsister les unes aux dépens des autres, et cela sur toute l'étendue de l'échelle de vie, depuis le microbe jusqu'à l'homme.

Remarquons aussi que ce qui meurt d'abord dans les organisations qu'anime la vie, c'est le lien synthétique qui groupe les premiers éléments irréductibles que nous nommons unités vitales. Celles-ci, rendues à leurs existences isolées, emplissent de toute part les dessous ténébreux du monde organique, limbes cachés où elles attendent souvent très longtemps l'occasion de reparaître au grand jour de la vie organisée, dans quelque forme plus ou moins élevée des synthèses végétales ou animales.

Les simples acheminements qui suffisent à la sève nourricière du règne végétal tiré directement du sol, sont remplacés dans la vie animale errante et précaire, par des canaux bien autrement compliqués, et par un réservoir de substance alimentaire dans lequel s'élabore un travail indispensable à la bonne répartition des matériaux d'entretien dont la partie utilisable, laborieusement triée et appropriée, se répand ensuite dans tout l'organisme. Le tube intestinal avec son renflement stomacal, est l'axe essentiel, la base même sur laquelle s'édifie toute existence véritablement animale. Le tourbillon vital, qui ne saurait durer sans un incessant renouvellement de substance qu'il absorbe et rejette continuellement, est donc entretenu par la fonction spéciale de l'*estomac* qui est son véritable centre de formation.

En fait, l'animal perfectionné n'est qu'un progrès de la forme primitive de vie organisée qui se voit encore dans le simple ver de terre, forme qui s'est enrichie d'organes complémentaires de de plus en plus compliqués, en passant par le reptile, le poisson et l'oiseau, pour en arriver au mammifère. C'est toujours la même artère essentielle du tourbillon vital, qui s'anime partout du même mouvement vermiculaire, comme d'un ressort principal indispensable à la circulation de tous les matériaux de la vie.

Après l'estomac qui assied et entretient la vie, l'organe souverain et le plus noble couronnement de l'organisation animale, c'est le *cerveau*. Concentration principale de cette substance nerveuse qui concrète au plus haut degré actuellement possible l'attribut de la sensibilité, le cerveau avec ses attaches qui s'étendent à toutes les parties de l'être, est non seulement le régulateur de la vie sensitive de l'animal, mais il est encore le conservateur matériel des *archives historiques* de tout le passé de la vie terrestre antérieure à l'espèce. Dans les profondeurs des replis du cerveau humain sont emmagasinés les instincts, les idées innées et toutes les tendances héréditaires de la race, car en même temps que l'être vivant transmet à ses rejetons la forme d'évolution et le branle particulier d'activité vitale qu'il a lui-même hérité de ses ascendants, il transmet aussi le plan de tous ses organes, y compris celui de son mécanisme cérébral dont les rouages représentent les organisations sensitives de toute la vie qui s'est déroulée jusqu'à l'homme en qui est la dernière et la plus haute de ses synthèses. Ce plan général de l'être préexiste à l'individu et lui survit. Une rapide expérience de la vie réveillera une à une dans le cerveau de l'enfant, les facultés latentes accumulées dans ses replis par le travail sensitif des générations passées, et la nouvelle existence y ajoutera elle-même ce que lui apprendra sa part de vie intellectuelle. C'est que les efforts mentals, comme les images des choses apportées dans le cerveau, laissent des traces réelles et matérielles qui sont la substance même dont est fait le noble organe.

Ces traces persistantes sont devenues des concentrations de plus en plus condensées des solutions réflexes du passé de la vie sensitive, mais en cette qualité même elles n'en représentent pas moins tous les éléments sensitifs qui les ont déterminées; de manière que rien n'est perdu, et que le cerveau humain qui résume héréditairement tout ce qui l'a précédé dans le gouvernement de la vie terrestre, contient virtuellement l'histoire de tout ce passé, comme les entrailles de notre sol contiennent à un autre point de vue, l'histoire géologique du passé de la Terre.

Tous les progrès de la vie ont correspondu

aux développements et à l'épurement de cette sensibilité d'origine ultra-substantielle, sous l'action de laquelle le cerveau, son instrument matériel, s'est façonné en se perfectionnant à travers les espèces jusqu'à l'espèce humaine chez laquelle il représente la forme concrète la plus parfaite de la vie intellectuelle présente, et prépare les nouveaux progrès de l'avenir.

Maintenant, si de l'homme et des autres espèces envisagées en particulier, nous nous élevons à un dernier point de vue d'ensemble, nous arrivons aux lois synthétiques qui s'étendent à l'échelle entière de la vie, et qui non seulement déterminent les formes et le genre d'activité de tous les êtres vivants, mais reportent leur action encore au-delà de l'être individuel, car elles vont régir les groupes et associations des hommes et des animaux, et en former de nouveaux êtres collectifs avec une similitude de causes et d'effets qui les font reconnaître comme n'étant en quelque sorte qu'une continuation morale des mêmes aspects déjà reconnus de la vie, laquelle n'est qu'une jusque dans ses extensions les plus lointaines, et qui le prouve par l'enchaînement et la concordance parfaite de toutes ses manifestations.

C'est ainsi que le principe supérieur de toute vie, s'élevant de synthèses en synthèses toujours plus vastes, remonte par degrés vers l'intelligence, la volonté et la puissance absolues et immatérielles qui sont le point de départ et d'arrivée de l'existence physique et vitale des mondes, après avoir en quelque sorte traversé le principe substantiel dont le lourd alliage se sépare de lui de plus en plus, à mesure que s'accomplit le déroulement de l'évolution déterminée par la réunion temporaire des deux principes éternels.

FIN DE LA PREMIÈRE PARTIE

DEUXIÈME PARTIE

De l'Homme.

L'Homme peut-il être considéré comme constituant un règne à part dans la nature?

Après avoir suivi l'enchaînement qui, à partir de l'unité vitale élémentaire, nous a conduits à travers les espèces progressantes, jusqu'aux sommets de la vie animale et nous a montré les effets de la sensation, à peine reconnaissables dans les premiers commencements, grandir ensuite en intensité et en subtilité jusqu'à produire le cerveau des animaux supérieurs, comment serait-il possible que cet enchaînement si rigoureux jusqu'alors, se brisât brusquement et cessât d'être lorsqu'un dernier pas le porte jusqu'à notre espèce?

Il ne faut pas qu'un vain orgueil nous aveugle au point de nous faire rénier une parenté qui n'est autre que celle de la grande nature en qui tout se confond : Ressorts vitaux, passions, instincts, intelligence, il n'y a rien chez l'homme qui ne se retrouve à quelque degré dans les autres êtres. Il n'y a en sa faveur, d'abord qu'une supériorité incontestable dans l'importance mais non dans la nature des perfectionnements de la vie, puis surtout le dégagement d'un sentiment transcendantal d'indépendance et d'initiative, supérieur à la simple sensation, lequel sentiment constitue le grand progrès qui le place à la tête de l'évolution vitale terrestre. Autrement qu'est l'homme, sinon le sommet d'un genre qui lui-même dépasse les autres branches dans lesquelles s'est ramifiée la vie à partir de la souche commune? Si les circonstances eussent favorisé de préférence l'avancement des formes oiseau ou insecte, le roi de la Terre eût été un insecte ou un oiseau.

L'homme n'est que le premier des mammifères, et la distance qui le sépare des autres êtres a pour principale cause le vide que lui-même a su faire au-dessous de son espèce par l'extermination ou l'abaissement des espèces voisines et rivales, car c'est surtout entre les formes vivantes trop directement en compétition dans un même milieu que le combat de la vie est implacable et meurtrier, et il est certain que la période qui a vu l'être humain se dégager de l'animalité, n'a été qu'une longue lutte fatale aux anthropomorphes qui serraient de trop près l'espèce de plus en plus dominatrice qui est devenue l'homme. Ne voyons-nous pas encore dans le sein même de l'humanité actuelle, les races supérieures se substituer partout graduellement aux races faibles ou attardées? Quant à notre nature intime, autant morale que physique, nous ne saurions la concevoir en dehors de la vie commune à tous les êtres terrestres, sans abdiquer du coup cette raison qui fait notre supériorité. Il n'y a donc qu'un règne animal à la tête duquel se place notre espèce, et rien ne justifie la supposition d'un règne exclusivement humain, quoique ce soit à partir de l'homme seulement que se dégage consciemment le principe supérieur qui déjà anime bien qu'obscurément tous les degrés antérieurs de la vie.

Nous avons vu l'œuvre vitale émerger de l'ordre physique et progresser de degré en degré jusqu'à l'homme qui est le dernier venu et le plus accompli des êtres vivants. A l'homme s'arrête cette progression de la vie, et la gloire d'être le couronnement de cette évolution sublime peut bien lui suffire, si grand que soit son orgueil.

Quelle définition donnerons-nous de l'intelligence?

Si nous envisageons ce mot dans son sens abstrait le plus élevé, nous définirons l'intelligence la synthèse transcendantale et consciente de l'ensemble des lois, attributs et rapports inhérents à l'universalité de ce qui est. Elle est, relativement à l'existence absolue, ce que sont par exemple aux nombres les lois inflexibles de leurs rapports et combinaisons, où déjà tout existe en soi de ce qui peut exister, où créer n'est pas possible. Ainsi envisagée, l'intelligence est en même temps qu'est l'univers substantiel et ultra-substantiel. Elle est la raison suprême de tous les modes que revêt la substance sur laquelle opère le principe initial. Elle est l'intégralité absolue de la connaissance embrassant du même coup le complet enchaînement des causes et des effets, et s'étendant ainsi sur l'avenir autant que sur le passé, ou plutôt n'ayant ni passé ni avenir, puisqu'elle est dans l'éternel. Elle est enfin l'attribut essentiel du principe supérieur lui-même.

Ramenée aux proportions ne notre monde, l'intelligence n'est plus qu'un pâle reflet de l'Intelligence intégrale troublée par son mélange avec la substance; mais à quelque degré qu'elle apparaisse, sa nature n'a pas changé : Dans ses efforts pour se dégager de l'étreinte substantielle et pour reprendre possession d'elle-même, elle peut vaciller autour d'une sensation qui n'est qu'imparfaite; néanmoins elle avance progressivement et remonte peu à peu avec l'acquisition continue de la connaissance, vers son intégralité originelle.

L'intelligence est une. C'est pour cela que tous les intellects sont aptes à pouvoir se comprendre et se pénétrer réciproquement, et sont capables de concevoir aussi les choses de la nature. Degré à part, l'intelligence est la même dans l'effort pénible de la conscience obscure qui aspire à s'élever, que dans le pur principe en qui elle est éternellement sans aucune entrave.

Ce qu'il existe d'intelligence et de raison en l'individu ne saurait lui être attribué comme une faculté ayant un caractère particulier et indépendant. Il n'y a jamais en lui qu'une lueur plus ou moins pure et consciente de l'Intelligence intégrale qui, au-dessus de la scène universelle, gouverne tous les êtres et se trouve dans les moindres détails organiques de la plus infime existence, aussi bien que dans les conceptions sublimes d'un cerveau de génie. L'on peut dire que tous les mobiles et les actes, les moindres comme les plus grands, du train ordinaire de la vie individuelle ou de la vie des collectivités, obéissent à des lois synthétiques embrassant l'ensemble de l'évolution vitale et sont le fait de déterminations inéluctables dont la supérieure raison d'être nous échappe presque absolument. Il n'est pas de question, pas de fait, pas de situation quelconque qui n'ait ses rapports fatals et nécessaires avec tout ce qui est autre, et qui ne contienne en soi toutes les déductions et conséquences possibles de ces multiples rapports dont la vue plus ou moins étendue et complète marque le degré de lucidité d'un intellect. C'est que l'intelligence humaine reste dans le relatif étroit de la vie terrestre imparfaite et ne peut à peine que pressentir l'absolu de l'Intelligence intégrale qui n'existe que dans le pur principe suprême extérieur et supérieur à la substance.

Jusqu'à quel point l'intelligence et la volonté résident-elles dans la sensation?

C'est parce que la vie était dès son origine douée de l'attribut sensitif, que nous l'avons vue modeler l'infinité de ses formes et de ses organes sous l'influence et les nécessités des divers milieux où elle a successivement pénétré; or, aucune forme nouvelle, aucun progrès organique n'est apparu, guidé par la sensation, que la sensation elle-même n'ait progressé dans les mêmes rapports. De là l'étroit parallélisme des deux aspects plastique et sensitif des êtres vivants, en vertu desquels on voit aller de pair les ressemblances physiques et les concordances morales des individus comparés entre eux.

Les progrès de la sensation, tout comme les progrès organiques, sont donc tout d'abord des faits d'adaptation et de conformité aux conditions qui sont faites à la vie par les circonstances et l'entourage, car les sens, œuvre déjà eux-mêmes de l'adaptation sensitive aux actions incitantes du dehors, n'ont pu interpréter et graver dans l'être autre chose que ce qui est émané du milieu, c'est-à-dire de l'ensemble intégral des circonstances de toute nature qui entourent un foyer de vie. Ainsi dans la formation progressive des divers centres sensitifs de l'être, principalement dans la formation du cerveau, on peut voir la substance de mécanismes nerveux lentement élaborés et concrétés par le travail séculaire d'une action et d'une réaction incessamment aux prises entre le milieu et le foyer vivant.

Il semble qu'en présence d'un tel état de choses, l'on soit fondé à admettre qu'à la seule sensation remonte uniquement l'origine de toute connaissance, et de toute édification intellectuelle; que la sensation soit enfin la matière même de l'entendement; et c'est à cela du reste que concluent ceux qui ne considèrent que le théâtre de la vie et l'action qui s'y développe, sans remonter plus haut que l'interprétation des rôles qui s'y trouvent engagés.

La relation la plus étroite rattache il est vrai le fonctionnement intellectuel et passionnel à des faits de sensation récents ou transmis par l'hérédité spécifique, mais en y ajoutant toutefois le ressort d'une tendance innée vers un but qui ne peut être que le bonheur de chaque individu, c'est-à-dire en toute situation, vers le vrai sens de l'avancement vital; car encore faut-il nécessairement qu'un mobile quelconque sollicite la vie, pour qu'elle se manifeste dans telle direction plutôt que dans telle autre, même lorsqu'elle s'adapte aux conditions que lui offre le milieu ambiant; or, ceci dépasse déjà la pure sensation.

On inférerait en vain que la volonté n'est que la prédominance des incitations sensitives les plus pressantes ou une tendance inflexible vers le seul intérêt individuel. La direction ordinairement conquise par les impulsions dominantes, au cours des incessants conflits internes et externes de la vie, n'est pas la volonté proprement dite; elle n'est qu'une pente naturelle qui fait pencher le plus souvent la balance, mais au-dessus de laquelle existe la véritable volonté initiale qui se manifeste quand par exemple les ressorts de cette volonté, commandés par une notion de devoir ou un élan de générosité, agissent à l'encontre de l'intérêt et du bonheur particuliers de l'individu. La volonté témoigne alors d'une indépendance réelle, car elle n'est plus la résultante fatale d'un concours d'incitations sensitives mises en présence, et encore moins la prédominance de l'intérêt. (*)

La volonté obéit toujours à une incitation cependant, mais cette incitation part de plus haut que les rouages que nous venons d'envisager. Sa source est dans le sentiment transcendantal que nous avons vu se dégager de la sensation, et dans cet élan secret qui appartient directement au principe suprême et seul initial qui gouverne et oriente la vie, et qui apparaît en elle d'autant plus épuré qu'un être est plus avancé en perfectionnement moral.

C'est d'ailleurs uniquement dans cette émission

---

* Ce n'est pas non plus un intérêt immédiat ni une résultante machinale d'incitations sensitives qui fait le sacrifice héroïque du soldat qui meurt plutôt que d'abandonner son drapeau, ou qui amène la désespérance et le suicide révolté des plus courageux parmi les déshérités et les vaincus de la vie sociale. C'est bien une volonté libre et supérieure à tout mécanisme sensitif. Les animaux chez lesquels n'apparaît pas encore de volonté proprement dite ne se suicident pas.

si minime qu'elle puisse être d'abord de principe initial déjà épuré et veillant dans les âmes, que gît ce qui existe en l'homme de réel libre-arbitre, de ce libre-arbitre si discuté dont les décisions témoignent par leur nature, du degré de liberté ou d'empêchement de ce même principe, et c'est encore pour cela que le libre-arbitre n'existe véritablement que chez les êtres assez élevés en dignité pour avoir vu apparaître en eux-mêmes quelque pure lueur du principe ultra-substantiel. Ainsi, tandis que la vie poursuit son évolution en application de l'ordre déjà réalisé dans lequel se passent les faits vitaux ordinaires, elle obéit aussi en outre à une impulsion supérieure qui la dirige vers des fins nouvelles, impulsion que nous appelons la loi du progrès et qui, par son caractère initial, se distingue essentiellement du mécanisme sensitif, œuvre concrète de l'évolution déjà parcourue et expérimentée.

Il faut donc voir deux ordres de causes dans les faits d'intelligence et de volonté : L'ordre réalisé et fixé dans l'organisme sensitif en conformité et à partir duquel l'action vitale s'exerce couramment ; puis l'ordre initial qui domine le premier et étend plus loin son pouvoir, parce qu'il appartient plus directement à l'impulsion supérieure, cause toujours active des développements de la vie.

Ce n'est par conséquent que pour une part seulement que l'intelligence et la volonté relèvent de la sensation acquise et fixée dans l'homme actuel. Une seconde part revient au principe immatériel doué en lui-même d'intelligence, de volonté et de puissance, et qui travaille incessamment en nous à épurer la vie et à l'élever vers des fins supérieures dont les progrès déjà réalisés marquent la direction, sinon le but suprême que nous ne saurions encore concevoir.

Ne semble-t-il pas que l'enchaînement du progrès soit démenti par l'histoire au passé?

Le perfectionnement physique et moral de l'espèce humaine n'apparaît pas précisément comme un fait de progression régulière et continue, si nous comparons entre eux ses divers foyers de développement, car partout, encore aujourd'hui, se côtoient les degrés les plus divers de l'avancement humain. Il faut envisager l'ensemble des temps et des lieux pour que s'aperçoive la réalité de la loi générale du progrès qui perce toujours sur quelque point de la planète par quelqu'un de ses côtés principaux. Récemment il nous a été donné de constater par les révélations géologiques de notre propre sol européen, que des races aux caractères simiesques, races à peine humaines, touchant de très près à l'animalité, ont vécu à la place que nous occupons, durant des périodes de temps incommensurables, si nous en jugeons par ces collines danoises formées de coquillages amoncelés qui sont les débris culinaires d'innombrables générations, et par les épaisses couches de restes analogues qui emplissent certaines cavernes du sud de la France. Il est visible que depuis cet homme préhistorique sans points absolus de comparaison même avec les races les plus inférieures de notre époque, l'ensemble de l'espèce humaine a évolué malgré ses rechutes, vers les types plus accomplis de nos jours, et il est probable que les types actuels ne représentent pas le dernier terme de ce perfectionnement.

De même, l'élévation morale, bien qu'ayant subi des défaillances et des éclipses momentanées, a toujours fait d'époque en époque des progrès dont l'évidence apparaît, soit dans une barbarie déjà en avance sur l'animalité, même quand elle se montre accompagnée de l'institution d'un esclavage plus humain à tout prendre que le meurtre des vaincus ; soit dans un droit individuel reconnu et respecté de la force et préludant à l'idéal actuel de justice sociale que déjà chacun comprend et souhaite ,en attendant qu'il devienne pratiquement réalisable. Enfin pour l'avenir se prépare le règne de la bonté, si supérieure à la justice même, de l'abnégation de soi, de la prédominance du sentiment transcendantal dont il perce à peine quelque lueur à notre sombre époque, mais qui leur tour venu, répandront leur doux rayonnement de bonheur sur la Terre délivrée du mal et oublieuse dès lors des douloureux enfantements de la vie et des âges de souffrances et de luttes sans merci, entre la lumière du principe immatériel et les ténèbres du principe substantiel.

Il est donc rigoureusement vrai de dire que l'espèce humaine n'a cessé de marcher et qu'elle marche encore vers un perfectionnement grandissant et illimité, au moins dans son élite qui marque sur un point quelconque du milieu terrestre, le sommet, la tête de l'évolution vitale, guidant le reste de l'humanité dans la voie de ses fins dernières.

Quels liens rattachent le cerveau humain au cerveau des espèces animales ?

A mesure que de nouveaux développements ont agrandi et compliqué le siège de la sensation réfléchie chez les espèces toujours progressantes, l'hérédité ancestrale a peu à peu fixé ces progrès dans le cerveau dont le plan, ainsi que celui des autres organes, est transmissible dans la descendance; et l'on peut dire en ce sens que rien n'est perdu de l'immense travail sensitif de tout l'ensemble de la vie passée, puisqu'il a fourni les résultantes concrètes qui subsistent à présent sous l'apparence des sentiments et des instincts identifiés avec l'être actuel. Or, le cerveau humain, dernier héritier de tous ces progrès, les embrasse et les résume, et ne cesse à son tour d'avancer encore en s'enrichissant toujours d'acquisitions nouvelles. L'histoire de tout le passé de la vie sensitive, depuis ses débuts dans la première apparition de la substance animée, se trouve récapitulée dans le cerveau de l'homme, comme dans le corps humain se récapitulent les formes antérieures de toute la vie organique, ainsi que le montre visiblement son embryogénie.

Dans les développements de la vie, tout se tient et se lie étroitement de proche en proche ; le cerveau humain fait simplement suite au cerveau des animaux supérieurs, et de tout ce qui fait l'homme, organiquement et sensitivement, celui-ci ne peut revendiquer comme lui appartenant en propre que les derniers perfectionnements qui, en la continuant, couronne et domine l'évolution vitale, arrêtée aujourd'hui à son espèce.

Puisque le cerveau est l'œuvre graduelle du passé ancestral de la sensation, ne conserve-t-il pas en lui-même la trace des phases qu'il a traversées au cours de ses développements successifs d'espèce en espèce ?

Il n'y a manifestement dans la reproduction générative des êtres qu'un recommencement indéfini des mêmes formes vivantes, perpétuant d'individu en individu, l'ensemble des caractères organiques et sensitifs qui constituent chaque espèce. Il semble y voir d'abord une collision chaotique des germes paternels et maternels où l'inévitable concurrence vitale qui s'exerce dès les premiers commencements de la vie, donnera la prédominance aux éléments, tantôt de l'un tantôt de l'autre des progéniteurs ; puis viendra le développement embryonnaire de ces matériaux désormais classés qui obéiront aux impulsions qu'ils conservent encore de leurs foyers d'origine ; puis se poursuivra enfin une évolution générale de même ordre et de même branle que celle qui animait les formes ascendantes.

Ce point de départ est tellement la cause déterminante de la nature particulière du rejeton, que la ressemblance physique et morale entre enfants nés des mêmes parents, est d'autant plus grande que les circonstances de leur conception se rapprochent davantage comme il advient pour les jumeaux. L'identité parfaite ne saurait pourtant jamais être réalisée, vu l'infinie complexité des forces et des éléments coopérants ; aussi n'existe-t-il pas au monde deux êtres absolument semblables.

Les lois de l'hérédité vitale relient, non seulement les individus entre eux, mais encore les espèces issues les unes des autres, en remontant jusqu'aux premiers embranchements, et à la souche même de la vie terrestre d'où ne s'élève qu'un seul arbre généalogique ; aussi les marques de cette hérédité organique se rencontrent-elles à tous les degrés de l'échelle des êtres, chez les animaux autant que chez l'homme. Elle est saisissante surtout chez les hybrides qui, en nous offrant des résultats de croisements entre espèces différentes, nous montrent en même temps que le mariage des formes, le mélange tout aussi reconnaissable des aptitudes et instincts paternels et maternels.

Nous disons qu'il y a chez l'enfant hérédité évidente des deux natures physique et morale de ses parents, natures qu'unit le lien étroit que nous avons vu s'établir entre les deux principes dont la vie est faite ; les exemples en abondent de toute part : Non seulement les qualités ou les défauts, la vigueur ou l'affaiblissement d'une race, mais encore des habitudes toutes spéciales, des vocations déterminées, se transmettent avec le sang dans certaines familles de guerriers, d'artistes, de savants, et ces aptitudes qu'une longue pratique professionnelle a enracinées dans une famille, sont ainsi devenues un patrimoine héréditaire. Il en est de même des caractères et des plis particuliers qui séparent et différencient entre elles les diverses races humaines. Cette transmission ne saurait être précisément identique en chaque degré de la filiation, mais elle se retrouve intacte dans l'ensemble de la race. Ainsi, des prédispositions spéciales peuvent sommeiller à l'état latent dans plusieurs générations et ne se manifester qu'à des intervalles souvent fort éloignés, par des faits d'atavisme inattendus, car il arrive que tels éléments ancestrals qui restent effacés dans une existence, peuvent reprendre l'avantage et dominer à leur tour chez un descendant. De même la contexture intime et l'organisation supérieure d'un cerveau remarquable, peuvent se voir inopinément reproduites chez un lointain rejeton qui se trouve ainsi préparé en naissant à des travaux qui demanderaient à des natures moins spécialement favorisées un long et difficile apprentissage. N'est-on pas journellement témoin de ce phénomène intellectuel qui nous montre un adolescent spontanément doué de la science du calcul ou des règles d'un art difficile qu'il découvre en lui-même et tire de son propre fond ? Ne voit-on pas là la transmission d'un organe enrichi d'un registre tout dressé en quelque sorte, et qu'il suffit de mettre en jeu ? Par contre il se trouve des cerveaux absolument impuissants par vice de conformation, à comprendre des choses même faciles, que leur mécanisme intellectuel incomplet ou empêché ne comporte pas. Les intellects appartenant à des races trop différentes ont souvent aussi la plus grande difficulté à s'entendre et se pénétrer réciproquement. Ici c'est l'héritage qui n'est pas le même, ce qui vient encore confirmer le principe d'hérédité, par la dissemblance des organes qui se sont formés et perpétués au cours de traditions et de civilisations différentes.

L'organe que nous tenons de nos ascendants réclame toutefois pour entrer en pleine activité, l'initiation d'un enseignement, de même qu'il faut à nos sens un apprentissage pour qu'ils acquièrent toute leur valeur pratique ; mais il n'en est pas moins vrai que ces facultés latentes, héritées des ancêtres, ne se développent rapidement que parce qu'elles existent déjà dans le cerveau, ainsi qu'il en est d'un autre côté des propriétés de nos sens auxquels nous les comparons, et que l'on s'efforcerait en vain de réclamer d'une intelligence des développements étrangers à la contexture spéciale de son instrument. Que de choses un enfant devine sans qu'il soit besoin de les lui apprendre par le menu! La plupart des actes correspondant aux premières nécessités vitales, il les accomplit sans apprentissage. On remarquera même que les objets identifiés avec des habitudes séculaires sont en quelque sorte devinés, reconnus par la nouvelle intelligence qui s'ouvre à la vie: Ainsi par exemple les pièces de monnaie séduisent tous les enfants, et les jouets qu'ils préfèrent sont ceux qui rappellent le mieux les instincts les plus enracinés de la nature humaine. De même, les images naïves et les contes puérils qui les ravissent, ne sont si bien accueillis par leur imagination fraîche éclose, que parce que l'intellect humain en ses premières pages, présente l'ingénuité des commencements de l'humanité naissante. Les choses ainsi envisagées, apprendre n'est-ce pas un peu se ressouvenir? (*)

C'est dans le même ordre d'idées que nous

---

* Remarquons ici combien est funeste une éducation trop hâtive dont la discordance avec le développement normal du cerveau de l'enfant en fausse les rouages, et devient la cause fréquente de l'atrophie des plus belles intelligences.

demanderons ce que pourrait être sans l'hérédité, l'espèce de surprise que chacun a, au moins une fois dans sa vie, eu l'occasion d'éprouver à l'audition d'une musique nouvelle pour son oreille, mais qui pourtant ne semble pas inconnue et réveille comme un lointain souvenir. Or, tout le mystère vient de ce que ce rythme émouvant est le même qui a bercé l'âme de nombreuses générations avant la nôtre. C'est ainsi que tel refrain rustique ou tel chant de Noël, vieux de plus de mille ans, fait vibrer tout notre être à l'unisson des sentiments qui faisaient battre le cœur de nos aïeux, et nous procure des transports inconnus, mais pourtant vaguement reconnaissables, comme des choses d'autrefois, longtemps oubliées et confusément ressouvenues tout à coup.

Et puisque nous parlons de réminiscences ancestrales, qui mieux que l'exilé apprécie tout ce qu'il y a d'attaches profondes dans les moindres choses de la patrie, c'est-à-dire de nous-mêmes avant et après que nous existions ; et comment se fait-il que les enfants de l'exilé, nés et élevés au loin, sentiront, reconnaîtront cette patrie de leurs pères dès les premiers pas qui les y conduiront pour la première fois? Devant ce ciel, cette terre, ces visages, ces coutumes, ils seront émus et éprouveront les joies intimes d'un retour dans leur véritable patrie..

Nous demanderons encore à quelle autre cause que l'hérédité, pourraient se rattacher les empreintes laissées dans les plus secrets arcanes de notre être, par les mœurs disparues d'un état social qui n'est plus le nôtre depuis quantité de siècles, telles par exemple que la passion de la chasse ou d'une existence nomade, instincts qui remontent certainement à des ancêtres ayant mené durant de longues périodes, la vie précaire de l'état de nature.

C'est aussi par héritage ancestral qu'une chose aussi horrible que la guerre, n'en revêt pas moins chez nos nations civilisées, cette auréole de gloire qui couronne le front des vaillants soldats. Les cruelles nécessités des sociétés primitives qui ne subsistaient que sous l'égide de la force, nécessités qui persistent encore hélas! en grande partie, ont mis dans le cœur des générations passées, le culte de ce courage guerrier qui n'exclut aucun des plus grands sentiments et des plus hautes vertus; or, ce culte existe encore presque intact chez leurs descendants malgré les sentiments modernes qui les condamnent.

Il faut bien reconnaître également que la période incommensurable des temps de barbarie préhistorique qu'ont vécue nos aïeux, a laissé sa trace dans plus d'un sentiment brutal et violent que notre raison répudie, mais qui n'en fait pas moins parfois monter au cerveau quelque pensée troublante, comme une saveur fugace des assouvissements du sauvage, et peut-être même de l'animalité antérieure à notre espèce humaine. Et les superstitions invétérées, et les préjugés tenaces dont les esprits les plus éclairés et les plus fermes ne sont souvent par exempts, que sont-ils sinon des plis de l'intellect qui résistent même à l'évidence chez ceux qui les subissent? Ne sont-ce pas pareillement des plis particuliers hérités du même passé qui déterminent les idées fixes et les hallucinations des pauvres aliénés?

Et ces affinités saisissantes qui rapprochent tant au moral qu'au physique, certains types humains du type caractérisé de tel ou tel animal, seraient-elles autre chose que des réversions naturelles remontant plus haut encore que notre humanité?

Il n'y a pas de hasard dans ces rapprochements, pas plus qu'il n'y en a dans les lignes du visage et les moindres détails corporels correspondant toujours à un état mental ou à un caractère de race hérétés des progéniteurs plus ou moins immédiats. On ne peut voir en cela autre chose qu'un étroit enchaînement de faits vitaux naturels aboutissant à la fois à un certain mode moral d'existence, et au type physique qui en est l'expression matérielle.

La vie civilisée, en nous délivrant d'un contact trop brutal avec les rigueurs du milieu naturel, en nous sauvant des intempéries sans remède que souffrait l'homme primitif, des luttes implacables de la faim journalière, des aiguillonnements, des terreurs et des cruautés sauvages qui ont formé le tissu de milliers d'années d'existence semi-animale, la vie civilisée, disons-nous, et toutes ses douceurs, n'ont pu encore, malgré la sécurité relative de notre temps, effacer de nos âmes l'impression profonde et tenace de cette vie précaire des premiers hommes. Le sentiment des longues souffrances ou des folles ivresses qui ont pétri la matière humaine, remonte à ce lointain passé de la vie de nature, et constitue le fond de la plupart des instincts et des mouvements naturels de nos cœurs. Ce sont ces longs échos que sait réveiller l'art du poète quand il remue notre âme et la fait tressaillir à ses évocations d'images et de sentiments oubliés au plus profond de nous-mêmes, si oubliés que leur réveil semble être une révélation nouvelle. La poésie n'est-elle pas faite surtout de l'aspect vaporeux des lointaines perspectives d'un passé qui se perd de plus en plus dans les profondeurs du sentiment?

Qui n'a quelquefois senti en lui-même une réminiscence confuse de la vie de nature, à la seule pensée de l'antre, sombre refuge, de la forêt sauvage, du fauve redouté? La simple vue d'un arc, d'une fronde, de quelque primitif instrument de musique, ou encore de quelque débris de céramique ancienne, qui furent durant de longs siècles d'un usage familier, nous tient souvent un langage d'une singulière éloquence. Pourquoi les jeux préférés de l'enfance sont-ils l'image de choses du passé plutôt que des usages du présent, si ce n'est parce que les formes de ce passé sont empreintes dans ces jeunes âmes, tandis que le présent n'y est pas encore écrit ?

S'il faut tout s'avouer, n'est-ce pas également à un retour vers les instincts les plus près de ceux de la brute sauvage, que se doivent les entraînements qui, sans qu'apparaisse même l'excuse de la nécessité ou d'une haine motivée, poussent à certaines heures sombres de l'histoire, les peuples les plus policés à des barbaries et des cruautés sans nom ? (*) C'est que le vieil homme gît encore dans le nouveau ; et il se montre même assez visiblement lorsque se déroulent de l'enfance à la maturité et dans le même ordre successif, les sentiments, les passions, les états psychologiques qui ont prévalu aux divers âges de l'évolution civilisatrice, en commençant par la naïve insouciance du sauvage, et en continuant par la turbulence passionnée des peuples adolescents, pour arriver à la raison froide et positive des civilisations avancées.

Ce n'est pas seulement dans le passé que se succèdent les stations diverses du développe-

---

* N'est-ce pas hier que, non plus une émeute déchaînée, mais bien une armée française régulière, que des chefs honnêtes et humains en leur particulier, ont accompli, sans que rien après une complète victoire, sans même que la raison politique puisse l'expliquer, le massacre de sang-froid de vingt mille Parisiens désarmés, irresponsables au fond d'une situation rendue fatale ?

ment moral de notre espèce ; on peut les voir encore côte à côte parmi les différents peuples de notre temps, selon qu'ils se trouvent plus ou moins avancés ou attardés sur la route du progrès ; car chaque âge du développement humain a encore ses représentants qui subsistent indépendamment des temps et des lieux, tandis que les traits généraux de ces divers âges se trouvent résumés dans la civilisation des peuples qui tiennent la tête de l'humanité. Nous en rencontrons même des exemples autour de nous dans les caractères de nos concitoyens qui semblent s'être arrêtés à tel ou tel point de la série. Dans cet ordre de remarques on pourrait aller jusqu'à trouver que dans l'Européen, il y a au-dessous du civilisé actuel, l'homme du moyen-âge, le sujet policé de l'empire romain, et même le barbare des époques anté-historiques dont les vestiges mentals, nous dirons presque les ressouvenirs se superposent encore au fond de son être moral et passionnel.

L'héritage ancestral ne saurait être rigoureusement le même pour chaque individu, mais il est d'ordre semblable dans chaque grande famille humaine de même souche, où la culture intellectuelle met cet héritage en valeur sur plus ou moins de profondeur et d'étendue. Entre races profondément différentes, on reconnaîtra toujours certainement les principaux traits moraux de l'espèce, mais en dehors des grands caractères généraux, chacune conservera indestructiblement les marques d'une filiation à part. Coutumes, traditions, vie barbare ou vie civilisée se continuent encore côte-à-côte chez les descendants de races que la conquête ou l'émigration a rapprochées sans avoir pu arriver à les fondre ensemble. Le Français et l'Arabe, l'Hindou et l'Anglais en font actuellement l'expérience : Cette expérience, il y a longtemps déjà qu'elle se poursuit en Amérique sans autre résultat que le recul et l'extinction graduelle des races aborigènes que le Canadien est encore assez humain pour tolérer et même protéger, mais que le rapace Yankee élimine sans pitié. De même c'est en vain que le jeune Maori recevra la même éducation que l'enfant du colon européen de la Nouvelle-Zélande ; poussé quelque jour par une nostalgie invincible, il dépouillera toutes ses apparences de civilisé, et s'enfuira nu et libre vers la forêt de ses sauvages aïeux.

La distance qui sépare l'état mental de deux familles humaines distinctes ne se comble pas aisément ; il reste longtemps entre elles des lacunes profondes où la pensée de l'une cesse de trouver dans l'intellect de l'autre des points de contact communs : Sentiments, langage, coutumes, art, diffèrent des deux côtés et n'interprètent fidèlement que la civilisation qui les a vu éclore. L'éducation n'aura donc tout d'abord que des effets très limités et plus apparents que réels. Seuls des siècles de fusion persistante modifieront peu à peu dans l'avenir, ce qu'un long isolement a fait dans le passé.

La pensée des ancêtres est plus qu'on ne croit dans l'esprit des descendants. Le kief où s'abîme la rêverie de l'Osmanli est-il autre chose qu'un retour idéal à la vie contemplative et paresseuse de ses pères, les peuples pasteurs du Turkestan ? De même, après des siècles de civilisation européenne et chrétienne, le descendant des Maures d'Espagne ne se surprend-il pas encore par moments à s'affoler irrésistiblement de soleil et d'espace libre, et à s'en aller dans ses romerias, camper et s'enivrer avec volupté de chants arabes et d'oubli absolu comme ses ancêtres d'Afrique ?

En outre des influences physiques et climatériques dont les effets varient selon les lieux, la transmissibilité et la fixation des habitudes d'un long passé ancestral finissent aussi par former chez les descendants, de véritables caractères de race, et l'on peut dire que chacun des différents types caractéristiques de notre espèce est l'expression fidèle de l'histoire complète d'un groupe humain ayant évolué à part. Un frappant exemple de la puissance des seules influences des vieilles mœurs est donné par les types arabe et juif, tous deux originairement confondus dans la même souche sémitique, et aujourd'hui profondément distincts l'un de l'autre, moralement et physiquement. Et à quelle cause remonte un si considérable écart ? Simplement aux voies différentes dans lesquelles s'engagèrent les ancêtres des premiers et des seconds : Tandis que l'arabe gardait les mœurs patriarcales et vaillantes du nomade pasteur et guerrier, le juif tournait de plus en plus fiévreusement vers le trafic son esprit avide et inquiet, et subordonnait chaque jour davantage toutes ses facultés à l'unique passion du lucre. Résultat ethnologique : D'une part une race à la taille élancée, aux traits nobles, contrastant avec le dos courbé et le front bas du juif, le peuple arabe dont la vieille fierté jalouse survit encore aux misères de la chute et de l'oppression, et se recueille dans un farouche dédain de tout contact étranger ; d'autre part, le fils d'Israël rompu à toutes les souplesses, et le seul peuple qui ne puisse prospérer que par sa dispersion à l'état parasitaire au milieu des autres peuples, où nulle part en effet on ne le trouve réellement assimilé.

Nos animaux domestiques, puisque la loi de l'hérédité gouverne tous les êtres vivants, nous montrent bien qu'en eux aussi se continue un lointain passé ancestral, quand nous les voyons paralysés de frayeur à la simple odeur du fauve qu'ils n'ont jamais connu, mais qui fit trembler longtemps ceux de leur espèce dans les steppes ou sur la montagne. Cet héritage ancestral est reconnaissable à tous les degrés chez l'animal comme chez l'homme : Partiel et variable d'un individu à un autre, mais entier dans l'ensemble de l'espèce.

Que dire de plus sur le même sujet? Sans aller jusqu'à croire Pythagore au pied de la lettre lorsqu'il se ressouvenait d'avoir été Euphorbe au siège de Troie, on peut cependant attribuer à des empreintes héréditaires certaines images rappelant des situations ou des faits déterminés qui semblent tenir du songe, mais auxquelles leur persistance à se mêler obstinément à nos souvenirs positifs, donne néanmoins comme un caractère de réalité. Nous chercherions en vain à préciser ces souvenirs obsédants et inexplicables, car ils ne nous sont pas personnels, et ne transmettent sans doute qu'une forte impression éprouvée au cours de la vie de quelque ancêtre. C'est encore de l'hérédité, et de la plus directe.

La pensée humaine n'édifie rien d'ordinaire qu'au moyen de matériaux intellectuels existants, et ses subjectivités ne sont qu'arrangement sur un thème nouveau d'objectivités déjà acquises. A part l'œuvre lente de l'avancement initial, il ne s'élabore ni inventions ni idées qui ne soient de simples transpositions de faits, d'expériences, de sentiments déjà fixés dans l'espèce. C'est la connaissance anticipée d'Epicure et c'est aussi le cas de ces idées innées qui étaient apparues au sage Platon comme un don spontané et divin du sentiment du bien et du beau. Pour nous, cet idéal ne relève plus que de la longue éducation expérimentale de notre race, ramenée à un instinct concret et héréditaire ; et cela doit être ainsi, puisque chaque civilisation se fait un idéal à elle du beau et même jusqu'à un certain point, du bien et du mal.

Par l'hérédité nous comprenons aussi pourquoi les vieilles nations sont plus patriotes, plus attachées à leur sol, à leurs coutumes, à leurs erreurs mêmes que les agglomérations de formation récente auxquelles les siècles n'ont pas encore donné la cohésion et la solidarité d'une même chair ; car il y a dans une vieille race les voix d'un long passé ancestral qui redisent les douleurs et les joies, les triomphes et les deuils qui ont pétri l'âme collective de tout un peuple, âme qui se continue et se survit à travers les générations.

N'oublions jamais non plus que c'est non seulement l'héritage des ancêtres, mais encore l'humanité future qui se trouve recélés dans la femme en qui se continue plus directement que chez l'homme la filiation de l'espèce. Aussi la femme est-elle tout sentiment, tout instinct, tout mystère, véritable livre sybillin du passé et de l'avenir de notre race.

C'est par le passé intellectuel et sentimental de l'humanité qu'ont été façonnés nos esprits et nos cœurs dont tous les mouvements sont activés par des ressorts déjà anciens dans l'histoire de la vie. Vienne pourtant une de ces poussées par lesquelles avance séculairement l'évolution humaine, une conquête réellement nouvelle sur l'inconnu, il s'agira cette fois d'une extension véritablement effective du domaine mental, d'un terrain neuf dont le défrichement sera pénible et douloureux pour les hommes de l'époque. Les esprits les plus préparés, les mieux prédisposés à cette conquête, seront les premiers à la tenter, tandis que le vulgaire troublé dans sa quiétude, lui opposera sa haine et ses colères. Mais avec l'aide du temps, cette nouveauté se fera peu à peu sa place dans les cerveaux, et elle restera enfin acquise à l'organe où elle deviendra transmissible à son tour comme tous les progrès qui l'ont précédée. Ainsi s'augmente d'âge en âge le capital intellectuel et moral que l'humanité se transmet de générations en générations.

Nous affirmons donc l'hérédité de l'intellect humain qui ne saurait être séparé de son organe matériel. En le recevant, les générations nouvelles recueillent les fruits du labeur de leurs aînées et c'est un legs, non seulement de l'humanité passée, mais de tout l'ensemble de la vie terrestre qui s'est déroulée jusqu'aux espèces qui la continuent actuellement et que la nôtre résume et récapitule; car la vie n'est qu'une, et les formes qu'elle a revêtues s'enchaînent entre elles dans toute l'étendue de son évolution.

Il est en effet manifeste que si les diverses espèces d'êtres vivants, au lieu de procéder les unes des autres, étaient le fait de créations spontanées et distinctes, leur ensemble ne présenterait aucun des liens d'hérédité que nous venons de reconnaître, non seulement dans la même espèce, mais encore entre les espèces elles-mêmes.

Quelle différence reconnaîtrons-nous entre l'intelligence et l'instinct ?

L'intelligence et l'instinct sont au fond une seule et même chose qui se manifeste sous deux aspects différents : Dans l'intelligence nous voyons une activité toujours militante qui se porte au-devant de toutes les contingences et de tous les hasards de la vie sensitive pour les éclairer et les gouverner à la lueur de la connaissance déjà acquise; tandis que l'instinct est plutôt la fixation dans le cerveau et les centres sensitifs subalternes d'excitations passionnelles et de solutions réflexes si souvent répétées sous la pression des mêmes circonstances et des mêmes besoins, que l'égal fonctionnement cérébral et nerveux tant de fois réitéré qu'elles provoquaient, a pris pli et est devenu un rouage héréditairement transmissible avec l'ensemble des attributs spécifiques de l'être.

Le caractère spontané que nous remarquons dans les instincts vient de ce qu'une longue désuétude a laissé s'effacer les traces du travail inductif qui les détermina, ne laissant plus subsister que le mécanisme façonné à rendre l'ancienne résultante réflexe qui prévalait toujours dans les mêmes cas, et cela au cours d'innombrables générations successives. Les instincts attestent ainsi d'autre part la continuité dans l'espèce d'un même genre de vie et sa transmissibilité intégrale dans la descendance, comme si l'espèce, se survivant dans sa postérité, ne formait qu'un seul et même être.

Les animaux inférieurs, dont l'existence est la

répétition presque identique de celle de leurs ancêtres, bien que donnant à l'occasion des preuves irrécusables d'un véritable jugement en rapport avec leur genre de vie, sont dirigés presque exclusivement par des instincts arrêtés; mais plus les espèces s'élèvent en perfection, plus s'étend et se complique le champ de leur activité, et plus alors s'éveillent et se dégagent aussi chez elles les facultés réflectives appropriées qui doivent répondre aux hasards divers de leurs existences. Au surplus les espèces ne sont-elles pas toutes perfectibles à quelque degré par l'éducation, preuve évidente de leurs facultés intellectuelles?

On peut en quelque sorte dire que l'instinct est de l'intelligence fixée par l'habitude dans une fonction devenue machinale chez les animaux principalement, sans jamais exclure toutefois une part d'intelligence réfléchie dont l'absence supposée serait nécessairement l'annulation de ce même instinct qui en découle. Chez l'homme lui-même l'habitude n'amène-t-elle pas de semblables actes machinals dont une longue pratique a fait aussi de véritables instincts?

L'avancement de l'intelligence est le fruit d'une activité incessante commandée par des besoins et par l'entraînement de la lutte pour l'existence, comme il en est des autres développements de la vie organique qu'elle accompagne toujours sous l'un ou l'autre des deux aspects que nous venons d'envisager.

L'espèce humaine, par la grandeur de ses progrès intellectuels, a considérablement distancé toutes les autres espèces, et un vide énorme s'est fait entre elle et l'animal. Elle n'en partage pas moins avec les animaux, ses frères inférieurs, le don d'intelligence, attribut de toute vie, ainsi qu'un héritage commun de véritables instincts inconscients dont l'origine remonte aux premiers commencements de la vie elle-même.

Que pouvons-nous comprendre au mécanisme du cerveau?

Le crâne, fermé comme il l'est aux communications du dehors, autres que celles qui pénètrent en lui par l'intermédiaire des sens, ne saurait contenir autre chose que ce que le travail de la sensation externe et interne y a apporté et emmagasiné au cours de la formation même de l'organe d'espèce en espèce, puis ce qu'ajoutent à l'héritage spécifique, l'expérimentation et les nouvelles acquisitions de chaque vie particulière. (*)

Ces concentrations paraissent se produire sous forme d'images réelles qui se dessinent et se fixent dans l'obscurité de ce milieu hermétiquement clos, d'une manière assez comparable à ce

---

* On a déjà cherché à assigner à chacune des diverses facultés de l'intelligence et du sentiment une région déterminée dans l'encéphale, mais peu importe en ce moment la place précise qu'elles y occupent.

qui se passe dans la chambre noire de Daguerre, à la différence près que les images visuelles s'y complètent des aspects qu'apporte la convergence des interprétations spéciales de chacun des sens en exercice, ou même qu'il s'y grave des représentations exclusivement propres aux autres sens que celui de la vue.

Ces figurations ne semblent pas être de simples reflets passagers, mais bien des images effectives et réelles, autant qu'on en peut juger par l'observation des faits, sans que la succession continuelle et l'infinité du nombre des images, soient des raisons à l'encontre de leur matérialité; cela prouverait seulement l'infinie petitesse des particules qui s'emploient à ces représentations anciennes ou nouvelles et échappent à nos investigations, mais qui peuvent exister en nombre prodigieux dans la masse cérébrale déjà considérable chez l'espèce humaine. Il faut bien qu'elles subsistent effectivement pour donner lieu à des mouvements véritables comme ceux que nous allons examiner; seule l'existence positive et réelle de documents matériels peut présenter la durée et l'arrangement que nous sommes obligés de reconnaître, et qui les font ressembler beaucoup aux productions qui s'exécutent et s'accumulent dans un laboratoire ou un atelier.

Nous voyons en effet ces images apparaître d'autant plus achevées que le temps ou la vivacité de l'impression a plus contribué à les modeler;

puis se caser à des places d'où elles réapparaissent quand on les évoque. Certaines restent errantes et indécises, mais la plupart vont se ranger dans quelque groupe du même ordre qu'elles, où elles se mesurent et s'ajoutent à d'autres images de leur catégorie. Dans tels de ces magasins règne une distribution ordonnée qui facilite par conséquent la promptitude et la réussite des recherches; ailleurs c'est le désordre avec la confusion qui s'ensuit. Les images les plus récentes sont aussi les plus en vue, mais à mesure qu'elles font place à d'autres, elles s'effacent en arrière-plan où les distances et les grandeurs comparées donnent des apparences absolument conformes aux lois de la perspective.

Quantité d'anciennes images sont enfouies et comprimées et semblent oblitérées ou perdues à jamais; cependant il suffira d'une excitation assez forte, ou de la lucidité magnétique pour retrouver et revoir intacts ces objets oubliés. C'est ainsi que d'anciennes images accidentellement évoquées surgissent tout à coup, et qu'une attention soutenue permettra d'y découvrir encore des détails qui avaient même pu passer inaperçus au premier moment, comparablement à de nouvelles découvertes que l'on pourrait faire sur une ancienne photographie examinée de plus près. Les images acquises aux meilleures époques d'aptitude et de vigueur intellectuelle seront aussi plus durables que celles qui viennent vers la fin d'une existence lasse et affaiblie, et il ne sera pas surprenant de voir les vieillards se souvenir mieux des circonstances de leur jeunesse que des traits faiblement empreints de leur présent fatigué.

Comment encore ne pas voir de véritables images sensiblement rangées en un même tableau, dans la leçon qu'un écolier apprend et répète par cœur, et qu'il sera même parfois capable de réciter à rebours, comme s'il lisait en sens inverse tous les caractères rassemblés sur ce tableau? Ne sont-ce pas aussi des signes rangés dans un ordre mathématique qui apparaissent au calculateur, quand il manie les chiffres comme s'il faisait jouer ces ingénieuses machines à calculer que l'on construit en conformité de quelques combinaisons naturelles des nombres? D'autre part la nature, même dans ses erreurs, semble avoir voulu montrer la matérialité des manifestations intellectuelles du cerveau, lorsque par exemple elle nous offre le phénomène pathologique d'un dédoublement de la vie mentale en un même organe, chez certains sujets qui passent alternativement d'une personnalité à une autre personnalité distincte, ayant chacune d'elles ses casiers d'images à part et sa mémoire particulière, et réalisant ainsi deux existences séparées qui s'ignorent l'une l'autre.

Toutes ces images sont classées dans l'ordre de leur date et de leur catégorie, et de libres acheminements semblent les relier entre elles pour permettre les communications et les concours qui organisent la connaissance et décident le jugement. Le maniement de ces figures semble même être susceptible des règles et des soins qui conviennent à l'ordonnance et à l'arrangement de tout assemblage et de toute manipulation d'objets quelconques. L'ordre et la méthode, ici comme partout, rendront le travail plus aisé et plus accompli ; trop de hâte brouillera ces figures et les rendra plus difficiles à démêler ; une volonté trop pressante et appuyant à faux refoulera l'image la plus accessible d'ordinaire au lieu de la ramener, puis dès que la pression anormale aura cessé, l'image reparaîtra et se montrera pour ainsi dire d'elle-même au plus léger appel.

Tout ce travail, tous ces accidents seraient-ils possibles sans l'existence de formes persistantes séparées et mobiles, telles que des collections de clichés ammoncelés dans les rayons d'un laboratoire toujours occupé et productif ? Les images mentales prouvent bien leur durable consistance lorsque dans le souvenir, ou même dans le désordre du rêve, elles nous apparaissent intactes, bien que l'objet qui leur donna naissance ait changé depuis, ou même ait cessé d'exister. Enfin n'est-ce pas l'accumulation héréditaire de ces matériaux sensitifs qui constitue la substance des circonvolutions cérébrales d'autant plus riches et compliquées qu'un être est intellectuellement plus avancé ?

Il faut distinguer maintenant entre les images

simples, telles que les apporte la sensation directe, et les images complexes qui représentent, soit des groupements d'images simples, soit des compositions où semblent se fondre ensemble tous les traits d'un groupe plus ou moins nombreux, comme dans ces dessins combinés qui, par la superposition de plusieurs figures, arrivent à donner un type moyen auquel toutes ont participé. Or, ces figures composées, venant à suffire pour les opérations mentales où elles sont appelées, les images simples qui les ont formées finissent dans leur désuétude, par se réduire et s'effacer, ou plutôt elles ne subsistent plus à la fin que comme éléments composants de ces ensembles Ainsi, rien ne se perd, même lorsque ces mariages de figures entrent à leur tour comme simples éléments dans de nouvelles combinaisons.

Ces compositions sont déjà l'abstraction qui crée des images idéales où les conformités ou les différences des caractères généraux substituent leur résultante concrète à la diversité des images simples ; or, les images récentes ne sont pas seules bien s'en faut à former ces tableaux combinés ; les fixations sensitives transmises par l'hérédité y entrent aussi avec la prééminence que leur assure la grande somme de sensations expérimentales qu'elles représentent, et leur antériorité par rapport aux impressions nouvelles qui viennent s'encadrer dans les anciens plans. Plus les tableaux déjà composés se fondent encore entre eux pour arriver à des résumés plus complexes, plus l'abstraction grandit et s'élève, mais plus aussi elle s'éloigne des réalités objectives qui sont d'autant plus fidèles qu'elles proviennent d'images plus simples et plus directes. Nous voyons ainsi se produire continuellement des images et des combinaisons d'images de toute sorte, dont la collection constitue l'ensemble des éléments de la connaissance, laquelle s'augmente et s'affermit par le contrôle de plus en plus rigoureux qu'exercent les unes sur les autres les acquisitions anciennes et les nouvelles.

Que sont ces images sinon la représentation plus ou moins directe de tout ce que la sensation a pu saisir du monde extérieur ? Entre les choses qui sont en dehors de l'être et leurs représentations figurées qui sont en lui, les rapports et les proportions sont les mêmes, et les comparaisons ou combinaisons des unes représentent les mêmes rapprochements chez les autres.

Nos yeux contemplent le ciel et la terre, et notre pensée voit les mêmes choses figurées en elle-même où elle peut les évoquer à son gré sans le secours des sens. C'est donc sur des images que s'opère ce travail mental, et les résultats spéculatifs de ce travail pourront s'appliquer à l'univers si les rapports entre les réalités de celui-ci et les représentations sensitives de ces réalités sont conformes et proportionnels entre eux. (*) Il est vrai que ces images ne sont

---

* Il est évident que la connaissance ne s'étend pour nous

que d'une fidélité relative et variable selon les individus. Chacun voit à sa manière avec plus ou moins d'ampleur et de justesse, d'après le degré de perfection de son appareil sensitif et en raison de la composition et la richesse de son magasin d'idées acquises, preuve que la pensée opère bien sur des images existantes et point sur un inconsistant reflet des choses elles-mêmes. L'extrême rapidité d'évolution de la pensée cesse donc d'être incompréhensible, puisque le champ de son action se limite à l'intérieur du cerveau où la vitesse des actes mentals devient même appréciable quand par exemple une volition déjà lancée, puis contremandée presque au même instant, n'est rattrappée qu'à un intervalle de temps quelquefois trop long pour l'arrêter et en empêcher l'effet.

Tant de matériaux hérités ou personnellement acquis et accumulés dans le cerveau, ne présenteraient qu'un confus désordre s'il ne régnait au-dessus d'eux le sentiment transcendantal et initial des fins supérieures de l'existence, sentiment qui, sous une forme personnalisée, gouverne tout cet ensemble, met en balance les sollicitations en conflit, et les incline dans le sens le plus favorable à ses tendances. Ce moi conscient et éclairé

---

qu'à ce que nous présente l'unique théâtre de notre existence, et qu'elle est par conséquent bornée et relative en comparaison de la connaissance intégrale, laquelle est hors de la portée d'une vie actuellement faite d'un conflit particulier des deux principes limité en ce qui nous concerne à l'évolution terrestre.

par l'intelligence immanente au principe supérieur qui s'y dévoile, rapproche et compare les images anciennes et les nouvelles, en résume les moyennes ou les combinaisons diverses et décide, soit le plus souvent en faveur des influences dominantes, soit quelquefois contre elles, sous l'empire d'un mobile idéal ou sentimental comme par exemple la bonté ou le devoir. Il est servi en cela par la mémoire qui, telle qu'un répertoire résumé en ce sommet, concentre et enregistre à son tour toute la nomenclature des documents de l'activité cérébrale autour du moi qui est le centre convergent et pensant de tout le travail sensitif et intellectuel.

Les images cérébrales deviennent ainsi la matière objective de la connaissance et des spéculations du moi qui ne connaît qu'elles, et qui subit jusqu'aux oblitérations et déviations anormales causées, soit par quelque secousse violente ressentie personnellement, soit par une déformation héritée d'un ascendant, ainsi qu'en témoignent les lacunes intellectuelles, les monomanies irrésistibles, les visions imaginaires, les attractions ou les répulsions invincibles contre lesquelles la raison ni la volonté ne peuvent rien.

Remarquons aussi que lorsque aux approches de la destruction de l'être, la vie se retire en son dernier réduit, l'effort final ranime souvent le tableau tout entier de l'existence écoulée et figurativement représentée devant la pensée, et dégage même de cet ensemble complet des rapprochements nouveaux et des vues supérieures que seule peut expliquer la lucidité d'une concentration suprême, éclairée par une dernière fulguration de la vie qui va s'éteindre.

La faculté d'opérer sur de simples figures et sur leurs combinaisons tenant lieu des réalités, donne à la pensée humaine le pouvoir de découvrir les lois et les rapports des choses sans expérimenter sous l'action directe de ces choses mêmes; ainsi tandis que l'abeille, le termite, le castor n'exécutent dans leurs merveilleux travaux que ce que l'expérience accumulée d'innombrables générations a rencontré à force d'essais, de plus conforme au but poursuivi, puis a fixé dans un instinct, l'architecte calcule et résout de suite les mêmes problèmes sur des éléments figurés en son cerveau supérieur, avec les mêmes proportions et les mêmes rapports que ceux qui existent entre les choses ainsi représentées.

Que la connaissance et le jugement soient sensiblement les mêmes chez la plupart des hommes, cela se conçoit aussi, puisque l'héritage ancestral et les images par lesquelles le milieu ambiant se peint dans les cerveaux leur sont communs La résultante générale de ces choses sera nécessairement la même, et plus un cerveau sera meublé et équilibré, et plus il serrera de près cette résultante précise et mathématique. Il représentera une intelligence supérieure qui s'imposera et que les autres subiront avec d'autant plus de foi qu'elles auront davantage conscience de sa grande portée.

Avec la pensée et la raison, nous arrivons aux plus secrets et aux plus nobles ressorts de ce mécanisme de la vie sensitive et mentale que par des comparaisons et des analogies nous avons essayé de nous figurer, et où nous avons tâché d'examiner de près un côté de la question de l'étroit mariage des deux principes fondamentaux de la vie. Nous voyons en effet les deux principes réunir dans ces images l'immatérialité intelligente et sensationnelle de l'un à la tangibilité atomique et physique de l'autre, la vie n'étant précisément que l'aspect terrestre de cette union.

Dans la pensée et dans le moi moral qu'éclaire une lueur de l'intelligence intégrale et consciente, se manifeste dans une indépendance relative, le principe immatériel, soit la volonté initiale qui anime chaque foyer de vie, mais qui n'apparaît déjà maîtresse de l'étreinte substantielle que dans les sommets de l'évolution vitale où ses élans spontanés et dirigeants la désignent comme étant d'une autre nature que le monde physique, ses forces aveugles et ses lois d'équilibre. Nous examinerons plus loin la nature et le rôle élevé du moi moral. (*)

---

* C'est surtout dans cette région mystérieuse de l'encéphale que doivent exister et s'agiter les plus étonnants systèmes de tourbillonnement atomique et moléculaire. Quand nous avons envisagé les êtres vivants sous cet aspect de systèmes d'atomes animés gravitant sous autant de formes synthétiques particulières qu'il existe d'espèces végétales et animales, nous n'avons

Que faut-il voir dans le dualisme de la raison et des passions ?

L'organe de la pensée n'est pas l'unique centre sensitif de l'homme; il existe au-dessous du cerveau des centres secondaires qui, sans échapper absolument à son contrôle intelligent, commandent pourtant directement aux mouvements internes de la vie organique, et qui ne sauraient vibrer qu'aux seules impulsions déterminées par les nécessités fonctionnelles concernant chacun d'eux. Les mouvements passionnels proviennent surtout de cette activité propre des centres directeurs de la vie organique, et ils sont irraisonnés et impérieux comme les besoins et les élans naturels qui les font naître. La raison peut,

---

fait qu'énoncer une vérité absolument et scientifiquement réelle. Lors donc que naissent, s'assemblent, se multiplient et s'ébranlent en se coordonnant ensemble, ces figures et ces images qui sont la matière du travail intellectuel, ce sont encore de véritables combinaisons toujours mouvantes d'atomes vivants qui, au cours du conflit vital, s'établissent sous des lois précises, lesquelles gouvernent leurs attractions et répulsions, leurs tendances, leurs rapports réciproques, leurs transformations et leur durée; mouvements d'ordre et de fins supérieures bien au-dessus du mécanisme relativement stable, fixé dans le reste de l'organisme corporel.

Dans cette hiérarchie ordonnée de groupes atomiques remontant à une étreinte de plus en plus intime des deux principes, n'y a-t-il pas un indice révélateur de ce que peut être l'univers intégral dont notre univers visible n'est qu'une parcelle n'ayant sans doute qu'un rôle accessoire au milieu d'un ensemble qui reste pour nous inconnaissable?

il est vrai, dans une certaine mesure, précipiter ou retenir leurs impulsions, mais elle ne saurait tenter de les comprimer outre mesure sans accumuler des tensions toujours dangereuses. La nature et l'intensité de ces mouvements passionnels sont même proportionnées au degré de vigueur ou de faiblesse des organes agissants : Un estomac malade s'affecte péniblement et attriste le caractère; un cœur fortement constitué donne l'assurance et le courage; un sang pauvre ne nourrit que des passions débiles; une vie débordante les rend au contraire fortes et impétueuses. C'est dire qu'une passion dominante est presque toujours un fait de complexion congénitale signalant quel ressort ou quel côté vital s'est développé de préférence aux autres.

C'est à leurs origines distinctes que la raison et les passions doivent la différence si grande de leurs natures, et c'est ainsi que le caractère d'un homme se déduit de la proportion et de l'influence réciproque que gardent en lui, d'une part les impulsions exclusives de la passion, et d'autre part les jugements comparatifs et distributifs de la raison. L'une tient surtout du tempérament, l'autre du plus ou moins de richesse et d'exercice de l'organe cérébral, ainsi que de la connaissance et de la mesure dans laquelle l'Intelligence intégrale y peut répandre sa clarté.

Si le jugement et la raison appartiennent exclusivement à l'être intelligent, le tempérament passionnel relève avant tout de la nature organique dont l'hérédité et les circonstances ont doté l'individu, en tenant compte également de la poussée initiale qui en chacun de nous gouverne la vie vers un but inéluctable. (*) Sans ressorts passionnels, la raison ne serait qu'une balance fatale où n'apparaîtrait aucune initiative ni rien de ces élans qui font vibrer la nature de l'homme. Avec la passion, c'est tout l'être vivant, organique et sensitif, qui se manifeste dans ses tendances, ses besoins, ses forces, ses aspirations, et les impulsions propres de sa race, conscientes ou inconscientes; c'est la vie elle-même dans tout ce qu'elle a de spirituel et de matériel. De quoi d'ailleurs jugerait et déciderait le tribunal de la raison, au milieu des actes et des luttes de la vie, si ce n'est des mouvements et des conflits des passions humaines ?

Dans l'examen de ces deux aspects de la vie morale, nous n'envisageons bien entendu que le rôle pratique de l'existence considérée dans le degré actuel du conflit physico-vital, où l'Intelligence intégrale ultra-substantielle et l'essor

---

* Remarquons que tandis que l'être raisonnable est modelé sur un type invariable pour tous les hommes, parce qu'il n'interprète qu'une intelligence primordiale, l'être passionel diffère toujours d'individu à individu, car il est le résultat de causes multiples, et cette diversité s'accuse même matériellement dans les aspects variés des ganglions nerveux qui sont le siège des impulsions organiques, et qui ne se trouvent jamais semblables en dispositions ni en nombre d'un individu à un autre.

initial se trouvent aux prises avec la matière et ses résistances, dans l'évolution qui est en cours.

Quels rapports rattachent le langage à la pensée humaine ?

Le langage s'identifie si bien avec la pensée, qu'il semble que l'un soit inséparable de l'autre. Ce sont deux choses tellement connexes qu'on a pu se demander avec quelque apparence de raison, si le don du langage n'a pas précédé l'acquisition des idées et ne serait pas en quelque sorte le cadre et le moule où la pensée aurait pris place et consistance. L'idée éveille le mot comme le mot évoque l'idée, et parler est penser tout haut comme penser est se parler à soi-même. Ces apparences ne sauraient pourtant faire longtemps illusion. Il est en effet de toute évidence que le signe, si inséparable soit-il de la chose qu'il interprète, ne saurait s'identifier avec la chose elle-même, car la chose peut se passer du signe, et le signe n'est rien sans l'objet qui l'a fait naître. Ainsi, la seule mémoire des mots permettra à un écolier de réciter une leçon qu'il ne comprend pas et qui n'existe donc pas pour lui, tandis que ses moindres idées personnelles existent bien par elles-mêmes, qu'elles soient ou non exprimées par des paroles. Il est au surplus évident que la connaissance des objets et la formation des idées ont précédé les signes représentatifs sous lesquels elles se sont concrétées et fixées dans le trésor de la mémoire, et que ce trésor, si riche puisse-t-il être, n'en manque pas moins à tout moment des mots qu'il faudrait pour exprimer avec précision, non seulement des choses nouvelles, mais encore nombre d'idées anciennes que la langue formée ne peut rendre que très insuffisamment.

Le pourquoi de la pensée relève du problème de la vie, mais le pourquoi du langage ne relève que de la pensée et des nécessités de la vie sociale. Assurément un être dont l'existence se fût passée dans une solitude absolue n'aurait pas connu le langage, au lieu que des êtres intelligents en relations constantes avec leurs semblables, ne pouvaient sans signes extérieurs se communiquer entre eux leurs besoins, leurs sensations et leurs idées. Le geste, la voix, le dessin s'employèrent tour à tour à représenter imitativement ou figurativement les premières idées simples, et ils subirent ensuite comme tout le reste la loi du progrès, en s'étendant et se perfectionnant en même temps que les idées, pour arriver aux langues et aux écritures que chaque civilisation a su créer ou emprunter. Rien d'étonnant donc que le langage suive parallèlement la même construction, le même mécanisme que les idées et leurs divers assemblages; si bien qu'un vocabulaire complet et une grammaire représentent la somme et l'agencement ordinaire des idées en cours dans un groupe humain. Un signe conventionnel a fini par s'adjoindre dans la pensée à l'image de chaque objet qui s'offrait à l'observation, de même que l'ordre dans lequel les idées se rassemblent dans l'intellect s'est fixé dans la syntaxe de la langue. Rien de plus naturel également que chaque individualité ait ses particularités de langage, et que les imperfections elles-mêmes d'une pensée se retrouvent dans sa représentation parlée ou écrite. On verra aussi les intelligences incultes inaptes à se servir du mécanisme linguistique qui rend les idées d'une éducation avancée, tandis que les esprits cultivés n'auront aucune peine à comprendre la structure rudimentaire d'un langage peu développé.

Les manifestations de la vie sont si étroitement liées les unes aux autres, qu'une même loi conduit les développements du langage et l'évolution de l'organisme vivant : Comme celui-ci, le langage prend naissance, grandit, se nourrit d'éléments nouveaux et rejette les formes usées ; il s'ennoblit ou déchoit, il traverse des phases changeantes, enfin il meurt comme la civilisation dont il exprimait les sentiments et les idées.

Est-il nécessaire après cela d'ajouter qu'une langue universelle est une chimère irréalisable tant qu'il existe des familles humaines différant de civilisation, de mœurs, d'idées, de sentiments ? On peut s'entendre sur une sèche nomenclature de mots conventionnels propres à des communications d'ordre commercial ou politique, mais une langue vraiment vivante ne saurait ni s'inventer ni s'imposer. Elle naît des entrailles de tout un peuple et se transforme continuellement comme lui.

Toute la linguistique avec ses filiations et ses classifications, n'est que l'histoire du développement intellectuel des divers foyers qui ont vu se former et grandir à part, pour se ramifier dans la suite, les diverses familles dont se compose l'espèce humaine; et ajoutons que chaque langue particulière, par cela même qu'elle exprime la manière d'être d'un peuple, d'une civilisation, est le plus puissant moyen pour le peuple qui la parle, de se répandre et d'entraîner dans son orbite les hommes que sa langue gagne à la forme spéciale d'idées et de sentiments qu'elle représente et qu'elle impose nécessairement aux intelligences soumises à son action initiatrice.

Lorsque, antérieurement à cette question du langage, nous avons reconnu qu'il faut une éducation pratique pour mettre en pleine valeur nos divers sens, nous avons du même coup trouvé la raison pour laquelle un intellect privé par une cause quelconque de la connaissance du langage, c'est-à-dire du plus efficace des moyens d'éducation, se trouve arrêté dans son épanouissement normal et frappé d'impuissance. Ce n'est donc pas que le langage détermine la pensée, c'est simplement que le défaut d'éducation de cette pensée empêche son développement, accident comparable en somme aux autres accidents de l'existence, tels que la surdité ou la cécité qui ferment l'accès de nombreuses branches de la connaissance humaine à ceux qui se trouvent atteints par ces infirmités.

Ajoutons encore que les signes extérieurs de la pensée se rencontrent déjà chez les animaux les plus intelligents qui échangent aussi entre eux des sons et des gestes compréhensibles; toutefois ce n'est que dans l'espèce humaine que la consonne vient articuler le cri élémentaire de la voyelle et que la pensée s'exprime avec cette perfection qui témoigne de la corrélation de cette pensée supérieure et de son instrument, et qui semble presque justifier la prétention de l'homme à former un règne à part dans la nature. En matérialisant et en fixant l'idée fugitive, le langage, plus que tout autre progrès, a contribué à placer l'homme hors de pair, et à creuser l'abîme qui le sépare actuellement des autres êtres terrestres.

Nous venons pourtant de voir que cette distance n'est pas telle qu'elle ne puisse être parcourue pas à pas, et qu'il ne suffise même de la perte accidentelle du langage pour que l'homme se voie privé d'un seul coup, d'une part énorme de cette avance si considérable.

Jusqu'à quelles limites peut s'étendre l'action du tourbillon vital ?

Quand nous avons considéré les êtres vivants au point de vue du mouvement incessant qui charrie dans les directions les plus diverses les atomes continuellement renouvelés qui constituent leur masse corporelle, ils nous sont apparus sous l'aspect général de tourbillons absorbant puis rejetant un courant ininterrompu de matière qui est la condition de leur existence et de leur durée dans le milieu terrestre; or, ce tourbillonnement dont les derniers détails de mouvement se dessinent à des profondeurs atomiques insondables, développe dans son ensemble une activité d'une intensité prodigieuse. De même que l'aspect immuable en apparence des figures célestes que présentent à nos yeux les étoiles dites fixes, nous cache les vitesses de ces astres lointains, l'activité atomique du tourbillon vivant, dans ses parties consistantes qui nous paraissent le plus inertes, n'est imperceptible pour nous que parce que la relativité des distances, aussi bien dans l'infinie petitesse que dans l'incommensurable grandeur, ramène pour nos yeux ces vitesses à des déplacements insensibles. Un foyer de vie, n'est-il pas l'image réduite de tout un monde?

Tout foyer d'activité rayonne. Le milieu éthéré où l'élasticité de l'énergie atomique répercute les moindres secousses, ne permet pas qu'il en soit autrement. De tout centre de mouvement se propagent des irradiations, de formes et d'intensités diverses, qui s'élancent du théâtre tangible de cette activité, pour onduler indéfiniment dans l'espace, jusqu'à dispersion et déperdition finale dans l'immensité de l'éther, de l'énergie de ces irradiations. L'activité par excellence, l'activité vitale, doit rayonner elle aussi avec une intensité qui, malgré l'extrême imperceptibilité de ses ébranlements, ne se proportionne pas moins à l'immense supériorité de l'ordre vital sur l'ordre physique.

Les émanations par ondes successives, que nos sens perçoivent sous les aspects de lumière et de chaleur, sont des formes de rayonnement parties de foyers actifs de l'ordre physique, et nos sens s'affectent de ces effluves, parce que les sens se sont formés précisément sous leur influence directe, et en conformité de tendances vitales qui, à des provocations extérieures d'ordre constant, ont répondu par des adaptations sensitives constantes. Mais ces adaptations n'ont rien d'absolu ; elles ne sont que des relativités étroitement renfermées dans leur rôle spécial ; elles interprètent tels ou tels effets physiques, et elles sont muettes sur tout le reste. Si nos sens ne nous instruisent pas des irradiations vitales, c'est qu'ils ne les perçoivent pas distinctement, soit que cette perception ne se soit pas imposée dès l'origine de la formation des êtres, comme peu nécessaire à la vie pratique, soit que la variabilité continuelle et toujours diverse des rayonnements ambiants n'ait pas permis l'élaboration d'un sens approprié. Nous avons vu en effet les sens ne naître qu'en s'adaptant à des incitations physiques d'ordre constant et n'embrassant chacune qu'un côté précis des forces naturelles avec lesquelles la vie doit compter.

Il ne faudrait donc pas arguer du silence des

sens devant le rayonnement vital pour nier ce rayonnement. Bien d'autres puissants effets naturels se manifestent autour de nous sans être plus perceptibles pour nos sens qui nous laissent certainement dans l'ignorance d'innombrables phénomènes universels, car ils ne reflètent que des aspects particuliers du milieu ambiant, et dans une portée nécessairement réduite. Le monde n'a-t-il pas vécu jusqu'à ce siècle en ignorant pour ainsi dire l'électricité?

Le rayonnement vital, aussi complexe que l'est la forme d'activité intestine de chaque foyer de vie, et aussi divers qu'il y a d'individus de toutes les espèces, est comme une amplification fluide et presque indéfinie de l'être vivant. C'est l'extension dans l'espace du tourbillon lui-même dont les inextricables méandres se continuent dans les ondes rayonnantes qui ne cessent de projeter autour du foyer vital l'image distendue de sa mouvante individualité. Un tourbillon éthéré complète ainsi dans une étendue immense, le tourbillon consistant dont les lignes tangibles arrêtées à la surface de l'être corporel, se prolongent au-delà en une fluidité subtile, se raréfiant de plus en plus il est vrai, mais conservant toujours néanmoins avec son foyer une réelle solidarité et une sensibilité de contre-coup qui ne cessent de relationner le tourbillon éthéré avec le tourbillon vivant dont il répercute les moindres ébranlements sensitifs ou physiques, ainsi que nous en entreverrons de nombreuses preuves un peu plus loin.

Soit faute d'un sens approprié qu'aucune condition indispensable d'existence n'a déterminé à se former, soit à cause de leur délicatesse extrême, ces effluves échappent à une perception nette et distincte. Pourtant il s'en faut de beaucoup que le rayonnement vital ne soit aucunement perceptible d'un foyer de vie à un autre; seulement l'impression, au lieu d'affecter directement un sens spécial, embrasse l'individu tout entier d'une manière confuse et indéfinissable; mais si faible et si inconsciente qu'en soit la sensation, elle n'en est pas moins réelle et reconnaissable comme nous allons en montrer des exemples parmi les faits bien connus des sympathies ou des antipathies spontanées, des fascinations, des pressentiments, des suggestions mentales, ainsi que dans les merveilles du magnétisme animal, toutes choses qui restent inconcevables, si nous n'admettons l'existence d'une sorte d'atmosphère vitale qui enveloppe les êtres et réalise à distance tout un ordre de phénomènes qui rentreront ainsi sous le contrôle de la raison.

L'esprit scientifique nie volontiers ce qu'il n'explique pas encore, et les influences occultes dont nous allons témoigner sont par lui reléguées dans le domaine des superstitions, des préjugés et de l'erreur. Lorsque nous aurons envisagé les côtés rationnels et saisissables de l'irradiation lointaine des foyers de vie, irradiation autrement subtile et puissante dans la ténuité inimaginable de ses vibrations éthérées, que les rayonnements des corps lumineux (*) ou sonores, nous comprendrons que les rencontres, les enlacements, les réfractions de ces ondes qui se croisent en tous sens dans l'espace, expliquent d'une manière naturelle tous ces phénomènes qui, faute d'être compris, sont exagérés sans mesure ou niés systématiquement Nous ne répugnerons plus alors à les admettre parmi les faits positifs, à les dégager de leur grossier mélange d'erreur, et à les ramener à leur juste part de vérité scientifique.

Comment concevrons-nous que l'éther puisse se prêter à un nombre aussi prodigieux d'ondulations lancées en même temps de toute part ?

Si, sur la surface d'un lac paisible vous jetez une pierre, un cercle de plus en plus grandissant rayonnera autour de la place liquide atteinte par ce choc. Après cette pierre, jetez-en cent, et les cent circonférences s'étendront en s'entrecroisant les unes dans les autres, sans se confondre, malgré une agitation d'apparence confuse et désordonnée. L'air qui est un fluide plus subtil qus l'eau, permettra des ondulations plus compliquées encore, et quant à l'éther qui est le

---

* Les rayons lumineux n'en transportent pas moins eux aussi une figuration parfaite de la composition intime des centres substantiels dont ils émanent, comme le démontrent tous les détails de l'analyse à laquelle on soumet la lumière du soleil et des autres corps célestes.

dernier tissu irréductible de la substance atomique, sa ténuité presque infinie se prêtera aux vibrations et aux courants les plus complexes et les plus divers, qui poursuivront leur marche séparément et indéfiniment, même à travers les fluides atmosphériques et la masse terrestre.

Toute vibration ondulatoire comme le son, la chaleur, la lumière, l'électricité, et certainement aussi le rayonnement vital, se propage avec une énergie qui est en raison inverse du carré des distances, tout comme la gravitation elle-même. Cet accord dans l'obéissance à une même loi physique, et à un même principe géométrique, ne saurait être une abstraction purement idéale des nombres; il y a dans son application un véritable acte matériel où nous trouverons une nouvelle preuve de l'existence d'un fluide occupant intégralement l'espace : Quand nous voyons se dérouler à partir des centres de rayonnement, des impulsions qui suivent exactement la route des lignes géométriques étalant des surfaces sphériques toujours proportionnelles au carré de leurs rayons, c'est bien un mouvement effectif qui a lieu et se continue tel que le dessin graphique qui tracerait la démonstration sensible de ce théorème et comparablement à ces cercles liquides dont nous venons d'invoquer l'exemple(*);

---

* Un théorème géométrique n'est vrai théoriquement que parce qu'il exprime une réalité physique des propriétés de la matière et du mouvement. Ainsi le simple exposé de la

or, le mouvement effectif qui parcourt ces plans ne saurait avancer ainsi dans le vide, car le mouvement sans substance agissante ne serait plus qu'un non-sens. Si nous percevons les rayonnements des étoiles, c'est qu'ils ont été transportés par répercussion atomique ininterrompue, au milieu d'un fluide qui, pour si léger et si imperceptible qu'il soit, n'en est pas moins réel (*), et que ce fluide se prête à la propagation des ondes calorifiques, lumineuses ou électriques, si nombreuses et si compliquées qu'elles puissent être. C'est du reste le même fait qui nous a déjà paru évident et démontrable quand nous avons examiné la raison physique des lois de la gravitation universelle.

L'océan éthéré qui emplit tout notre univers, est en effet un milieu toujours substantiel, mais d'une telle impondérabilité, que les groupes d'atomes dont sont formés tous les autres aspects de la substance, sont par rapport à lui comme

---

fameuse loi des aires de Kepler, où l'on voit des rayons de dimensions variables, en mouvement autour des centres auxquels ils appartiennent, n'engendrer que des surfaces toujours proportionnelles au temps employé à les décrire, ou égales dans des temps égaux, rend palpable cette corrélation du mouvement et de la résistance substantielle qu'il a à vaincre effectivement.

* Une récente expérience a montré l'évidence de l'agitation atomique de l'éther dans les décompositions prismatiques de la lumière projetées sur une cloche de cristal, et produisant par l'inégalité et le déplacement de leurs ondulations, des sons assez réels pour être directement perçus par l'oreille.

des figures constellées et flottantes, des archipels de molécules de densités diverses entre lesquelles les ondes éthérées se jouent librement. Les ondes vibrantes dont l'éther est le siège et le véhicule en même temps, se répercutent ainsi à travers les mailles de tout réseau matériel, et peuvent constituer sans empêchements réciproques, autant de systèmes particuliers d'auréoles rayonnantes qu'il existe de foyers d'activité.

Les irradiations par lesquelles se propage et rayonne le mouvement qui règne dans les foyers de vie, et dont la ténuité n'a guère de prise que sur le plus subtil des fluides, prennent ainsi consistance dans l'éther qui pénètre librement tous les corps existants dont les molécules se trouvent en suspension au milieu de leurs ondes mouvantes. (*) Il suffira donc d'entrer par la pensée dans les abîmes de la substance atomique, pour concevoir sans peine qu'il puisse exister des rayonnements plus subtils encore que ceux de la lumière elle-même dont les ondes sont déjà

---

* C'est dans la pénétrabilité inter-moléculaire de tous les corps et de l'eau en particulier que nous trouverons peut-être la raison du singulier phénomène de l'apaisement subit des vagues de la mer par la mince couche d'huile que les marins ont appris à répandre autour de leur navire en péril. On comprend que si une enveloppe imperméable à l'air vient protéger la surface liquide contre la pénétration violente du vent entré en conflit avec les molécules aqueuses, cette barrière empêchera aussitôt la lutte en isolant l'un de l'autre les deux éléments.

susceptibles de se croiser de tous côtés sans que nos yeux cessent de distinguer la multiplicité de leurs foyers, et nous concevrons ainsi qu'il puisse coexister dans l'espace éthéré divers systèmes de mouvements contenus les uns dans les autres et pouvant s'étendre et s'entrecroiser presque indéfiniment sans se faire réciproquement obstacle, étant donnée la facilité avec laquelle l'éther obéit à toutes les impulsions que son élasticité répercute instantanément dans tous les sens possibles.

Il nous sera alors permis d'admettre l'irradiation émanée de l'activité de tous les corps vivants, comme une nécessité logique et absolument réalisable de la constitution même de l'éther et du tourbillonnement incessant de la substance organisée.

L'agitation évolutive qui ne laisse pas un instant un seul atome en repos, fait par conséquent de l'univers un inconcevable enchevêtrement d'expansions et de répercussions toutes dépendantes les unes des autres, et l'on peut dire que si par impossible un être se trouvait doué d'une capacité sensitive correspondant à un aussi complexe et prodigieux ébranlement général, il percevrait l'évolution tout entière et aurait la connaissance de tous les faits et de tous les mouvements d'existence de l'ensemble universel des êtres et des choses. La perception des rayonnements vitaux aussi bien que physiques, ressentie par nous à distance et limitée à l'aire restreinte de la vie terrestre, n'a donc rien que de très naturel et de parfaitement compréhensible. (*)

Le rayonnement vital participe-t-il de la vie même des êtres dont il émane ?

La substance vivante est seule directement animée et sensible, et les groupes synthétiques qu'elle a formés et organisés constituent seuls l'être corporel ; mais de même que l'éther et les fluides atmosphériques s'agitent et vibrent en conformité des impulsions qui partent des foyers de l'ordre physique, ils obéissent également aux ébranlements dont les foyers de l'ordre vital sont le théâtre, et leurs ondes forment autour d'eux une auréole vibrante qui, sans contenir probablement d'éléments vivants effectifs (**), est

---

* Ajoutons qu'un même tourbillonnement éthéré doit vibrer en tous sens, non seulement au dehors, mais encore au dedans, c'est-à-dire vers les profondeurs inter-atomiques de l'être corporel dont toutes les particules s'agitent en s'enveloppant ainsi de nimbes moléculaires qui sont comme les unités de l'atmosphère vitale. Peut-être leur rencontre et la résultante de leur fusion dans les profondeurs de l'être, rencontre inévitable puisque les atomes sont des quantités finies, sont-elles pour quelque chose dans l'unité et la personnalité individuelle de l'être synthétique.

** A petite distance, il y a peut-être à quelque degré projection d'éléments vivants. L'exemple des bouchers dont la riche nutrition qui leur est particulière profite si visiblement du milieu qu'ils respirent, pourrait déjà le faire supposer.

la représentation parfaite de leur mode d'activité. C'est en cela que les irradiations vitales participent de l'être et répercutent son tourbillonnement dans un rayon extrêmement étendu. La sensibilité n'y est ainsi qu'une vibration de contre-coup, soit en sens expansif, soit en sens réversif; et sans avoir de vie réelle, puisqu'il n'est qu'un effet vibratile d'impulsions subies par l'éther, le rayonnement vital n'en participe pas moins de tous les modes d'existence de ses foyers où il n'est si faible acte sensitif ou même mental, qui ne produise son ébranlement atomique.

La vie positive ne résiderait donc effectivement qu'en l'être substantiel et sensible, mais le rayonnement qui en émane lui appartient absolument et peut toujours être considéré dans ses effets comme une sorte d'atmosphère éthérée inséparable de l'être vivant.

Examinons quelques-uns des phénomènes qui se rapportent au rayonnement vital, tels que les faits de fascination, de suggestions, de pressentiments, de songes fatidiques, etc.

Nous commencerons d'abord par rappeler un phénomène connu de tous, soit le pouvoir de fascination que certains animaux tels que les serpents, exercent sur d'autres êtres plus faibles dont ils ont coutume de faire leur proie. D'où proviendrait la paralysation des forces et l'attraction invincible que subit tout à coup l'oiseau qui passe à portée de son ennemi qu'il ne voit même pas, si ce n'est d'une invisible étreinte que les courants fluides émanés du monstre exercent sur lui avec assez de puissance pour arrêter son essor?

Ce n'est pas qu'on puisse attribuer à ces ondes fluides une force mécanique capable de produire de tels effets; mais on peut concevoir que leurs vibrations énergiques en ce sens, enlacent, refoulent le rayonnement plus faible de l'oiseau, et pénètrent avec un pouvoir suggestif jusqu'aux sources mêmes de la volonté du petit être stupéfié qui dès lors ne s'appartient plus. Si ce n'était encore qu'impuissance et retrait des forces, l'oiseau tomberait directement à terre comme un corps inerte; mais non, on le voit tournoyer, descendre en voletant, et finalement aboutir à la gueule même de son ennemi. Il ne semble manquer autre chose que la visibilité du fluide tourbillonnant pour constater sensiblement l'émission d'une sorte de lasso aérien dont les spires entourent et enlacent la proie vivante qui se débat en vain, car les efforts qu'elle fait pour fuir, se résolvent en de courts tournoiements, retenue et attirée qu'elle est d'en bas par un renversement de courants rayonnants, comme un objet flottant qu'aspirerait un courant de nos rivières. Il ne faut pas omettre non plus de remarquer que c'est un animal dont la forme idéalement prolongée, représente précisément celle d'une sorte de câble fluide, qui se trouve douée au plus haut degré de ce pouvoir étrange d'enlacer à distance par ses spires aériennes les petits animaux et notamment les oiseaux dont il fait sa proie. (*)

La fascination s'exerce aussi à divers degrés chez d'autres animaux que le serpent. L'homme la connaît; c'est la principale force du dompteur, et certaines personnalités n'ont qu'à paraître pour tout maîtriser autour d'elles comme par l'effet d'un pouvoir surnaturel. Il y a certainement dans ce fait, enveloppement et fascination des activités vitales ordinaires par une activité supérieure qui les saisit et les paralyse. Et qu'on ne confonde pas la domination morale avec la fascination. Celle-ci est subie en dehors de toute réflexion, sans que la volonté domptée ait pu encore reconnaître la supériorité du fascinateur. C'est un effet physique de paralysation matérielle; c'est la subordination d'un rayonnement vital à un rayonnement d'une énergie supérieure. Peut-être entre-t-il quelque chose de la conscience et de la crainte de cette étreinte paralysatrice dans le mouvement qui porte le Napolitain, si éminemment sensitif, à user d'instinct contre la fascination qu'il pressent, de ce pouvoir des pointes si singulièrement efficace devant les

---

* Observons aussi qu'en vertu de la tendance aux compensations qui se remarque dans toute la nature, l'oiseau se venge à son tour dans les fortes espèces de grande taille, telles que le serpentaire, l'aigle, la cigogne, l'ibis, qui poursuivent partout le serpent et repaissent de sa chair, eux et leurs petits.

effluves électriques. (*) A un moindre degré que la fascination effective, c'est aussi un fait d'expérience journalière que dans les hasards des rencontres publiques, il suffise de la seule présence d'un homme de volonté et d'intelligence supérieures pour qu'inconsciemment son influence soit ressentie spontanément par les natures passives qui l'entourent.

L'irradiation vitale se constate par bien d'autres phénomènes encore que la fascination. Nous savons que chaque être vivant représente une individualité absolument distincte de toute autre; or, cette personnalité unique émet une atmosphère irradiante tout aussi distincte, puisqu'elle n'est que la continuation par projection fluide, de l'activité vitale qui est particulière à son foyer substantiel. Quoi d'incompréhensible alors dans les impressions à distance que peuvent produire les unes sur les autres ces irradiations personnelles qui se rencontrent à travers l'espace? Leur nombre inimaginable ne saurait entraver l'expansion ni la perceptibilité de chacune, pas plus qu'il n'arrive avec les croisements en tous sens des ondes lumineuses ou sonores que nos sens perçoivent en détail et sans confusion, bien

---

* Ce préjugé populaire n'est d'ailleurs qu'un reste des croyances d'un temps où les hommes sentaient davantage et raisonnaient moins. Toute l'antiquité en effet n'a-t-elle pas eu le sentiment des incantations et des influences occultes, comme une vague intuition de l'irradiation vitale et de ses mystérieux effets?

qu'elles soient moins subtiles que les irradiations vitales. (*)

Les tourbillons éthérés en contact s'accordent ou se repoussent déjà selon leurs natures conformes ou contraires: Certains vibrent à l'unisson ou s'harmonisent ensemble; d'autres s'opposent, sont en dissonnance pour ainsi dire, avant que les tourbillons corporels, c'est-à-dire les individus eux-mêmes aient matériellement ressenti ce qui affecte déjà leurs atmosphères vibrantes et que celles-ci répercutent de très loin, apportant l'impression d'un sentiment indéfinissable de confiance ou de répulsion. De là viennent peut-être les sympathies ou les antipathies intuitives et anticipées.

Il y a certaines intelligences douées d'une puissance de pénétration merveilleuse, qui pressentent et devinent avec une précision qui semble tenir du surnaturel, les pensées qu'on voudrait leur cacher, ou qui à l'inverse imposent d'emblée leurs volontés secrètes; mais le surnaturel disparaît si nous admettons que les êtres éminem-

---

* La parole qui vient se graver fidèlement avec ses modulations sans nombre et ses moindres nuances sur le cylindre phonographique d'Edison, nous fournit un exemple palpable de la complexité infinie des ondes sonores dont l'émission traversant les autres agitations des molécules aériennes va matériellement s'imprimer sur un instrument relativement grossier en comparaison d'un organisme vivant. Que ne sera-t-il pas pour celui-ci des ondes atomiques de l'éther qu'émet nécessairement toute activité vitale?

ment sensitifs et énergiques en même temps, sont plus que les autres, maîtres des pénétrations réciproques des rayonnements vitaux en relation. (*)

Une telle portée de nos affinités personnelles donnera aussi l'explication de ces amours subits qu'on a comparés à des coups de foudre et qui saisissent à la première approche deux êtres dont les irradiations absolument complémentaires l'une de l'autre, se confondent aussi subitement que deux électricités différentes mises en contact. C'est cette fusion presque violente qui se répercute jusqu'au cœur et le fait tressaillir tout à coup. Certes ces impressions sont loin d'avoir la netteté des effets sensitifs qu'éprouve d'ordinaire l'être corporel, elles n'existent que dans la proportion infiniment réduite de l'action rayonnante par rapport à l'activité vivante, et le vague de ces impressions laisse souvent le jugement indécis. Toutefois leur retour persistant quand les mêmes circonstances se reproduisent, et leur identité reconnaissable, prouvent bien leur réalité, si réduite soit-elle.

Si les rayonnements vitaux de même nature ou de tendances complémentaires peuvent sym-

---

* Des faits de suggestion se produiront ainsi spontanément, et même parfois les suggestions les plus involontaires, lorsque par exemple la seule crainte de voir faire une chose qu'on redoute, incite précisément la personne visée à faire cette même chose.

pathiser (*) déjà spontanément entre foyers étrangers les uns aux autres, que ne sera-t-il pas des irradiations émanées d'êtres qu'unissent les liens du sang, de l'amitié, de l'amour? Celles-ci se pressentent, se retrouvent, s'influencent entre elles, parce que leurs attaches naturelles les inclinent continuellement les unes vers les autres, au milieu de la multitude des rayonnements qui se croisent dans toutes les directions de l'étendue; car la vie a d'autres mouvements que ceux de l'ordre purement physique : Les volontés, les affections, les haines, les désirs, l'orbite enfin que suit chaque existence terrestre, forment autant de manifestations rayonnantes n'appartenant qu'à la vie.

Nous en appelons ici aux natures essentiellement sensitives qui ont éprouvé les émotions et les secousses intimes de ces indéfinissables contacts, qui mystérieusement ont eu l'esprit frappé de quelque avertissement véridique. Nous en appelons à l'ami qui, à sa grande surprise, voit apparaître en personne celui dont l'image vient précisément de s'offrir un instant auparavant à sa pensée; à l'amant qui, sans cause apparente, soupire d'inquiétude ou sourit de bonheur, parce que l'être aimé qui est au loin, provoque tout aussi inconsciemment cette impression momentanée.

---

* On voit bien une simple corde musicale vibrer à distance à l'unisson de la note qu'on tire d'une autre corde semblablement tendue.

Nous en appelons à cette mère en deuil dont le cœur ressentit tout à coup en un jour funeste un déchirement précurseur d'une fatale nouvelle. Tandis que tout le monde ignore encore autour d'elle, la malheureuse mère est déjà avertie; elle a entendu le cri de son enfant mourant loin de la patrie; elle a vu son dernier regard d'agonisant, ou plutôt elle a senti intérieurement tout cela. Une attache lointaine s'est rompue tout à coup; quelque chose d'intime s'est retiré d'elle, et a fait un vide subit; et dans l'angoisse poignante qui a suivi ce déchirement, son imagination affolée a évoqué d'effrayantes images qui ne sauraient avoir la précision des choses matériellement sensibles, mais qui restent absolument vraies quant à la nature troublante et pénible de l'impression ressentie.

Un lointain rayonnement de vie qui vient à faiblir, puis à s'éteindre sans retour doit en effet laisser le sentiment d'un vide inaccoutumé chez ceux qui croisent plus particulièrement leurs ondes fluides avec les siennes. Il est probable en outre que, tant que subsiste une activité organique, serait-ce même le travail de décomposition de la mort, cette activité émet un rayonnement conservant encore quelque caractère vital personnel. Jusqu'à complète dissociation de la substance ayant appartenu à cet être, une atmosphère d'effluences posthumes substituée à la première, perpétue quelque temps autour du cadavre, comme une ombre de la vie qui n'est plus.

Peut-être faut-il admettre aussi, entre les progéniteurs et la progéniture sortie de leur sein, l'existence d'un lien persistant constitué par la même fluidité vitale. N'est-on pas tenté de penser à des attaches en quelque sorte matérielles, quand c'est une véritable sensation d'arrachement et de plaie vive qu'éprouvent les parents auxquels la mort ravit ce qu'ils ont de plus cher au monde? N'y croirait-on pas quand les circonstances qui se rapportent aux blessures corporelles se reproduisent en tout comparables dans les profondeurs intimes où se soudait la jeune existence à l'existence mère? C'est la même plaie d'autant plus cuisante que l'arrachement a été soudain, au lieu qu'une séparation lentement préparée et accomplie, atténue la violence du coup final. C'est aussi le temps qui cicatrisera plus ou moins complètement l'une et l'autre plaie; ce sont les mêmes ménagements qui calmeront les deux souffrances, ou les mêmes chocs cruels qui raviveront la blessure. Il est de ces plaies que l'épanchement soulage, au lieu qu'un refoulement contraint deviendrait mortel. Il y en a qui guérissent, et il en est qui ne se ferment jamais.

Assurément la perte d'un être qu'unissaient à nous les attaches d'une affection longuement cimentée, produit aussi un douloureux arrachement; mais que l'infortuné qui s'est vu ravir à la fois ces deux différents objets de ses affections, ait le courage de sonder les deux blessures, et il reconnaîtra aussitôt que la meurtrissure causée par la perte de l'ami ou de l'amante diffère essentiellement du déchirement effectif qui lui a arraché dans son enfant, une partie de lui-même.

Qui n'a connu ou entendu citer quelques cas de mort simultanée, et pour ainsi dire de contre-coup, de deux êtres qu'unissait une vie commune ou des liens d'affection absolue ? Le chagrin n'est pas seul en cause dans ces curieuses coïncidences, lorsque par exemple l'un est frappé dans l'ignorance du sort de l'autre; encore moins lorsqu'il s'agit de l'animal fidèle qui, loin de son maître expiré, meurt à son tour comme frappé par une commotion secrète.

Que dire maintenant de cette amère satisfaction que laissent à l'ami qui survit, les derniers adieux de son ami mourant ? A quel moment l'attraction réciproque de deux existences sœurs est-elle plus irrésistible qu'à cette heure suprême ? L'existence qui s'éteint cherche instinctivement appui et abri dans celle qui reste, et de son côté l'âme survivante attire pour ainsi dire et reçoit en elle la dernière exhalaison de cette vie épuisée. Aussi quelle différence entre la douleur adoucie par cette fusion suprême, et le désespoir inconsolable de l'ami, de la mère loin desquels le cher mourant a fini dans la poignante amertume du plus cruel des abandons ! Ne sent-on pas dans tout cela une réelle matérialité de contacts que seule peut expliquer une amplification de l'être dans un rayonnement fluide faisant partie de lui-même et étreignant un rayonnement ami?

Nous oserons voir dans la similitude de ces effets moraux et matériels, une pareille similitude de causes profondes ; nous croirons que les atmosphères vitales dans lesquelles se distendent les êtres vivants, réalisent des attaches effectives entre les existences qui procèdent les unes des autres ou qu'un fusionnement intime a dès longtemps liées ensemble ; et que les refoulements de l'émanation fluide se répercutent jusqu'aux arcanes secrets où se nouent et se dénouent les premiers ressorts de la vie. C'est ainsi que dans l'affaissement mortel du vieux père qui se sent arracher son dernier rejeton, et qui succombe lui-même irrémédiablement sous ce coup funeste, nous voulons voir plus qu'un simple effet psychologique.

Certainement une telle connexité entre le sentiment moral et la sensation corporelle ne va pas sans une communauté de causes, et sans une réelle matérialité d'impressions qui affecterait l'être au-dessous même de sa substance organisée, dans les premiers linéaments où prennent contact les deux principes qui sont en nous. Le sentiment relevant du principe supérieur, se matérialise alors dans des effets qui sont déjà de même ordre que les phénomènes vitaux qui viennent à la suite ; et les atteintes morales se répercutent dans l'être tout entier avec les mêmes caractères que les blessures du corps, car le mariage des deux principes ne permet aucune manifestation vitale où ils ne soient l'un et l'autre représentés et agissants.

Arrivons maintenant aux pressentiments que nous avons parfois des choses lointaines et des événements futurs, c'est-à-dire d'objets absolument hors de la portée de notre connaissance présente. Les esprits observateurs et contemplatifs qui regardent surtout au-dedans d'eux-mêmes les connaissent et les avouent hautement. Inutile de rappeler les vieilles anecdotes qui nous parlent d'événements pressentis par maint personnage historique, et qui se trouvèrent par la suite réalisés conformément à leur annonce. Il se mêle sans aucun doute dans ces histoires, une part très grande de fables et d'exagérations ; aussi restons dans les limites de l'expérience journalière, et demandons-nous quel autre mystère plane sur ces prophétiques phénomènes des pressentiments vrais que ne suffisent plus à expliquer les seules irradiations vitales directes et immédiates.

Ici en effet apparaissent non plus seulement des avertissements de faits qui se passent actuellement à distance, mais des images anticipées de choses ou d'événements qui ne sont pas encore accomplis, et dont l'annonce paraît être sans lien aucun avec les circonstances présentes : La pensée d'une aventure imprévue, d'une rencontre fortuite, d'un accident même futile, se présente inopinément à l'esprit, soit dans l'état de veille, soit le plus souvent durant le sommeil, et voilà que le fait entrevu qui s'avançait sur nous ou au-devant duquel nous marchions, devient bientôt une réalité conforme à l'image qui nous en était apparue à l'avance. Que peut-il y avoir de vrai et de compréhensible dans cette étrange vision d'une chose qui n'est pas encore, mais qui sera?

Elle a peut-être son explication dans le fait de la pénétration mutuelle des atmosphères vitales, et aussi des rayonnements ou ébranlements physiques appartenant aux choses de la nature inanimée. Des irradiations qui représentent et propagent la personnalité intégrale de l'être qui en est le foyer central, avec ses tendances et ses répulsions, ses sensations et ses pensées auxquelles correspondent toujours des mouvements nerveux effectifs, si faibles qu'ils soient, ne doivent-elles pas comparablement au rayon lumineux qui se réfracte et dévie en traversant d'autres fluides ou corps de densités différentes, et se décompose même pour nos yeux en des éléments diversement colorés quand cette réfraction atteint un certain angle (*), les irradiations

---

* Bien mieux encore, les rayons lumineux décomposés par le prisme dénoncent les éléments mêmes et la proportion dans laquelle ces éléments entrent dans la composition du corps en ignition qui émet les rayons ainsi analysés, et les dispositions qu'ils affectent vont même jusqu'à indiquer le sens et l'intensité de leurs ondulations et de leur marche à travers l'étendue. C'est ce dernier côté de l'analyse spectroscopique qui a permis récemment à M. Huggins, astronome anglais, de préciser la direction du mouvement propre d'un certain nombre d'étoiles.

vitales, disons-nous, ne peuvent-elles pas se réfracter de même en traversant d'autres atmosphères vitales ou en rencontrant certains objets matériels? Ne peut-il pas en résulter dans des circonstances favorablement rencontrées, une sorte de spectre qui étale prématurément les lignes principales des conjonctions auxquelles aboutissent nécessairement les convergences en présence et les mouvements déjà dessinés? Ce spectre ne saurait apparaître que par un concours assez rare de circonstances propices, mais il se profile parfois assez nettement pour faire pressentir d'une manière très reconnaissable l'événement futur qui résultera de la rencontre inévitable des actions déjà engagées. Quand ensuite l'événement se produit conformément à la conjonction spectrale qui l'a devancé, il faut bien convenir que des rapports directs unissaient l'image anticipée au fait ultérieur.

Un pressentiment n'est pas de la prescience raisonnée. C'est une sensation vague des contacts lointains de certaines irradiations convergentes donnant la physionomie spectrale des combinaisons virtuelles de ces facteurs actifs mis en présence, et de leur résultante fatale. C'est parfois même fort longtemps à l'avance que les aboutissements naturels de toutes les actions engagées aux premiers débuts d'une existence se détachent en perspective spectrale et laissent entrevoir un certain avenir. Chacun de nous n'a-t-il pas eu un peu dès ses premiers pas dans la vie, le pressentiment de ce qu'il serait plus tard? Dans ces limites, l'horoscope n'est pas absolument un vain mot. Quand on considère quelle foi inébranlable quelques hommes privilégiés ont eu dans les hautes destinées qui les attendaient, ne semble-t-il pas que la confiance absolue des César et des Napoléon dans leur étoile, tienne de la certitude des choses effectivement perceptibles? Lorsque Socrate croyait à la divination, ce n'était pas non plus sans quelque inspiration plus fondée que les prétendues confidences de son démon familier. Mais on comprend que la seule divination dont il soit question pour nous, n'est que le vague pressentiment presque inconscient que nous donnent des effets spectrals spontanés d'un caractère absolument personnel, et point cet imaginaire don de double-vue dont seraient doués d'ingénieux interprètes. Ni devins ni oracles n'ont rien à voir ici.

L'image spectrale ne va pas le plus souvent jusqu'à la précision parfaite. Elle ne présente d'ordinaire que de simples contours capables d'encadrer des images différentes, mais qui seront pourtant analogues dans leurs lignes principales, à la réalité qui s'annonce. Aussi l'allégorie joue-t-elle un grand rôle dans la signification des figures spectrales auxquelles l'imagination peut adapter des interprétations erronées, mais qui se trouveront avoir beaucoup de similitude avec l'événement qui se prépare. Parfois encore il surviendra un renversement de l'image et nous aurons alors des pressentiments en quelque sorte à rebours, c'est-à-dire de diamétrales oppositions qui tromperont notre attente et nous annonceront un bonheur par une apparence fâcheuse, et une infortune par de riantes impressions.

Rien d'étonnant que la délicatesse et la fragilité extrêmes de ces sensations fugaces n'en permettent la perceptibilité que dans un parfait état de calme et de limpidité d'esprit. Les derniers instants du sommeil où la vie sensitive commence à se ranimer, présentent d'ordinaire les conditions les plus favorables à ces perceptions délicates par le silence et la fraîcheur de sensibilité qui accompagnent le retour progressif de l'activité intégrale de l'être et préparent le réveil. Il se peut alors que le rêve offre l'image de quelque événement en expectative.

Mais il faut se garder de confondre le rêve incohérent, le désordre des images déjà acquises, apparaissant dans le déséquilibre des facultés inégalement ranimées, avec le songe véritablement lucide dans lequel se dessinent des reflets de mouvements lointains en travail de leurs effets conséquents. Rien ne distingue pourtant les apparences de ces deux sortes de songes, si ce n'est la vague translucidité de ces derniers, translucidité que les anciens avaient déjà comparée à celle d'une lame de corne qui laisse deviner les formes des objets qu'elle recouvre sans pourtant les éclairer avec netteté et précision. Les songes apparus à travers la porte de corne étaient des avertissements réels, tandis que les rêves menteurs se montraient sur la porte d'ivoire presque semblable à l'autre, mais absolument dénuée de transparence. Cette ingénieuse figure donne une idée assez juste de la nuance qui sépare la conjonction spectrale effectivement motivée des divagations cérébrales qui n'ont d'autre cause qu'une inégale excitation des ressorts intellectuels, soit que les préoccupations du moment travaillent en particulier certains sentiments, soit que quelque impression venue du dehors, s'achemine obscurément en nous, en réveillant à demi sur sa route des images et des idées qui s'associent hors de tout contrôle de la raison qui somn..ille. Elle montre que, dès la plus haute antiquité, une appréciation assez conforme à la juste mesure de la véracité admissible des songes fatidiques, s'était déjà imposée par la seule leçon de l'expérience. Mais la pente de la crédulité populaire était trop glissante pour que cette juste mesure ne fût le plus souvent dépassée; le goût du merveilleux et du surnaturel a de tout temps dominé les imaginations, et sur une base aussi fragile que le rêve, l'on a vu s'édifier la science présomptueuse et embrouillée d'Artémidore et de ses innombrables émules, science vaine s'il en fût, car il est évident que l'interprétation des vagues images apparues dans nos songes, ne saurait en aucune façon admettre d'autre augure que le sujet même qui en a été impressionné et qui seul peut se reconnaître au milieu des particularités qui agitent les détails les plus intimes de sa propre existence.

Il en a été de même de l'influence que toute l'antiquité et le moyen-âge ont attribuée aux astres sur les destinées humaines. Nous entreverrons plus loin la probalité d'un échange universel d'effluences vitales et nous pourrons admettre dans une certaine mesure que les circonstances conjonctives des irradiations astrales font de la Terre un milieu vital continuellement variable, et sont susceptibles peut-être d'influer sur la direction d'une existence naissante ; mais c'est certainement à d'autres points de vue que l'esprit plus ingénieux que scientifique des anciens astrologues avait attribué aux astres le pouvoir de régler nos destinées ou de permettre à l'homme de prophétiser l'avenir, et sur lesquels ils ont édifié à l'envi le plus bizarre échafaudage de combinaisons incohérentes et absurdes. Leur témérité ignorante s'égarait bien au-delà de la part possible d'influence réelle que les émanations astrales peuvent avoir sur l'évolution vitale de notre planète ; aussi la prétendue science hermétique fut-elle la plus vide et la plus fausse des sciences.

Nous ne nous arrêterons donc pas à démontrer l'inanité des oracles de l'astrologie, et quant à ceux de l'oniromancie, nous n'en retiendrons que la possibilité de refléter une conjonction spectrale telle que nous venons de l'exposer, en évitant de confondre avec elle le rêve ordinaire auquel des prédispositions morales ou un état pathologique particulier peuvent parfois donner les mêmes apparences.

Ces projections n'ont rien que de naturel dans l'ordre de choses que nous venons d'exposer, mais elles ne sauraient être provoquées volontairement. Un certain ensemble d'ondes étrangères diversement orientées pénètre notre propre rayonnement sous les angles qui permettent l'apparition du spectre dessiné par leurs lignes de contact, et alors seulement nous avons des pressentiments véridiques. Ces avertissements sont évidemment assez rares, et le plus souvent celui qui les rechercherait se trouverait abusé par des mouvements d'imagination ou de rêves trompeurs; mais il n'en est pas moins certain qu'il y a de ces images dont la surprenante conformité avec l'événement subséquent, et la vérité de détails souvent compliqués excluent toute idée de hasard et forcent à admettre qu'en dehors des illusions du rêve, il existe des pressentiments vrais d'une vérification encore assez fréquente pour que nous comprenions la foi qu'ils ont inspirée à toute l'antiquité, depuis Platon jusqu'à Gallien, ainsi qu'au monde chrétien avec Tertullien et saint Augustin, et même à de modernes esprits aussi scientifiques et positifs que le chancelier Bacon et l'illustre Franklin. Nous rangerons donc les pressentiments parmi les indices dénonciateurs d'une irradiation extensive de tout notre être actif et sensitif.

Peut-être certains phénomènes d'apparitions et de visions perceptibles même pour des yeux ouverts et éveillés, qui nous sont rapportés par des témoins sincères et dignes de foi, seraient-ils aussi de même nature que les images spectrales que nous venons d'expliquer, mais alors d'une intensité et d'une convergence focale tout à fait exceptionnelle. Toutefois la confusion qui peut en être faite avec les cas d'hallucination proprement dite, chose qui n'est plus qu'idéale et du domaine interne du cerveau, nous arrête et nous rend circonspect sur ce point.

Nous rencontrerons de nouvelles preuves de l'existence du rayonnement vital dans l'admirable flair qui fait retrouver à quelques animaux exceptionnellement doués sous le rapport des instincts affectifs, le droit chemin qui, malgré d'énormes distances, doit les ramener auprès des objets de leur attachement. Il n'est pas de sens connu qui suffise pour guider par exemple le pigeon-voyageur qui a été enfermé et transporté à cent lieues de son colombier. Voyez-le dès sa mise en liberté, décrire dans les airs de grands cercles qui lui permettent de sentir de quel point de l'horizon accourent des effluves bien connus. Après quelques épreuves, sûr enfin du point sensible, il s'élance en ligne droite et remonte à tire-d'aile le courant qui le ramène à la source des irradiations reconnues de si loin. Nous croyons que ce fait est d'un tout autre ordre que les migrations auxquelles se livrent certaines espèces d'oiseaux et d'autres animaux.

Est-il d'autre part trop hasardeux d'ajouter quelque foi à la croyance populaire qui prétend voir dans les hurlements sinistres du chien dont le maître agonise, l'annonce d'une mort imminente que l'animal pressent dans sa douleur? Ne peut-on concevoir encore ici le fait de l'extinction graduelle d'un rayonnement vital accoutumé qui se retire invinciblement et échappe à l'affection du plus sincère des amis?

Une fois admis l'existence d'une atmosphère vitale rayonnant autour des êtres, nous en constaterons partout la présence mystérieuse et les ébranlements communicatifs : Les attractions réciproques des regards et des pensées, la contagion des émotions fortes, celles des pleurs et du rire, et même du simple bâillement, l'enivrement du bal, la puissance du geste autrement énergique que la parole, se comprendront mieux lorsque nous verrons par la pensée le contact des rayonnements agissant les uns sur les autres ; et nous reconnaîtrons encore la même effluence invisible, lorsque les fronts inclinés de la foule des fidèles sentent réellement planer la bénédiction du pasteur ou l'évocation que du haut de l'autel le prêtre appelle la tête haute et les mains étendues sur l'assistance. (*)

---

* L'ivresse par le mouvement, bien connue des physiologistes, ivresse qui procure aux derviches-tourneurs et aux aïssaoua une insensibilité surprenante, grâce à laquelle ils

Nous avons déjà observé que l'habitude de vivre au milieu de rayonnements qui se croisent de toute part sans frapper particulièrement aucun de nos sens, entretient en nous l'inconscience de ces rayonnements. Il y a pourtant des moments où, sous leur influence, nous éprouvons une impression véritablement perceptible; c'est lorsque leur concours en masse serrée nous comprime en quelque sorte et nous enveloppe: Ouvrez une fenêtre sur la place ou sur la rue que vient d'envahir une grande foule ; vous sentirez certainement une commotion apréciable. Si au nombre vient s'ajouter le mouvement, l'impression sera plus forte et plus prolongée; et si ce mouvement se cadence comme le rythme d'un grand bal, la farandole de tout un peuple en liesse ou les évolutions militaires d'une nombreuse troupe, la commotion vague devient l'émotion irrésistible, même en dehors de toute passion entraînante. Et ce qui prouve encore la matérialité de l'impression

---

supportent les épreuves les plus douloureuses, ne pourrait-elle pas s'expliquer par une distension et une excitation anormales qui, du tourbillon corporel passent dans son rayonnement éthéré, lequel ne gagne alors en intensité qu'au détriment de l'énergie et de la sensibilité du corps? De là le relâchement sensitif, l'exaltation, le vertige du sujet dont l'atmosphère vitale élevée à son maximum d'activité fluide et vibrante, atteint alors à un pouvoir réfractif capable de produire les mirages éthérés qui provoquent l'extase très réelle du fanatique.

ressentie, c'est que son plus ou moins d'intensité est en raison du plus ou moins d'importance de la masse humaine qui la provoque ; or, ce rapport de quantité est d'ordre physique uniquement.

Le sens de la vue n'est pas seul en jeu dans l'épreuve de cette sorte de sensation ; tout l'être se trouve influencé, car il subit de tous côtés une action enveloppante qui n'est autre que la compression de son atmosphère effluente par la masse des irradiations réunies de la foule. Le rayonnement semble ici servir puissamment les effets déjà entrevus de fusion et de synthèse vitale des collectivités. C'est surtout quand se produit quelque grand mouvement populaire que le cœur le plus ferme est contraint de céder un moment du moins aux entraînements de la multitude, et il ne retrouvera la libre possession de lui-même que lorsque l'isolement l'aura soustrait à l'ébranlement collectif qui dominait son impuissante individualité.

Un faisceau de rayonnements étroitement rassemblés est une puissance avec laquelle le simple individu doit toujours compter. Réuni à cette foule, il ne possède plus l'indépendance de son initiative et de sa valeur propres, absorbées ou empêchées par la masse. Il subit passivement des entraînements irraisonnés et participe inconsciemment à des sentiments, des passions, des violences qu'en particulier chaque individu faisant partie de cette foule répudierait s'il était rendu à lui-même, mais qui fermentent, naissent et s'imposent au milieu de l'être collectif qui représente non pas la somme, mais plutôt la résultante des volontés réunies et fusionnées dans une atmosphère commune d'irradiations comprimées les unes dans les autres. Les intelligences les plus alertes et les plus lucides en leur particulier, se trouvent aussitôt empêchées au milieu d'une assemblée nombreuse (*), et ce seront même les aptitudes les plus amples et généreuses qui s'en trouveront le plus entravées, comme donnant plus de prise au flux ambiant, tandis que les facultés courtes et sans portée conserveront davantage leur liberté d'allures. (**) Seuls les mieux doués sous le rapport de l'initiative entraînante se frayeront une route ou imposeront même leur pente propre à tout cet ensemble qu'un besoin impérieux d'ordre et d'entente incline à adopter un centre commun d'impulsion. C'est en raison de cette prédisposition naturelle qu'on verra de fortes individualités embrasser un rôle bien plus vaste que celui que peut comporter la sphère bornée du

---

* « Dès que les hommes s'assemblent, leurs têtes se rétrécissent », a dit Montesquieu.

** C'est la raison qui fait aussi que les âmes délicates ne goûtent profondément que dans un isolement qui permet l'expansion entière de leur individualité, les chefs-d'œuvre de l'harmonie ou de tout autre grand art, tandis que mêlées à la foule, elles restent relativement insensibles et comme opprimées dans l'âme banale d'un nombreux public.

simple individu, et devenir l'âme et le point de concentration de nouvelles formations collectives; et c'est aussi à cette prédisposition des masses passives que l'artiste dramatique, le tribun, le prédicateur, le général, quelquefois un audacieux imposteur doivent leurs grands succès. Sur cette masse compacte et cimentée par l'entre-croisement momentané des irradiations réunies en un seul faisceau, l'on verra un même souffle de colère ou de folie, d'héroïsme ou de terreur, passer sur toutes les volontés, et faire vibrer à l'unisson toute cette foule comme une seule chair.

C'est aussi plus que de l'entraînement et de la contagion, c'est un véritable englobement qui s'opère dans cette cohésion qui soulève et emporte le soldat à son rang au milieu du régiment en marche, et qui entraîne le cheval aussi bien que le cavalier. Alors l'être collectif auquel l'individu se trouve appartenir et dont il n'est plus qu'un simple élément, lui imposera ses impulsions et ses émotions propres. On le voit bien dans ces paniques irrésistibles des armées, qui entraînent et déconcertent les plus braves. Qu'est-ce qui cimenterait aussi étroitement les foules que parcourt instantanément la même vibration, et qu'anime le même ressort, si ce n'est la compression de la masse entière des rayonnements réagissant à l'état synthétique sur les individus eux-mêmes ?

Le rayonnement vital individuel qui vibre

aux moindres ébranlements de l'être sensitif, traduit aussi dans sa faible mesure, les impulsions de la pensée et de la volonté que nous voyons déjà se communiquer si merveilleusement à nos membres dans les mouvements voulus par l'esprit. Il est en ce sens la représentation fidèle de la personnalité morale autant que physique, et l'atmosphère vibrante dont il nous enveloppe prend sans doute la figure qui correspond à ces deux aspects de l'être dont il est l'émanation, car la délicatesse extrême de ses ondes rend celles-ci obéissantes aux moindres mouvements qui animent leur foyer vivant, et sensibles aux incitations parties des autres foyers. Pourrions-nous affirmer que toutes nos pensées sont bien nôtres, et qu'entre nos velléités les plus secrètes, il ne se manifeste pas des suggestions étrangères qui nous pénètrent à notre insu ?

L'atmosphère vitale représente donc un grandissement démesuré de l'être qui constitue son noyau solide et dont il projette au loin, non seulement l'image corporelle, mais aussi la répercussion éthérée de toute son activité organique et sensitive. Si le rayonnement devenait perceptible pour nos yeux, son aspect serait celui d'un nimbe immense, animé d'un frémissement continu, et dont la dilatation de plus en plus raréfiée, nous empêcherait de voir les dernières limites.

Si extraordinaire que paraisse être cette faculté des êtres animés de rayonner ainsi autour d'eux-mêmes au moyen d'une irradiation fluide, elle ne l'est pas plus que le fait des émissions lumineuses propagées dans l'éther à partir des corps incandescents qui en sont la source. Pourquoi les foyers de vie, bien autrement actifs et subtils qu'une simple flamme, n'émettraient-ils pas aussi par les ébranlements de leur activité propre, des irradiations que ne peut pas du reste laisser de répercuter et d'épandre au loin comme tous les autres ébranlements, l'élasticité de l'océan éthéré universel au milieu duquel ils existent et s'agitent ?

Les différents indices que nous venons de relever nous paraissent fournir déjà de sérieuses présomptions en faveur de l'existence d'un rayonnement fluide constituant autour de chaque être une sorte d'atmosphère vitale. Avec les phénomènes du magnétisme animal, nous allons aborder une autre série de preuves plus palpables et probablement décisives.

Quelles preuves nouvelles vient apporter le magnétisme à l'existence d'un rayonnement éthéré de la vie ?

Nous allons rappeler brièvement les principaux phénomènes du magnétisme dit animal, et reconnaître que tous sans exception aucune s'accordent rigoureusement avec notre hypothèse du rayonnement vital ; que par lui ils s'expliquent et se comprennent eux-mêmes en tant qu'étreintes et luttes invisibles des divers courants fluides mis aux prises d'individu à individu, et que dès lors ils viennent de leur côté confirmer une théorie grâce à laquelle ils cessent désormais d'être pour nous un mystère.

Ainsi le sommeil provoqué chez un sujet par son magnétiseur sera déterminé par le refoulement et l'enrayement de son activité rayonnante, cédant à des irradiations opposées plus puissantes ou plus tendues et dont la répercussion se continuera à l'intérieur du sujet, déterminant alors la paralysation totale ou partielle de l'activité sensitive, cause ordinaire du sommeil. Les passes, les projections et les rétractions des mains, tous les mouvements de l'opérateur s'exécutent en effet comme s'il agissait sur une masse fluide mais tangible et susceptible d'obéir à des pressions matérielles. Encore faut-il que le sujet n'oppose pas, même involontairement, une puissance de rayonnement trop grande et qui rende infructueux les efforts du magnétiseur, lequel réussit bien mieux avec de tout jeunes gens qu'avec les adultes dans la force de l'âge.

L'activité de l'opérateur et la passivité du sujet seront naturellement les meilleures conditions pour l'accomplissement des deux rôles opposés et pour la victoire finale du rayonnement du magnétiseur qui substituera ainsi l'initiative de son activité propre, avec toutes ses conséquences, à celle du sujet qu'il domine au point de la refouler jusqu'au réduit même du moi, et de commander à ses volitions.

Dans les communications magnétiques, il se passe quelque chose de comparable aux transmissions de force et de mouvement qui ont lieu entre appareils électro-dynamiques ; et c'est nécessairement le rayonnement dominant qui agit comme courant inducteur. Il faut bien que cette communication se produise effectivement lorsque nous voyons un sujet suffisamment maîtrisé subir et exécuter les volontés de son magnétiseur placé souvent à une distance très grande, et marquer même parfois cette dépendance jusque dans les effets de suggestions les plus invraisemblables. Les ressorts de la volonté subjuguée obéissent ici à une incitation venue du dehors, au lieu de suivre ses propres impulsions, et cette incitation effectuée au cours du sommeil magnétique, ne rend parfois même ses conséquences que plusieurs heures après le réveil, montrant ainsi la présence encore active de cette volonté étrangère, et l'évidence de son transport positif d'un cerveau à un autre, sans l'intermédiaire habituel des sens. Le sujet agit en effet d'après cette volonté imposée comme si elle était véritablement sienne ; or, ce transport n'a pu suivre évidemment d'autre voie que celle des ondes du courant fluide qui a relié un moment les deux individualités.

Incidemment nous rapprocherons ces phénomènes connus de tous, de la fascination et des avertissements secrets dont nous parlions plus haut, et nous retrouverons dans ce rapprochement la communication très réelle qui est possible à distance, par le moyen du rayonnement vital, entre les divers foyers de vie s'influençant ainsi les uns les autres, consciemment ou inconsciemment.

Les courants émanés du magnétiseur sont empreints nécessairement de la même forme d'activité qui agite leur foyer vivant ; ils la continuent et la transmettent directement, non seulement à la personne dominée, comme nous venons de le voir, mais ils peuvent la communiquer encore à des corps inanimés susceptibles d'ébranlements atomiques aussi délicats, et capables de les transmettre à leur tour, servant ainsi d'intermédiaires entre le foyer actif et le foyer passif qu'ils actionnent à l'unisson du premier. C'est ce qui s'observe dans le fait de la magnétisation d'agents inertes comme l'eau et les métaux dont le contact provoquera ensuite la même agitation vibratoire avec ses effets conséquents, tels que s'ils eussent été communiqués directement.

L'intervention d'un magnétiseur n'est pas indispensable pour provoquer le sommeil magnétique. L'hypnotisme volontaire peut être amené par la seule convergence des regards fixés avec persistance sur un même point assez rapproché des yeux, et cette cause toute mécanique de l'hypnotisme est suffisante à elle seule pour produire l'état cataleptique, bien qu'elle puisse être aidée par la volonté ou par des prédispositions naturelles, comme celles des somnambules. (*) Mais ici nous revenons simplement au fait déjà reconnu de l'enrayement de l'activité tourbillonnaire du second degré, et au sommeil des sens, sommeil le plus souvent partiel, et dont l'inégalité donne lieu à un déséquilibre mental des plus bizarres. C'est un arrêt forcé que produit dans le mécanisme animal la compression d'un seul point de l'ensemble des rouages de ce mécanisme où tout se tient; et l'enrayement commencé par le sens de la vue s'étend bientôt aux autres sens. Les fakirs de l'Inde s'hypnotisent ainsi eux-mêmes en fixant obstinément leur

---

* Dans les actes surprenants des somnambules que nous voyons marcher et agir les yeux fermés, ou fixes et dépourvus de regard, sans se tromper ni même hésiter, reconnaissons encore l'action du rayonnement vital devenue assez intense pour suppléer aux sens actuellement endormis, et les remplacer dans leur rôle habituel. C'est la même capacité sensitive du rayonnement qui se manifeste aussi dans les interversions des sens, lesquelles permettent aux sujets magnétisés de voir ou d'entendre autrement que par l'intermédiaire exclusif de l'ouïe ou de la vue, choses qui nous reportent à ce que nous avons déjà observé de la nature générale de la sensation, diversement exercée par nos sens, mais toujours unique dans son principe. Les faits divinatoires de la vision intérieure des songes véridiques et des pressentiments examinés plus haut, touchent également au même ordre de phénomènes sensitifs. En outre, il est important de remarquer que l'énergie sensitive sera nécessairement d'autant plus puissante qu'elle se trouvera dans ces cas-là, anormalement concentrée et tendue, et plus capable d'essor irradiant vers les seules issues qui lui sont ouvertes.

nombril ou leur nez, et ils provoquent par ce moyen un état cataleptique accompagné d'hallucinations auxquelles leur fanatisme donne couleur d'extases religieuses.

L'activité ordinaire de la vie complète est faussée et suspendue en partie par cette contrainte volontaire; et ce qui montre que la tension visuelle agit seule sans même qu'intervienne la volonté pour entraver et enrayer l'activité sensitive, c'est qu'on provoque l'hypnotisme même dans les animaux chez lesquels on parvient à produire pendant un moment une semblable convergence des regards.

Dans quelques cas, une pression persistante exercée par le magnétiseur sur la main ou seulement le pouce, suffit de même pour enrayer également l'activité de veille et à endormir le sujet. C'est donc bien ici le résultat d'une cause d'arrêt tout mécanique, capable de produire un sommeil accidentel et les phénomènes qui accompagnent le sommeil, notamment les songes et les illusions des sens d'autant plus excitables que le sommeil n'est pas complet et que la part d'activité sensitive qui persiste est supérieure à celle qui renaît d'elle-même vers la fin du sommeil naturel.

C'est encore de déséquilibre sensitif et d'intellect subjugé qu'il s'agit ordinairement dans les hallucinations et les actes inconscients qu'on suggestionne chez la personne endormie. On y constate tous les degrés d'activité et tous les effets habituels dont sont susceptibles les centres cérébraux excités isolément par les provocations que met en jeu la volonté dominatrice qui s'est imposée au sujet. Cette volonté du magnétiseur en pleine possession d'elle-même, appuie alors à son gré sur les ressorts de l'intellect passif, par le seul fait que l'expression de ses ordres, portée par les courants magnétiques, active simultanément les mêmes rouages des deux organes ainsi accordés ensemble. Il est évident que des cerveaux trop dissemblables ne sauraient vibrer à l'unisson par défaut de concordance, et la preuve en est qu'aucun magnétiseur n'a jamais pu déterminer des phénomènes magnétiques de cet ordre, chez les animaux dont la structure cérébrale est tout autre, et que l'homme ne réussit qu'à stupéfier ou à dompter.

L'on voit aussi les objets eux-mêmes provoquer chez les hypnotisés par leur simple approche, les effets que leur usage comporte d'ordinaire : Le contact d'une arme réveillera les instincts meurtriers, la simple odeur du vin déterminera les symptômes de l'ivresse ; de même les sentiments gais ou tristes qu'interprètent les accords de la musique, seront excités chez le sujet qui, à leur audition, manifestera l'impression correspondante par tous les signes extérieurs qui les expriment le plus naturellement, selon les ressorts qui auront été touchés dans cet état de sensibilité anormale. Des résultats thérapeutiques seront même obtenus sous l'injonction du magnétiseur, en activant les nerfs dans leur rôle de direction et de conservation organiques.

Tout cela ne diffère pas en principe des suggestions de l'état de veille, mais se trouve considérablement accru en proportions par l'exaltation magnétique. Comment douter d'un rayonnement extensif de la personnalité corporelle tout entière, lorsqu'on voit les effets habituels d'une substance médicamenteuse par exemple, être provoqués à distance en vertu de la surexcitabilité que procure l'hypnotisme, et qui permet que les courants irradiants inter-moléculaires qui traversent tout ce qui les environne, s'affectent de tout ce qui peut impressionner l'être et ses organes, par un réel contact fluidique ?

Parmi tant de phénomènes du magnétisme animal, un des plus extraordinaires est l'état cataleptique qui contracte et insensibilise les membres isolément actionnés par l'opérateur. Quand celui-ci met toute son énergie à accumuler sur telle ou telle partie du corps, une affluence particulière de courants dirigés dans le même sens, il détermine sans doute à cette place une orientation atomique assez contrainte pour paralyser la sensibilité nerveuse et pour causer une tension musculaire égale ou même supérieure à celle qui résulterait de l'effort volontaire du sujet, car à la vigueur propre de ce dernier, il ajoute la force qu'il dépense lui-même en irradiations intensives de son activité personnelle, dépense qui est très réelle et se reconnaît bien vite à la fatigue et à l'épuisement du magnétiseur ; or, s'il n'y avait pas perte de force projetée ou de fluide, c'est-à-dire de sa propre énergie rayonnante, ce ne serait pas quelques mouvements des bras qui occasionneraient chez l'opérateur une telle lassitude.

Nous venons d'identifier le fluide magnétique avec le rayonnement vital, car c'est pour nous une seule et même chose, et chacun peut se convaincre de la réalité de cette puissance fluidique et irradiante de notre être, au moyen d'une expérience fort simple que le peu de constance que nous mettons d'ordinaire à l'examen de ces choses étonnantes empêche seul d'être mieux connue : Dans une réunion de personnes inoccupées ou dont l'attention n'est pas trop tendue, concentrez tout ce que vous pourrez mettre de volonté dans l'attitude et le regard pour dominer mentalement un des individus présents qui ne fait encore nulle attention à celui qui l'entreprend ainsi. Cet essai de fascination continué avec un peu d'opiniâtreté, sera très souvent suivi d'effet, et quelquefois même de prime abord. Ainsi d'ordinaire l'expérimentateur verra les sujets qu'il aura visés, témoigner bientôt une certaine gêne, surtout parmi les faibles, les enfants, les jeunes filles, et parfois céder brusquement et se tourner vers le fascinateur en le questionnant en quelque sorte des yeux. Moins que cela encore, visez à la dérobée la main, le pied d'une personne qui ne se doute de rien, et souvent ce pied, cette main auront un léger tressaillement comme en réaction contre une excitation extérieure. Voilà une preuve facile à se donner à soi-même de l'action que peut exercer un rayonnement humain sur les autres rayonnements, et par ceux-ci sur les individus eux-mêmes, car aucun autre moyen apparent que le regard et la volonté n'a été mis en œuvre pour influencer les sujets de cette simple expérience.

Ce que nous venons de dire n'est du reste à un faible degré que de la magnétisation par la seule action des rayons visuels, telle que la pratiquent bien plus efficacement sur leurs sujets les magnétiseurs puissants, car il faut observer que l'organe qui semble être l'agent le plus énergique des communications magnétiques, est précisément l'œil, c'est-à-dire le seul instrument dont la texture délicate offre une intime adaptation à la ténuité extrême du plus subtil des fluides, de cet éther qui est la seule matière du rayonnement vital, de cet éther universel qui tient en suspension dans ses abîmes atomiques les groupements moléculaires plus ou moins condensés de tous les autres aspects de la substance; et il est naturel que l'atmosphère éthérée des foyers de vie, toute faite de ce même fluide, subisse plus particulièrement l'action de l'organe qui déjà est seul capable d'analyser et d'interpréter les vibrations lumineuses du même éther. La puissance magnétique du regard viendra ainsi de ce que de l'œil s'élancent comparablement aux projections de la lumière électrique, les plus intenses irradiations dont soit susceptible le rayonnement vital.

Nous avons parlé à une autre place des conjonctions spectrales qui expliqueraient la réalité de quelques pressentiments entrevus, soit dans l'état de veille, soit pendant le sommeil. Le magnétisme ne peut certainement pas contraindre la formation de ces spectres éthérés laissés au hasard des rencontres lointaines des divers rayonnements; mais dans cet état de surexcitation lucide qui fouille les moindres replis du cerveau et centuple l'acuité sensitive, les conjonctions spectrales qui se trouvent en vue deviendront particulièrement perceptibles pour le sujet magnétisé dont le rayonnement se trouve sensibilisé dans la proportion précisément de la diminution de sensibilité corporelle que subit toujours en ce cas son foyer vivant. Certains faits de divination pourront alors se produire dans la mesure déjà admise, sans qu'il y ait à les confondre avec ces jeux de société qui sont l'ordinaire des faiseurs de tours ou des amateurs de mystifications.

Il est un autre phénomène magnétique où l'action du rayonnement vital se manifeste d'une manière tout à fait éclatante, et montre qu'elle est aussi une force comme l'électricité en est une. Ce phénomène est si extraordinaire qu'en présence de ses effets les moins contestables, on doute encore et l'on croit à une erreur des sens.

Il faut toute notre foi profonde pour oser rappeler et présenter ici comme une preuve du rayonnement vital, l'exemple de ces objets matériels et inertes que réussit à mettre en mouvement l'action combinée des volontés d'un groupe de personnes qui forment autour de ces objets une chaîne continue, en s'abstenant de toute action musculaire autre que la simple apposition des mains. Tout le monde s'est occupé des tables tournantes, et ces deux mots pourront amener le sourire sur bien des lèvres; mais le phénomène n'en mérite pas moins la plus sérieuse attention. Premièrement le fait est réel et facile à vérifier avec un peu de patience par les plus incrédules; deuxièmement les prétextes trouvés pour expliquer un mouvement qui ne serait autre qu'un résultat d'impulsions inconscientes données par les mains énervées des expérimentateurs, n'ont pas de base sérieuse, car si nous sommes susceptibles de mouvements involontaires et inconscients, ce ne saurait être le cas dans un moment où l'application et la volonté surveillent de trop près les moindres tensions musculaires, pour que nos mains puissent agir à notre insu. Le fait palpable est le branle imprimé à un corps inerte sans autre cause apparente que le simple toucher et la volonté, c'est-à-dire la production par les acteurs de cette expérience, d'une énergie appréciable non-musculaire qui ne peut avoir d'autre source réelle que l'impulsion effective produite par l'irradiation fluide s'accumulant comme une charge électrique dans la masse inerte, jusqu'à ce que cette énergie de plus en plus accrue, dépasse la résistance matérielle de l'objet actionné et l'entraîne. (*) Ici nous constatons plus sensiblement encore que dans les exemples précédents, les effets physiques d'une pression exercée par des ondes fluides multipliées en nombre et en puissance et dirigées en un courant circulaire ininterrompu par un groupe d'individus que réunissent comme autant d'éléments de force, la chaîne des mains et le lien d'une même volonté. (**)

Quant à nous occuper des interprétations mystiques ou des plaisanteries funèbres qui ont

---

* Il est hors de doute que ce phénomène a été expérimenté dès les temps les plus anciens, et que ses effets bizarres avaient une grande part dans les pratiques plus ou moins sincères de l'antique magie. Plus près de notre époque, les exercices connus sous les noms de : " boussole infernale „, " clef de Saint-Jean „, " horloge du trépas „, etc., n'étaient évidemment que des choses de même catégorie bien capables de confondre les plus incrédules, et d'où les prétendus sorciers, précurseurs de nos spirites actuels, tiraient des oracles ayant toutes les apparences d'un surnaturel indéniable.

** Rappelons que la force qui est d'origine ultra-substantielle, et qui n'agit dans l'ordre physique qu'en continuation et transformation de l'impulsion initiale, appartient aussi en propre à la vie, car celle-ci émane directement du principe immatériel qui recèle la force ; et observons que la même cause qui fait agir nos mains dans le sens ordonné par la volonté, peut incontestablement diriger dans un sens déterminé les ondes fluides qui émanent de nos personnes.

discrédité un phénomène déjà suffisamment merveilleux par ce qu'il a de réel, cela nous paraît oiseux et superflu. Il est évident que nous ne prétendons constater et affirmer rien autre chose qu'un fait mécanique où se manifeste le rayonnement vital, lequel ne saurait être exempt de cette sorte de matérialité qui accompagne tous les effets de l'activité organique et sensitive. La succession des ondes vitales qui forment le courant moteur, ne remplit ici qu'un rôle comparable à l'action des ondes connues de la lumière quand elles viennent frapper et pousser les palettes du radiomètre de Crockes, où le déséquilibre produit entre les surfaces mates et absorbante, et les miroirs réfléchissants et répulsifs, se résout en un mouvement facilité d'autre part au moyen du vide pneumatique.

Peut-être faut-il voir encore une preuve absolument visible cette fois de l'irradiation animale, dans une autre petite expérience que chacun peut faire aisément : Qu'on s'approche d'un de ces traits lumineux que projette dans l'ombre d'une chambre close un étroit rayon de soleil tombé de la fente d'un volet. Des myriades de particules flottantes s'agitent et tournoyent tout le long de l'éclatante traînée. Il suffira de présenter en travers de cette poussière brillante et légère, l'extrémité des deux mains jointes pour que l'on voie s'élancer comme chassées par un léger souffle, quelques-unes de ces particules, qui plus loin continuent de graviter paisiblement.

Plus les mains sont élevées en l'air, plus l'effet paraît sensible, comme si le rayonnement général se renforçait dans le sens longitudinal du corps vers cette pointe extrême.

En opérant plusieurs fois à divers degrés de lenteur ou de vitesse, il sera facile de faire la part du déplacement de l'air causé par l'agitation ou la chaleur des mains, et du mouvement propre de l'irradiation fluide s'élançant du bout des doigts. (*) Rien n'empêche en effet de croire qu'un courant d'effluves vitaux ramassés dans un sens où ils acquièrent une exceptionnelle intensité, puisse entraîner quelques particules de cette poussière flottante, bien que celles-ci soient lourdes et massives en comparaison de la légèreté infinie des ondes éthérées émises par le rayonnement.

L'insaisissable activité tourbillonnaire qui règne dans les profondeurs atomiques de l'être, n'aurait donc pas pour limite la surface des corps vivants. Elle jaillit et s'élance bien au-delà sous forme d'ondes fluides ou magnétiques d'une puissance totale égale à celle qui est émise à leur foyer, mais en se raréfiant de plus en plus par la dispersion, et se ramenant à une mesure

---

* L'instinct qui réunit nos mains dans les élans de l'affection, ou qui fait deviner les sentiments d'un homme selon l'impulsion que donne le contact de la main qu'il offre par obéissance aux usages, vient à l'appui de cette observation qui ferait également de ce membre le siège d'un courant fluide particulièrement intense et expressif.

d'action proportionnée à la légèreté du fluide éthéré qui en est la seule substance.

C'est ce rayonnement presque illimité, vu le peu de résistance que rencontre la propagation de ses ondes subtiles, qui seul peut fournir une explication plausible des phénomènes du magnétisme animal, comme il nous a donné la clef d'autres communications lointaines de la sensation, communications qui ne sauraient avoir lieu sans le véhicule effectif des irraditions que projette tout foyer de vie.

La vie végétale rayonne-t-elle aussi comme la vie animale ?

L'activité vitale du règne végétal rayonne nécessairement comme celle de la vie animale en ondes éthérées, et ses irradiations se manifestent également d'une manière appréciable.

La lutte pour l'existence sévit chez les végétaux autant que chez les animaux ; tout milieu viable est âprement disputé, et il n'y a pas de place au soleil pour toutes les plantes qui ne demanderaient qu'à croître et à propager leur espèce. Dans ce combat pour l'occupation du sol, combien de végétaux s'excluent les uns les autres, les plus vigoureux ou simplement les premiers occupants s'emparant à eux seuls de la position ! Quand nous voyons dans nos bois, telle essence forestière régner presque exclusivement et défendre son domaine en faisant périr à distance l'essence concurrente qui prospérerait sans un voisinage si inhospitalier, ne peut-on déjà soupçonner une action lointaine des effluences de l'espèce prépondérante, concourant dans une certaine mesure à repousser l'espèce rivale? N'y a-t-il pas également quelque correspondance secrète entre les plantes sexuées qui, à des distances souvent considérables, émettent ou attirent au seul moment propice le pollen fécondateur? Une projection rayonnante ne se manifeste-t-elle pas aussi dans les odeurs que les fleurs répandent et qui ne s'élanceraient pas tout alentour avec une aussi égale diffusion, s'il n'y avait en jeu que la seule volatilisation aidée par les agitations de l'air? Les ondes rayonnant autour de la plante constituent probablement le premier véhicule de ces émanations lancées comme un appel séduisant au-devant de l'insecte attendu, émanations auxquelles le vent n'apporte ensuite qu'occasionnellement son concours auxilliaire. (*)

Le rayonnement végétal ne passe pas non plus tout à fait inaperçu pour nous : Entre les impressions diverses que nous éprouvons au milieu d'une forêt par exemple, nous pouvons avec un peu de recueillement démêler un sentiment indéfinissable, absolument en dehors des impressions d'ordre physique ou moral que fait naître le milieu. La solitude de la forêt n'est aucune-

---

* Il est à remarquer que les odeurs sont presque toutes d'origine organique.

ment semblable à la solitude d'un désert. Il n'y a pas seulement la différence des aspects visibles, des images riantes ou mornes, du genre de silence de chacune de ces deux solitudes ; il y a autre chose encore. L'homme qui, pour la première fois se voit en plein désert, éprouve une sensation entièrement nouvelle pour lui de vide inaccoutumé, de silence troublant, de détachement absolu. Ici c'est bien la vraie solitude, solitude implacable qui n'est pas non plus celle des plaines liquides de la haute mer, car l'existence abonde au milieu des eaux, et nulle part l'homme n'est enveloppé d'effluves pénétrants, n'est bercé de mol oubli et de rêverie captivante comme au large de cet océan tout vivant et vivifiant que le marin finit par aimer d'amour et auquel il donne le meilleur de son âme. Ici c'est encore la vie, tandis qu'au désert de sable c'est la mort. Et la forêt aussi, comparée au désert, est animée, est pleine de chuchottements mystérieux, sans pourtant que l'oreille en perçoive le bruit ; on ne s'y sent plus aussi seul et détaché de tout, on y éprouve des pénétrations intimes. La forêt est pour nous une compagnie que certaines âmes préfèrent même à toute autre.

Les bédouins du désert disent que leurs aveugles sentent au loin l'oasis qu'ils ne sauraient voir. Les animaux qui font partie de la caravane le sentent eux aussi à coup sûr, et cette perception doit être vraie, non seulement pour l'animal, mais encore pour le pauvre arabe aveugle qui devine le vivant îlot de verdure avec une finesse d'impressionnabilité qu'aiguise son infirmité même. Le même habitant de l'oasis n'affirme-t-il pas que du palmier barbarement coupé sort un murmure plaintif? Rayonnement éperdu sans doute qui impressionne douloureusement la nature sensitive de l'Africain. (*)

L'homme de la nature et le poète qui prêtent une âme à l'arbre des forêts, sont en ce sens plus près du vrai que l'homme du monde qui ne voit là qu'une fiction gracieuse ou puérile. Le grand Pan si cher aux anciens, n'existe plus pour nos sociétés fébriles de plus en plus dévoyées du naturel, bien qu'il vive véritablement comme jadis. Il lui reste pourtant encore quelques familiers qui comprennent toujours ses douces confidences, et s'entretiennent intimement avec lui. Ceux-ci sont acquis d'avance à la certitude que de tous ces foyers de vie de la nature végétale, sans en excepter la plus humble fleur, sortent des émanations mystérieuses qui portent au loin l'expression vivante de ce que sont leurs tranquilles et primitives existences.

Reconnaissons donc dans le rayonnement

---

* On raconte que l'aveugle Saunderson qui fut professeur de mathématiques à l'université de Cambridge, avait non seulement acquis une perfection rare du sens du toucher, mais même qu'il ressentait lorsqu'il passait à proximité d'un arbre, l'impression de ce voisinage, rien qu'à la seule sensation que l'air lui en apportait. Comment ne pas voir encore là un effet sensible du rayonnement végétal?

fluide de tout ce qui vit, animaux et plantes, la cause naturelle de tant de phénomènes dont il nous manquait la clef, et nous aurons par cela seul comblé une importante lacune de nos sens imparfaits au grand profit de la connaissance des choses de la nature.

Peut-il y avoir des rapports entre le rayonnement de la vie terrestre et le rayonnement de la vie des autres mondes ?

Les astres qui déjà émettent des irradiations calorifiques et lumineuses, d'ordre purement physique, rayonnent sans doute également par ce qui s'est développé en eux d'ordre vital, car toute évolution de monde implique toujours un alliage du principe initial supérieur et du principe substantiel réagissant, donnant des conséquences analogues aux phases physico-vitales des développements terrestres.

A quelque degré de vie que se trouve être actuellement son évolution, avant ou après la constitution de l'ordre vital qui suit nécessairement partout celle de l'ordre physique, un tourbillonnement astral contient virtuellement la même somme d'action initiale et de vie latente ou développée, ayant sa place dans les rayonnements qui transportent au loin l'expression de son activité évolutive. Il émet par conséquent, comme résultante proportionnelle de toutes les actions physiques et vitales comprises dans son évolution, un rayonnement synthétique donnant en quelque sorte l'image de son individualité parmi les autres corps célestes ; or, la réunion par rapport à la place que nous occupons, de la multitude des irradiations sidérales de l'univers ambiant, représente un formidable ensemble qui converge vers notre globe et croise ses complexes rayonnements avec le rayonnement terrestre.

Plus d'un phénomène dont la cause paraît insaisissable, a peut-être pour origine les émissions venues de ces mondes lointains où l'impulsion initiale des premiers commencements, différente de ce qu'a été celle de notre planète, a dû constituer conséquemment pour chacun d'eux, un ordre physique spécial et certaines lois autres que celles qui gouvernent particulièrement notre milieu. Ainsi l'électricité avec ses effets si bizarres et si incohérents, pourrait appartenir à cet ensemble de rayonnements étrangers à notre globe (*), tandis que le magnétisme appartiendrait en propre à la Terre, ou plutôt le magnétisme serait une même sorte de fluide que l'électricité, mais réduit à l'état particulier qui distingue

---

* Lorsque la foudre fond instantanément les métaux en épargnant les substances fragiles qui les touchent ; lorsque sous la forme d'une boule lumineuse elle pénètre dans nos maisons et en sort légère et inoffensive, ou bien éclate et pulvérise tout autour d'elle ; lorsque ses victimes sont empreintes de l'image parfaite de quelque objet du voisinage qui s'est en quelque sorte photographié sur le corps à travers des vêtements restés intacts, on est certainement en présence de faits qu'aucune loi terrestre connue ne suffit à expliquer.

individuellement chaque foyer astral. La différence profonde qui se remarque entre le magnétisme terrestre et l'électricité universelle nous permet en effet de soupçonner que leurs sources sont différentes (*), bien que certains rapports étroits les rapprochent et les confondent en plus d'un point. Les différences auraient pour cause la diversité des provenances qui se réunissent dans l'électricité, en comparaison de l'unité du magnétisme de la Terre, et les rapports viendraient de ce que l'un et l'autre sont des manifestations astrales de même ordre et de même nature générale.

Ainsi, tandis que la polarité magnétique est entière et parfaite dans chaque molécule des corps magnétisés, aussi bien que dans l'ensemble du grand aimant terrestre, et que ses expansions croissent ou décroissent régulièrement en raison du carré des distances ; tandis que ses courants ont pour principal siège naturel les corps vivants, le fer et les autres métaux qui composent en majeure partie la masse totale du globe et à divers degrés toutes les matières terrestres; pendant qu'ils forment d'une manière permanente à l'intérieur et autour de notre planète, en faisant de celle-ci un vaste aimant, une sorte d'océan magnétique ayant ses marées et même

---

* Ampère a écrit : « Les phénomènes électriques et magnétiques sont dus à deux fluides différents qui agissent indépendemment l'un de l'autre. »

ses tempêtes qui affolent les boussoles qu'on voit d'ailleurs constamment frémissantes sous l'action de leurs ondes, l'électricité instable au contraire est toujours à la recherche d'un équilibre que semble rompre sans cesse l'arrivée de nouveaux courants d'origine lointaine, différents et complémentaires les uns des autres, et avides de fusion générale et parfaite. Là serait peut-être la cause des attractions et des répulsions qui se manifestent dans les divers corps inégalement électrisés, selon les éléments électriques dont ils s'imprègnent de préférence, en vertu de leurs affinités particulières. De là viendrait la répulsion étrange qui suit immédiatement les mariages consommés par les électricités complémentaires, tout d'abord attirées l'une par l'autre, et dont l'étreinte cesse dès qu'il y a eu possession réciproque. Somme toujours variable des différentes irradiations parties de chaque foyer sidéral, l'électricité paraît constamment occupée à fusionner ses divers arrivages, démontrant ainsi le renouvellement continuel de ses éléments d'origine ultra-terrestre.

L'électricité forme elle aussi un océan éthéré, mais autrement vaste que l'océan magnétique terrestre qu'elle contient et pénètre tout entier (*);

---

* Nous revenons encore à cette propriété de la substance de former autant de réseaux atomiques distincts et compris les uns dans les autres, qu'il y a de systèmes de fluides, de vapeurs, de solides, formés séparément en conformité des lois

or, les fluctuations et les tempêtes de cet autre océan sont tellement étrangères au magnétisme que l'aiguille aimantée, le plus souvent ne s'en aperçoit même pas. Ce n'est que dans l'état passager du recouvrement de sa parfaite homogénéité, qu'un courant électrique prend contact avec le magnétisme, l'incite et s'ajoute à lui pendant que se maintient temporairement cette unité qui, dans le magnétisme existe constamment ; et il en est sans doute de même dans tous les corps célestes pris séparément. L'électricité et le magnétisme se tiennent alors étroitement et confondent ensemble leurs ondes, soit lorsque la foudre se précipite de préférence à travers les substances les plus magnétiques de notre sol ; soit quand le circuit des courants de nos lignes télégraphiques se complète par le seul aimant terrestre ; soit quand un électro-aimant est mis en activité, et emmagasine des tensions considérables qui s'offrent ensuite à l'ingéniosité humaine pour être utilisées en travail par une détente graduée. La dépense des forces employées à contraindre l'accumulation des ondes électromagnétiques, est alors restituée par le déroulement de ces dernières qui apparaissent comme

---

qui rassemblent les atomes substantiels. Ainsi les masses solides sont pénétrables aux liquides et aux gaz, lesquels le sont à d'autres fluides plus ténus, et ceux-ci encore, de même que tous les autres groupements de la matière, sont en suspension dans l'éther qui ondule de tous côtés sans trouver d'obstacle.

une transformation des forces primitivement dépensées.

L'analyse spectrale nous enseigne que les matières qui sont en combustion dans les soleils lointains, bien que pour la plupart semblables, prises isolément, à nos corps simples, diffèrent toujours tout au moins de proportion d'un foyer à un autre, et annoncent par conséquent autant d'amalgames distincts donnant des résultantes générales et des lois physiques correspondantes. Ce serait donc une dernière synthèse de tout cet ensemble à la fois semblable et divers qui se dégagerait à la distance qui nous en sépare, et constituerait l'océan électrique dont notre monde est entouré et saturé de toute part, sans préjudice des autres grands aspects particuliers des irradiations astrales. (*)

Maintenant revenons à ce principe vital que recèle chaque monde de l'espace et comprenons que ses effluves propres accompagnent l'ensemble du rayonnement astral, et doivent parvenir jusqu'à nous en même temps que la lumière et les autres courants d'ordre physique. N'est-ce

---

* Les mouvements incessants de l'ordre physique et de l'ordre vital qui règnent dans chaque monde, ne sauraient ni s'annuler ni se perdre ; ils se transforment ou se fondent les uns dans les autres et donnent l'ensemble lumineux, calorifique et électrique connu de nous et dans lequel une analyse possible doit certainement pouvoir démêler d'infinis détails comme en donnent déjà les seuls aspects spectroscopiques de la lumière du soleil et des étoiles.

pas à cette part vitale des ondes électriques qu'il faut attribuer l'influence des temps orageux sur toutes les matières organiques, ainsi que l'affinité si particulière et si merveilleuse que Galvani sut découvrir dans l'électricité pour la substance nerveuse des animaux, c'est-à-dire pour la substance vivante par excellence dont on a reconnu que tous les mouvements paraissent de même nature que la dynamique du magnétisme et de l'électricité?

Entre la vie terrestre et l'électricité existe une irrésistible attraction qui dénonce cette part d'essence vitale que contiendraient les irradiations qui affluent vers nous de tous les points du firmament. Qui ne sait l'influence qu'en outre de la chaleur nécessaire dont ils sont la source, les rayons du soleil en particulier ont sur la végétation et la vitalité animale de notre planète ? Toute proportion gardée, la même influence vitale s'échange sans doute de toute part entre les mondes qui peuplent l'espace. La vie sidérale manifestée par un rayonnement propre qui s'ajoute aux rayonnements physiques doit donc jaillir en même temps que ces derniers à travers l'étendue éthérée, échangeant ainsi ses effluves entre ses divers foyers, et nous donnant notre part de communion de vie avec le reste de l'univers.

De plus, il ressort de tous les rapprochements que nous venons de considérer, que l'électricité universelle, le magnétisme terrestre, et l'énergie motrice de l'activité corporelle et rayonnante des êtres vivants, se touchent de fort près et remontent d'une manière plus directe que les autres formes du mouvement, à la source de force qui réside dans le principe ultra-substantiel.

Résumons les considérations qui se rapportent particulièrement à l'homme et au rayonnement vital.

L'homme est la plus haute expression des perfectionnements réalisés par la vie terrestre, mais rien ne l'autorise à s'attribuer l'honneur d'une origine à part. Les luttes séculaires de la concurrence vitale ont creusé entre lui et les autres espèces un fossé profond, mais l'homme ne diffère des animaux que par la grandeur de ses progrès, par la perfection et la concrétion des idées qu'il a su fixer dans le langage, et surtout par la conscience de l'immatériel qui se fait jour en l'espèce humaine, déjà assez avancée en progrès vital pour qu'apparaisse en elle une certaine lueur supérieure du principe ultra-substantiel.

Quant à son intelligence, l'homme ne peut la revendiquer non plus comme une propriété purement humaine, puisque l'intelligence est un attribut immanent à la vie en général, et se manifeste sur la Terre en même temps que naît la sensibilité. La concentration de l'attribut sensitif dans la substance nerveuse qui gouvernera l'activité générale d'un organisme; le courant nourricier des matériaux nutritifs canalisé dans une artère centrale qui restera pour ainsi dire l'axe et la base de toutes les formes animales ; la précision merveilleuse des mécanismes organiques qui s'adapteront à toutes les nécessités de l'activité ou de la résistance vitale ; toutes ces choses apparaissent comme d'intelligentes adaptations de l'organisation moléculaire des groupes d'atomes vivants, vers des buts indiqués à leur activité par les nécessités ambiantes, et toutes ces choses sont communes à l'homme et à l'animal. C'est une cause intelligente qui dirige l'animal dans les voies qui doivent lui être propices ; qui donne à la plante même une sorte d'instinct ; qui arme d'épines l'églantier aux frêles corolles ; qui fournit une pulpe protectrice et nourricière, ou encore donne des ailes à la jeune graine pressée de se répandre et de germer ; qui inspire même aux êtres les plus inférieurs des deux règnes, mille ruses ingénieuses ayant pour but la défense ou l'attaque et surtout l'avenir de l'espèce, en entourant les rejetons de précautions et de soins d'une prévoyance souvent merveilleuse. La source cachée de cette cause intelligente où la trouverons-nous, sinon dans l'essence supérieure de la première apparition de vie, dans l'origine de cette unité vivante directement issue du principe ultra-substantiel, et déjà inconsciemment dotée de l'attribut intelligent appartenant à ce seul principe ?

S'il y a une infinité de degrés dans l'épanouissement terrestre de l'intelligence, néanmoins *l'intelligence est une* et inhérente au principe de vie qui est unique également. Les unités vitales dont se composent les différentes formes animées, sont individuellement partout de même composition substantielle et de même valeur débutante. Ce qui diffère, c'est le plus ou moins de perfection collective des associations, desquelles se dégagent des résultantes d'intelligence synthétique de plus en plus hautes et de plus en plus abstraites, s'élevant ainsi graduellement vers l'*Intelligence intégrale*, mais sans jamais atteindre à cette intelligence pure qui est l'attribut du seul principe supérieur existant en dehors de la substance.

A travers les espèces de mieux en mieux douées, l'intelligence pratique, avivée par l'exercice de la sensation, grandit insensiblement par la difficulté même des rapports compliqués de l'être avec son milieu. Inconsciente d'elle-même aux débuts de la vie, elle s'éveille dans l'animal perfectionné et s'épanouit pleinement aux sommets qu'occupe l'espèce humaine. Du conflit chaotique des deux principes s'est dégagé enfin une émanation directe du Principe supérieur, encore participant il est vrai de l'alliage substantiel sans lequel il n'y a pas de vie terrestre, mais déjà assez libéré de l'étreinte matérielle pour rappeler sa suprême origine. Un *sentiment transcendantal* supérieur à la simple sensation animale, inaugure ainsi en l'espèce humaine l'avantage décisif que le principe immatériel commence à prendre sur le principe substantiel dans l'actualité de la lutte universelle des deux principes.

Ce que nous nommons instinct est toujours de l'intelligence, mais une intelligence concrétée dans le mécanisme sensitif par la répétition constante d'une même action réfléchie correspondant à des appels et des excitations toujours semblables. Les animaux, dont le genre de vie est à peu de chose près la répétition des mêmes actes, montrent plus d'instinct que d'intelligence, c'est-à-dire plus de réactions machinales consolidées par l'habitude, que de délibérations intellectuelles fortuites et changeantes ; néanmoins beaucoup d'espèces témoignent en même temps dans les cas difficiles, d'une intelligence fort déliée et en rapport avec leur mode particulier d'existence ; d'ailleurs toutes sont perfectibles et capables de s'élever au-dessus de leur niveau actuel. L'homme aussi a sa large part d'instincts enracinés par l'habitude et dont les incitations l'emportent même souvent sur les lumières de l'intelligence délibérante et militante. Ce n'est pas cependant effacement ni abdication de sa supériorité, car si l'intelligence humaine cesse de surveiller de près un mécanisme devenu automatique, c'est qu'elle se porte surtout vers le fortuit et l'imprévu, et se tient en avant pour pénétrer et éclairer l'inconnu de la route à suivre.

Notre espèce occupe le sommet de l'échelle de

la vie terrestre, mais cette situation n'est que le dernier résultat des efforts et des progrès qui ont été réalisés jusqu'à présent par la marche en avant de l'évolution vitale dans un enchaînement ininterrompu. L'homme tient de son ascendance plus ou moins immédiate, ses qualités spécifiques, son tempérament, ses aptitudes, son caractère, qui ne sont que des cas d'hérédité ancestrale s'étendant depuis les premiers commencements de la vie jusqu'à son espèce même, car *la vie n'est qu'une*. Mais ce qui est bien à lui, ce qui commence réellement à sa seule espèce, c'est l'introduction dans la vie de la volonté initiale venant s'ajouter au mode purement passif et réagissant de la sensation, qui s'était seul montré jusqu'alors dans l'ordre vital.

Au reste, le siège même de notre intelligence, le cerveau humain fait simplement suite au cerveau des espèces animales supérieures, et n'en diffère que par un plus haut degré de perfection ; et quant au travail même de la pensée, aux images, aux figures qui naissent, se succèdent, se mêlent et persistent dans le mystérieux amas de substance sélecte qui s'abrite sous l'enveloppe osseuse du crâne, nous reconnaîtrons là l'aspect le plus intime du mariage des deux principes matériel et immatériel dont la vie est faite. Et d'autre part, en songeant au branle atomique dont est nécessairement et supérieurement agitée la matière du cerveau, nous n'hésiterons pas à voir dans les faits d'impressions, de sensations, d'idées transmises, de véritables impulsions dynamiques très compliquées, des détails de gravitation actionnant les atomes de telle ou telle région du tourbillon encéphalique, et se communiquant et se reproduisant à distance entre les êtres, soit entre les divers systèmes tourbillonnaires organisés par la vie.

L'activité vitale ne saurait le céder en subtilité ni énergie à aucun des foyers de l'ordre physique dont l'action s'irradie toujours au loin sous divers aspects par les ébranlements matériels qui se propagent inévitablement dans le milieu élastique de l'éther, lequel est susceptible de contenir et de répercuter dans tous les sens possibles, et sans les confondre, tous les systèmes de mouvements qui peuvent être lancés à travers l'espace; or avec plus d'intensité encore sans doute que les ébranlements lumineux et calorifiques, bien qu'à des profondeurs atomiques insondables, et au-dedans même de la trame de toutes les autres agitations de la substance éthérée, en raison de sa ténuité presque infinie, l'ébranlement vital doit rayonner lui aussi de toute part.

Cette *irradiation* des foyers de vie, sans affecter directement nos sens formés sous l'empire d'autres causes, est cependant confusément perceptible, et une fois reconnue, elle nous met sur la voie de nombreux phénomènes tels que les pressentiments, la fascination, et tous les effets du magnétisme animal qui ne peuvent s'expliquer que par l'existence d'une sorte d'*atmosphère vitale* laquelle est la continuation fluide et rayonnante au sein de l'éther, de l'activité intégrale de l'être corporel, activité capable de répercuter au loin jusqu'aux moindres ébranlements nerveux causés par le travail même de la pensée, et d'étendre ainsi à ce rayonnement l'action de notre personnalité sensitive et intellectuelle.

Chaque foyer de vie rayonne donc indéfiniment vers l'espace, et nous pouvons concevoir que par la réunion des rayonnements de tout ce qui est animé sur la Terre, il se constitue à distance un puissant ensemble d'effluves qui représente une synthèse générale de la vie de notre planète, et qu'il en est sans doute de même pour toutes les existences qui résident dans les autres sphères célestes, où leur manifestation s'ajoute aux éléments de l'activité physique qui s'y développe.

Jusqu'où les ondes éthérées propagent-elles l'expression de la vie des mondes? Les mondes n'échangent-ils pas entre eux des effluves de vie en même temps que des rayonnements d'électricité, de lumière et de chaleur et des mouvements de gravité?

De nouveaux progrès de la sensation et de la science permettront-ils quelque jour l'analyse et la connaissance de ces lointaines et mystérieuses émanations des vies sidérales qui descendent sur nous de tous les points de l'univers?

Qui sait?

FIN DE LA DEUXIÈME PARTIE

TROISIÈME PARTIE

De la Religion naturelle.

PREMIÈRE PROPOSITION

Existence d'un Principe suprême et éternel réunissant les attributs de Puissance, d'Intelligence et de Volonté, et capable de s'exercer sur la Substance qui de son côté existe éternellement par elle-même, en ayant pour attribut propre une énergie immanente et toujours égale, laquelle énergie maintient les atomes substantiels en équilibre dans une diffusion et une immobilité parfaites, tant que la Substance n'est pas visitée par l'action du Principe supérieur.

L'existence et l'éternité de la substance n'ont pas besoin d'être démontrées par le raisonnement. Cela est parce que cela *est*. Quelque idée que l'on puisse avoir sur l'origine et la nature de la substance universelle, aucun sophisme ne peut faire que la substance ne soit pas; et si la substance s'impose d'elle-même, son éternité s'impose également par l'impossibilité évidente de la voir sortir du néant ou d'y rentrer, c'est-à-dire de se changer en *ce qui n'est pas*. Quant au principe suprême qui opère sur la substance et provoque l'infinité des aspects que présente l'univers, il ne saurait être non plus méconnu sans nier la cause en présence même de l'effet.

Depuis qu'il y a une pensée humaine, le problème de l'univers n'a jamais cessé d'être envisagé et approfondi sous toutes ses faces. On a pu disserter à loisir sur les causes et les origines; sur les rapports qui existent entre la matière tangible et la force qui meut cette matière; sur l'opposition ou même sur l'identité de la substance et du principe qui l'anime; ce qu'on ne saurait concevoir, c'est la non-existence d'une cause qui fait l'univers ce qu'il est. Cette cause quelle qu'elle soit, et sans pouvoir la comprendre, nous l'appelons principe suprême, et nous lui reconnaissons les attributs de Puissance, d'Intelligence et de Volonté, parce que ces choses se reconnaissent manifestement dans l'existence, l'ordre et le but de l'évolution universelle, sans que nous puissions faire ni même imaginer qu'elles ne soient pas.

L'indépendance de ce principe ou de cette cause suprême, par rapport à la substance, ressort en outre de l'évidence d'un commencement et d'une fin des mondes comme le nôtre, de leur existence ou de leur non-existence en tant que mondes, c'est-à-dire de deux états irréductibles entre eux de la même et seule substance, tantôt en cours d'évolution, et tantôt abandonnée par la cause évolutive.

Et quant à l'éternité du principe suprême, elle est aussi manifeste que l'éternité de la substance, par la même impossibilité de prendre ou de rendre au néant, c'est-à-dire à *ce qui n'est pas*, la force intelligente et dirigeante conduisant les évolutions substantielles qui se succèdent dans l'univers.

Ces notions de substance éternelle et de principe supérieur éternel, ainsi que leur séparabilité primordiale et essentielle se présentent d'elles-mêmes comme la base absolue et inébranlable de toute connaissance et de toute certitude, et elles se sont de tout temps imposées aux hommes, malgré des dissidences qui ne sont au fond que des perspectives incomplètes montrant le même objet à des portées différentes, et non des oppositions d'idées inconciliables. Un court examen nous en donnera raison.

Deux aspects principaux du problème de l'univers ont toujours en effet, quelque forme qu'ils aient revêtue, partagé les esprits entre deux opinions rivales, toujours subsistantes et toujours ardemment défendues par leurs adeptes, parce que l'une comme l'autre représente une face du vrai. D'une part, avec Anaximandre, Démocrite, Épicure et leurs continuateurs modernes, les matérialistes soucieux avant tout de certitude et de preuves tangibles, et ne s'en rapportant qu'au témoignage des sens ou à la logique inflexible d'un positivisme exclusivement expérimental, voient la substance continuellement en travail de transformation au milieu de la nature actuelle, et produisant par ses métamorphoses incessantes, tout ce qui existe sous nos yeux, êtres et choses ; d'où ils concluent à la réunion en la seule matière des principes d'existence en soi et de mouvement propre, suffisant par eux seuls à expliquer tous les aspects possibles de l'univers existant.

D'autre part, les âmes avides d'une connaissance plus entière, et agitées en outre des élans irrésistibles du pur sentiment ont toujours depuis Xénophane et Parménide, avec Socrate et Platon, ainsi qu'avec toutes les religions formulées, pressenti et reconnu au-delà et au-dessus de l'univers sensible, une notion de cause supérieure et une Existence suprême, maîtresse ou créatrice de la matière ou pour quelques-uns même, seule et unique existence qui soit, et de qui tout découle. Ces derniers, frappés sans doute de l'apparente inconciliabilité de deux infinis qui sembleraient devoir s'exclure l'un l'autre, concluent à l'unité d'essence, oubliant que la qualité d'infini se lie à la notion d'espace et de durée qui n'appartient qu'à la seule substance (*),

---

* En continuant de nous servir de ces mots inévitables d'espace et de temps, il reste toujours entendu que ces termes énoncent des objets dépourvus d'existence propre, ne désignent

et que si nous nommons du même mot l'ubiquité du principe immatériel qui ne connaît ni temps ni espace, c'est par pauvreté d'intellect et besoin de rendre perceptible une idée nécessaire que nous ne pouvons concevoir abstraitement et purement.

De même l'idée moderne d'une substance divisible à l'infini et pouvant disparaître dans une dissolution sans limites pour ne laisser subsister à sa place que des énergies, ne saurait être plus soutenable, puisque la notion même d'infini n'a d'existence que par une substance réelle et tangible. Ne tombe-t-il pas sous le sens que tous les objets matériels que nous connaissons ne sont des choses limitées et finies que parce qu'elles sont formées d'éléments primordiaux eux-mêmes finis et limités?

Il est évident que ce n'est que par rapport à nos corps matériels et grossiers et à notre pensée limitée et relative, que nous ne voyons plus que le néant dans la substance réduite à son état éthéré et impondérable dont l'appréciabilité échappe même aux supputations du physicien. Mais il ne se peut pas qu'il n'y ait une substance atomique comblant l'univers et dont les condensations extrêmes réalisées dans les astres sont seules perceptibles pour notre être borné.

---

pour nous que la succession des atomes et du mouvement. Il en sera de même pour le mot infini qui ne peut signifier que l'aspect illimité de la substance universelle.

Aux travaux inspirés par le positivisme expérimental des matérialistes, l'humanité doit la part la plus certaine et la plus féconde de la connaissance, et le terrain solide sur lequel s'édifient d'âge en âge ses progrès toujours grandissants. Par la foi spontanée des spiritualistes, la connaissance humaine sort du cercle arrêté où la maintenait l'exclusivisme rigoureux des premiers, et s'élève toujours plus haut vers la conscience d'une cause et d'une origine supérieures qui peuvent rester cachées et incompréhensibles sans rien perdre de leur évidence à laquelle les progrès mêmes de la science expérimentale ont apporté les preuves les plus solides : Cette loi générale et féconde d'évolution et de progrès qui est le présent le plus considérable de la science moderne ; la notion certaine de commencement, de durée et de fin des mondes qui ressort de la connaissance que nous avons acquise de la constitution de notre univers ; le témoignage des nébuleuses qui naissent sur un point de l'espace, d'une agitation commençante de la substance diffuse, et des astres finissants qui s'éteignent, se désagrègent et retournent à la diffusion originelle, tout cela peut-il être contenu dans des propriétés réunies en la seule substance ? La matière douée en elle-même de l'attribut du mouvement ne serait-elle pas partout agissante telle quelle se montre dans le cadre restreint de l'évolution temporaire du monde auquel nous appartenons ? Pourquoi cet élan naissant où le mouvement ne s'était pas manifesté encore ; pourquoi cette évolution progressive dans sa période de croissance, conséquente et ordonnée en ses phases successives, et défaillante en approchant de son terme; pourquoi enfin l'extinction finale et complète de toute cette activité temporaire? Pourquoi, si ce n'est parce que la force, manifestation de la Puissance extérieure, parce que le mouvement jusqu'alors absent, est venu visiter la substance et la tirer de son repos naturel? Et ce mouvement apparu en tel ou tel point de l'étendue atomique immobile, et initiateur en ce lieu de l'évolution d'un monde, comment serait-il sans origine et sans cause? C'est cette cause et cette origine que le spiritualiste reconnaît, et devant lesquelles il s'incline sans prétendre les comprendre et les expliquer.

Le matérialiste s'en tient à l'actualité de l'évolution dont il est témoin, et il refuse de sortir du champ-clos de ses certitudes expérimentales. Le spiritualiste a plus d'élan, et il entrevoit au-dessus de la substance en évolution une cause extérieure à la substance créée ou incréée, initiatrice du mouvement et de la vie. La perspective arrêtée du premier ne lui montre qu'un cycle fermé et perpétuellement renouvelable paraissant se suffire à lui-même, et il ne veut voir par conséquent qu'un seul principe. Le point de vue plus élevé du second lui indique un commencement et une fin, lui apprend l'être et le non-être des mondes, lui découvre un au-delà du cycle universel actuel, et il sera amené à reconnaître deux principes séparés dont l'un sera la substance passive, éternelle et infinie, et l'autre la cause extérieure, active et également éternelle des conflits qui viennent agiter et animer la substance dans ses diverses et toujours différentes évolutions astrales.

Il est sans doute un plan bien plus vaste encore dont notre univers visible n'est qu'un détail, mais bien que cet autre univers supérieur que nous ne pouvons concevoir existe nécessairement, il ne saurait ébranler en rien les raisons qui déterminent la conviction du spiritualiste, et ne peut même que le raffermir dans sa foi en une Existence suprême, maîtresse de façonner la matière en vue de fins ignorées, mais qui portent plus loin que l'évolution physique et vitale dont nous sommes témoins dans le champ restreint de notre horizon si borné.

DEUXIÈME PROPOSITION

Évolution universelle dans laquelle se manifeste l'action du Principe suprême par le branle initial apparu en une région de l'étendue substantielle, et entré en conflit avec l'énergie résistante de la substance diffuse déséquilibrée par la force qui l'a tirée de son immobilité naturelle.

Aussi loin que puisse s'étendre la portée de nos sens et de nos instruments, l'univers se montre à nous sous l'aspect d'innombrables points de condensations substantielles flottant dans l'espace toujours rempli par ce minimum de substance diffuse irréductible que nous nommons éther : Vapeurs impondérables des premières formations cosmiques, nébuleuses résolubles et irrésolubles à tous les degrés possibles de concentrations astrales, soleils enflammés, planètes massives, comètes en dissolution, et débris cosmiques se réduisant en poussière, nous enseignent que les astres naissent d'une condensation de la substance diffuse, qu'ils traversent des phases diverses d'existence, et qu'ils aboutissent à une destruction finale, c'est-à-dire au rétablissement de la diffusion originelle de la substance. Il y a là un cycle complet qui prend la substance à son état intrinsèque pour la rendre ensuite à ce même état d'inertie exclusif de tout mouvement propre ; une évolution qui, après avoir déroulé le plus magique des spectacles, se termine en ne laissant plus subsister que les deux assises immuables du commencement : La substance diffuse et le principe initial, un moment unis sur un point de l'univers, puis séparés pour s'unir encore sur d'autres points.

Nous ne savons ce qui existe au-delà du coin d'espace que nous occupons. Il est possible que les autres régions de l'étendue, inaccessibles à nos moyens d'investigation soient occupées par des formations d'ordre et de but différents de ce qui existe autour de nous. Peut-être le groupe astral qui nous paraît remplir l'immensité, n'est-il qu'un détail organique de quelque existence inconcevable, de même qu'une goutte de notre sang est dans l'infiniment petit, l'immensité elle aussi d'un microcosme perdu dans les abîmes des profondeurs atomiques de notre être. Toutefois cet inconnu ne change rien à la question qui nous est posée. Ce qui nous échappe par l'infinie grandeur comme par l'infinie petitesse, peut il est vrai reporter toujours plus loin la conception des dernières formes composantes ou englobantes, mais ne saurait déplacer le problème de l'existence de ce qui est; or, tout ce que nous constatons dans ce qui est, suit toujours des voies évolutives comprenant un commencement, un cours, et une fin.

Les concentrations astrales de la substance, et dans chacune de ces concentrations, une infinité de formations secondaires de tout ordre, évoluent fatalement dans un sens rigoureusement déterminé par des causes inéluctables qui les conduisent de leur naissance à leur extinction, et cette loi générale de tout l'univers remonte en premier ressort à deux facteurs essentiels qui sont : la substance et la force; c'est-à-dire d'une part la substance universelle passive, et d'autre part le principe initial actif ultra-substantiel, générateur des évolutions astrales. Que dans la substance immobile en son équilibre atomique naturel, pénètre la force en un premier ébranlement venu du dehors et dirigé en un certain sens, et tous les enchaînements évolutifs du conflit ainsi commencé, découleront de ce début.

Le mouvement initial, si infiniment complexe soit-il, n'expliquerait pas toutefois à lui seul les conditions et les aspects multiples que nous offrent les transformations continuelles de la substance, s'il n'y avait la réaction incessante de l'énergie atomique qui, en résistance de l'entraînement initial, contribue à disposer les atomes de la substance en évolution dans un ordre qui relève autant de cette énergie substantielle que de l'élan déterminé par l'ébranlement initial; et d'un autre côté, quelles que puissent être les énergies dont serait douée la substance, elles ne suffiraient pas à elles seules à déterminer des évolutions progressives dont la durée limitée et la marche ordonnée impliquent autre chose qu'un enchaînement fatal de forces aveugles qui seraient des propriétés de la matière et qui dans ce cas, se répéteraient indéfiniment sans commencement ni fin.

C'est donc du conflit qui, temporairement a lieu entre l'action ultra-substantielle venant agir sur la substance immobile, et l'énergie de cette même substance diffuse déséquilibrée sous le choc et travaillant dès lors constamment à reconstituer l'équilibre possible au milieu de l'entraînement qu'elle subit, que sortent tous les aspects qui se déroulent au cours de l'évolution des mondes, et c'est ainsi que se dénonce dans toute la nature, la coopération manifeste d'une force initiale active et dominante, et d'une énergie différente résistante et réagissante, celle-ci relevant de la substance, et celle-là de la puissance ultra-substantielle ; soit le dualisme du principe supérieur initial, et du principe inférieur substantiel.

TROISIÈME PROPOSITION

Évidence de l'alliage temporaire du principe supérieur immatériel et du principe inférieur substantiel, au cours de l'évolution universelle, dans un contact incompréhensible dont l'incompréhensibilité même nous prouve la séparabilité, avant et après le dualisme évolutif qui conduit les mondes de leur naissance à leur extinction.

Où il n'existe encore qu'une étendue substantielle égale et intacte en sa diffusion éthérée, vient à s'élever comme un souffle mystérieux qui rassemble et agite une nuée d'atomes jusqu'alors stables dans leur équilibre réciproque. C'est évidemment une action étrangère qui se manifeste en ce point de l'espace où ne régnait que l'inertie de la substance diffuse. Quel est le pourquoi et le comment de cette apparition étrange en un milieu resté immuable tant que la force n'était pas venu ébranler ce tranquille océan de l'immobilité atomique ? Dès ce moment, tout se tient et se suit dans l'évolution qui commence : Gravitation, chaleur, lumière, métamorphoses consécutives de toute nature, ne seront que des applications ou des transformations réductibles

les unes dans les autres, de ce mouvement initial qui seul reste impénétrable en sa cause immédiate. D'un côté, la substance avec son énergie propre toujours semblable en ses effets directs de contraction ou d'expansion des atomes entre eux, selon qu'elle se trouve au-delà ou en-deçà de son équilibre primordial ; de l'autre, l'impulsion, le mouvement toujours dévié en ses élans et comme en lutte perpétuelle avec l'énergie atomique, dans une étreinte qui balance continuellement les deux forces, depuis les plus infimes ondulations de l'éther, jusqu'aux immenses trajectoires et aux oscillations axiales des sphères gravitant dans l'espace.

Entre les particules matérielles d'une substance étendue, sensible, concevable, et la nature immatérielle, insaisissable, incompréhensible de l'impulsion qui vient s'ajouter à la substance, où est le contact et le lien ? Serait-ce que notre être terrestre ne perçoit que les choses de la substance, tandis que notre être purement sentimental est seul apte à pressentir ce qui vient du principe supérieur immatériel ? N'y a-t-il pas en nous le même dualisme qui est dans la nature, et de l'irréductibilité réciproque de ces deux éléments de notre être, ne devons nous pas conclure déjà à leur séparabilité originelle et fondamentale ? Que notre outillage cérébral ne nous permette pas de comprendre la force, pas plus que la vie d'origine ultra-substantielle, cela n'infirme pas la réalité de la vie et du mouvement. Un tourbillon substantiel qui naît où est apparue la force, des centres attractifs de la substance diffuse qui appellent à eux et condensent cette substance dans un tel effort qu'une étendue immense s'en trouve raréfiée au point de ne permettre ces concentrations qu'à des distances réciproques aussi énormes que celles qui séparent les astres de l'univers; enfin une floraison de vie spontanément douée d'un mouvement propre, qui couronne l'évolution substantielle et commence une nouvelle disjonction des deux principes, voilà le fait général, avec une inégale distribution de la force impulsive qui implique nécessairement la diversité cosmique qui s'ensuivra, et donnera lieu à des formations astrales différentes les unes des autres.

Ainsi les lois naturelles qui sont résultées du conflit des actions mises en jeu dans notre monde terrestre, sont particulières à ce monde, et peuvent différer sensiblement de ce qui se passe dans les autres évolutions astrales où une autre forme d'impulsion, bien que s'exerçant sur la même substance, a pu déterminer des résultantes physiques très diverses. Mais le caractère qui reste commun à tous ces différents centres d'activité évolutive, c'est leur marche fatale à une fin semblable, ou plutôt au rétablissement du repos atomique des commencements. Alors la force que recélait l'impulsion initiale a donné toutes ses conséquences et s'est finalement éloignée de ce théâtre de son action. La substance a pu recouvrer son état intrinsèque de diffusion et d'équilibre atomique parfait, tandis que le principe qui l'animait s'est résorbé dans le grand inconnu ultra-substantiel. Entre l'instant qui a précédé le commencement de l'évolution, et le moment qui a suivi sa fin, il semble qu'il y ait identité absolue, et que du mode accidentel d'existence qui sépara ces deux moments, il ne reste plus rien de ce qui fut à cette place d'où le principe suprême et la substance ont l'un et l'autre retiré ce qui appartenait en propre à chacun d'eux. (*) Pourtant, est-ce bien l'anéantis-

---

* Un même abus de mots que celui qui a pu faire nier la substance, a pu aussi présenter comme logique et nécessaire la dispersion universelle sans limite possible du mouvement, auquel cas, il ne saurait y avoir simultanément des mondes en évolution et d'autres parties de l'espace restant le domaine de la substance diffuse en repos. Il ne saurait même y avoir dit-on des parties d'espace infini, l'infini n'étant pas paraît-il une quantité divisible, comme si nous-mêmes et notre planète nous n'étions pas dans cet infini, aussi divisés et subdivisés que possible. La seule réalité manifeste de la substance et des atomes " finis „ qui la constituent n'implique-t-elle pas des degrés dans l'action s'exerçant sur la substance, et qui va diminuant d'atome en atome, par la résistance de l'énergie atomique elle-même jusqu'à une quantité qui s'annule dans l'égalité de pression qu'oppose le dernier atome actionné ? Autant reviendrait à soutenir que parce que les nombres grandissent sans limite possible dans l'infini, il n'existe pas une unité par laquelle ils commencent, et des opérations qui restent circonscrites dans un nombre limité de ces unités.

Observons de nouveau en ceci que cette notion des nombres et de leurs combinaisons n'est en nous que l'empreinte,

sement de l'existence astrale sans qu'aucun résultat en demeure ? Rien de ce qui a été peut-il s'anéantir dans le sens absolu du mot ? Ne serait-ce pas plutôt l'action tour-à-tour apparente ou éclipsée de quelque travail inconcevable ayant sa corrélation et ses conséquences ultérieures dans un plan plus vaste que ce qui nous est donné de percevoir ? Ne devons-nous pas augurer des fins ordinaires de la nature, qu'un autre mode d'existence et non pas un néant impossible, hérite de la forme d'activité qui s'est dépensée dans les mondes dont le rôle passager est fini ? Mais il n'y a pour nous de connaissable et de réel que le fait évolutif laissé à notre portée, qu'un fatal dualisme entre les deux principes actuellement combinés dans notre univers, et pourtant primordialement et originellement séparés et contraires. Tout dans la nature et dans nous-mêmes dénonce ce dualisme universel tellement manifeste qu'il s'est de tout temps imposé aux intelligences, et qu'il se rencontre au fond de toutes les grandes croyances humaines comme nous le reconnaîtrons bientôt.

QUATRIÈME PROPOSITION

Dégagement graduel du Principe suprême qui, après la constitution de l'ordre physique déterminé

---

l'image de la réalité atomique du milieu substantiel dont notre être lui-même est construit.

par l'énergie réagissante des atomes substantiels, se manifeste dans l'apparition et les développements de l'ordre vital, lequel relève essentiellement du principe supérieur qui reste allié à la substance, tant que dure l'évolution.

L'alliage temporaire du principe supérieur initial et du principe substantiel résistant, présente deux phases successives ou deux ordres d'activité profondément distincts: La première de ses phases et celle de la constitution de l'ordre physique qui a lieu durant la période primitive ou chaotique, où les facteurs de force initiale et d'énergie substantielle entrés en conflit, s'agitent en désordre jusqu'à la rencontre nécessaire de la résultante générale qui résout finalement le problème de l'équilibre possible dans la substance soumise à l'entraînement évolutif. Étant donnés en effet des nombres arrêtés, tels que ceux qui pourraient énoncer les quantités d'atomes que contiennent les tourbillons astrals, la multiplicité de leurs combinaisons encore bien autrement prodigieuse, n'en a pas moins des limites fixes, et ces limites inconcevables entre lesquelles s'éprouvent toutes les dispositions possibles de groupements atomiques et de résultantes d'énergies substantielles correspondant à ces groupements, le mouvement et le temps illimités se chargent de les atteindre et de laisser prévaloir les associations d'atomes et de forces qui seront enfin conformes au plan infiniment complexe de l'évolution provoquée par le choc initial. C'est alors que se trouvent rencontrées et fixées autant que le permet l'action incessante de l'évolution qui se poursuit toujours, les lois constantes qui se répartiront dorénavant toutes les formes matérielles réalisables dans le sens de l'essor évolutif.

Un ordre relatif règne dès lors dans le mouvement tourbillonnaire du monde qui a accompli cette première phase de son évolution; et à partir de l'établissement de cet ordre physique, commence à se libérer de l'étreinte mutuelle des deux principes, quelque chose de purement immatériel qui se manifeste, par l'apparition de la vie. Cette deuxième phase, la plus admirable dans l'évolution des mondes, aborde un genre tout nouveau d'activité : Sur l'ordre physique fait seulement d'équilibre instable et de forces naturelles régularisées, vient se greffer l'ordre vital qui surgit d'une forme nouvelle du mouvement maintenant plus sensiblement empreint de l'attribut intelligent qu'il tient de son origine ultra-substantielle, et dont les développements, progressant à mesure que s'isole davantage l'action du principe initial, édifieront un à un tous les degrés de la vie. La vie est ainsi la manifestation directe du principe initial ou principe suprême dont l'indépendance reparaît en partie à la fin de la première période chaotique, et se dégage progressivement à travers les formes animées, jusqu'à la plus parfaite d'entre elles que représente actuellement dans notre monde, l'espèce humaine.

Les formes encore existantes des premières ébauches de la vie terrestre, nous enseignent quels furent ses débuts, mais nous ignorons quel dernier terme pourront atteindre ses progrès jusqu'ici grandissants. Toutefois ces progrès sont déjà de perfection assez haute en notre espèce, pour que l'homme sente spontanément en lui-même, qu'une part de son être relève d'une origine supérieure au milieu terrestre qu'il ne fait que traverser.

C'est ce même progrès visible dans l'évolution universelle en général, et dans les dévelop- de la vie en particulier, qui montre l'impossibilité d'attribuer aux seules lois de la matière, l'ensemble et la continuité des phénomènes physiques et vitaux. Des lois qui seraient nécessairement fixes si elles étaient immanentes à la matière, ne sauraient sortir du cercle fermé de leurs propriétés immuables. Sans l'extériorité d'un pouvoir initial et déterminant, comment y aurait-il un commencement d'évolution, une progression ordonnée, et une terminaison virtuellement fatale et déduite de la marche même de cette évolution ? Des lois du mouvement recélant déjà la vie et ne s'exerçant qu'au cours de cette marche temporaire pour laisser ensuite se dissoudre les mondes en poussière cosmique, montrent au contraire que ce mouvement est venu du dehors pour se retirer à la fin comme il est venu. Et la vie qu'il apportait, et qui s'éteindra avec l'astre qui en est le théâtre, retournera nécessairement comme la cause de la formation de cet astre à une source qui est en dehors de la substance.

C'en est assez pour que nous soyons certains qu'au-dessus de l'organisation substantielle de notre monde, a commencé avec la vie qui en vertu de son origine apporte spontanément avec elle les attributs immatériels d'intelligence, de volonté et de force, un ordre supérieur de développement évolutif dans lequel se ressaisit de plus en plus le principe suprême qui, au terme de l'évolution actuelle, se dégagera finalement et intégralement de la substance qu'il s'est passagèrement associée pour remonter vers cette mystérieuse immatérialité que pressent déjà l'âme humaine.

Le sentiment, l'intelligence, la raison qui se font jour dans nos âmes, ne sont ainsi que la clarté renaissante et consciente de l'Intelligence pure qui est l'attribut du principe immatériel qui est en nous; et si l'intelligence et la raison humaines sont encore si imparfaites, c'est qu'elles sont, non dans l'absolu ultra-substantiel, mais dans le relatif terrestre du conflit qui dure toujours entre les deux principes. Leur domaine s'arrête au connu de l'évolution déjà expérimentée, seul terrain solide pour elles; et quand un au-delà de la connaissance positive peut être entrevu, ce n'est plus par la raison, mais par un sentiment transcendantal qui en aura l'intuition spontanée; car le sentiment représente l'élan secret par lequel le principe initial se dégage de plus en plus de l'alliage substantiel, préparant les conquêtes successives du principe vital, et dirigeant toujours l'avancement moral de l'humanité.

CINQUIÈME PROPOSITION

Unité de la vie depuis ses premières ébauches, jusqu'à l'homme qui représente la dernière synthèse de tous les développements progressifs de l'évolution vitale terrestre.

La vie est une. C'est en vain que l'homme en son orgueil, veut placer entre les animaux et lui une barrière infranchissable. Rien n'existe en l'espèce humaine qui ne se rencontre déjà en quelque degré dans les espèces moins avancées, que la vie anime différemment quant à la forme, mais semblablement quant au principe. L'essor qui a répandu la vie sur la Terre n'a cessé de s'étendre partout où le mariage de la substance et du principe vital s'est trouvé réalisable, en conformité des conditions différentes offertes par les divers milieux; mais c'est une seule et même essence qui anime la vie sous les diverses apparences qu'elle a dû revêtir pour se maintenir aux places qu'elle a conquises.

Si la substance a pour base l'atome fini et indivisible, la vie a la sienne dans l'unité vitale élémentaire qui, telle qu'une sorte de remou terminal de la grande impulsion originelle, surgit au-dessus de l'apaisement du conflit chaotique, et présente l'image réduite de l'élan initial, avec les mêmes attributs ultra-substantiels qui appartiennent à la cause supérieure.

De même que les groupements des atomes et les combinaisons de leurs énergies donnent lieu aux aspects multiples que présente le monde physique, des associations d'unités vitales forment les communautés vivantes qui se synthétisent en organismes harmonisés et adaptés aux divers modes d'existence que rendent possibles les conditions particulières d'un grand nombre de milieux, car l'ordre vital comme la substance commence, non à une chose déjà complexe, mais à l'élément simple ; non au composé, au nombre, mais à l'unité primordiale contenant déjà toutes les qualités et tous les attributs de la vie, unité dont les combinaisons en quantités et en dispositions diverses sous les faces correspondant aux nécessités du conflit physico-vital, suffiront à composer toutes les formes vivantes successivement suscitées au cours de ce conflit. Les groupes vivants ainsi organisés, ont constitué les innombrables espèces végétales et animales que la permanence des mêmes conditions a consolidées sans leurs organisations synthétiques, lesquelles ne sont qu'autant de résultantes physico-vitales particulières, et rien d'absolu ne sépare les organismes sédentaires du règne végétal, des formes errantes de la vie animale plus avancée seulement dans cette voie de perfectionnement continu qui marque le dégagement graduel de l'élément ultra-substantiel qui mène l'évolution de notre monde.

Les variations des formes vivantes, toujours dépendantes des conditions instables de leur entourage; leur renouvellement par essors vitaux successifs et générateurs les uns des autres; leur avancement par les progrès de l'organisation et de la concurrence vitale, constituent les faits dominants de l'histoire de la vie terrestre; et ces faits sont étroitement reliés ensemble par la continuité du même principe de vie dans lequel tout se touche et s'enchaîne de proche en proche, établissant depuis les premiers commencements entre tous les organismes vivants réalisés, une filiation continue qui fait de cet ensemble, comme un seul arbre idéal dont toutes les ramifications remontent originairement à une souche commune.

Un même principe vital comprend donc et réunit tous les êtres que d'inégales distances seulement séparent du même but, l'unité d'origine de la vie impliquant nécessairement l'unité de sa fin. C'est ainsi que les formes perfectionnées dans lesquelles se marque un avancement par rapport aux formes inférieures, contiennent et récapitulent organiquement celles-ci, ainsi que tous les degrés antérieurs parcourus par les embranchements dont ces formes perfectionnées sont les sommets; et c'est encore ainsi que les progrès de la sensation, s'élevant vers des synthèses toujours plus hautes de vie intelligente et sentimentale, s'édifient à partir des mêmes assises en résumant dans les intellects supérieurs toutes les phases successives du développement mental des espèces progressantes et de l'humanité. (*)

Organiquement et sensitivement, l'espèce humaine représente la dernière et la plus complète de ces synthèses vitales. En elle se résume tout le passé de la vie terrestre et s'affirme la plus haute manifestation actuelle du principe suprême qui, depuis la naissance de l'ordre vital, travaille à se dégager de plus en plus librement de l'étreinte substantielle.

Ainsi la vie terrestre n'est qu'une, et l'homme la résume tout entière.

---

* Rappelons que les créations sociales, les collectivités sont aussi des êtres ayant une individualité propre, et qu'elles obéissent aux mêmes lois de développement que les autres formes de la vie; c'est-à-dire qu'en tant qu'êtres vivants elles s'édifient à partir des premières formations rudimentaires, pour s'élever ensuite progressivement. C'est ainsi que la valeur et l'avancement individuels des éléments composants d'une collectivité, n'empêchent pas celle-ci de débuter par un état moral souvent très inférieur à ses propres éléments pris en particulier, et qu'un organisme collectif qui s'est élevé à un haut degré de perfection, peut rester au contraire composé d'éléments relativement au-dessous de sa valeur synthétique. C'est ce qui fait la différence et souvent même la contradiction de la vie privée et du rôle public des hommes qui sont les unités composantes des collectivités sociales représentant des valeurs aussi diverses que les différentes espèces qui marquent encore les degrés successivement gravis par l'évolution vitale.

SIXIÈME PROPOSITION

Progrès mental qui, depuis l'animalité inconsciente, et par l'élévation graduelle de la synthèse vitale, arrivera à la personnalité du moi humain en qui se révèlera la conscience des attributs d'Éternité, d'Intelligence, de Volonté et de Puissance, appartenant intégralement au Principe suprême, et partiellement à la vie qui participe à la fois du Principe supérieur immatériel et du Principe inférieur substantiel.

Au-dessus de tous les actes de la vie sensitive et intellectuelle, plane une direction morale en laquelle se concentre et se résume l'individualité de l'être et le gouvernement intime de toute sa complexe activité. C'est le moi qui existe chez tout être vivant, tel qu'une résultante supérieure de tout ce qui l'anime et s'agite en lui, dans la mesure où il représente un cas particulier de l'évolution de la vie terrestre.

L'ordre vital s'épure et s'élève, comme nous l'avons reconnu, avec le perfectionnement des espèces : Vague et inconscient dans les rangs inférieurs de la vie, il entre peu à peu en possession de lui-même, jusqu'à ce qu'il atteigne chez l'homme la plénitude actuellement possible de cette possession. Tout ce qui entre dans le plan d'une existence naissante contribue nécessairement à la formation fondamentale du moi; aussi l'enfant naît-il pourvu d'une activité vitale, d'un tempérament moral, et de prédispositions héréditaires de toutes sortes qui lui constituent une individualité indépendante et distincte, avec ses penchants et ses appétits personnels, rivaux des mêmes tendances existant chez les autres individualités. Il possède déjà le moi qui résulte des circonstances vitales et physiques, ainsi que des influences ancestrales qui se réunissent en lui, et cette hérédité remonte au-delà même de notre espèce, et à travers les formes animales de plus en plus anciennes, jusqu'aux origines de la vie terrestre.

Ce moi fondamental, encore latent au début d'une existence, s'éclairera et se développera ensuite par la pratique de la vie qui, sans rien changer à son essence constitutionnelle, complétera cependant le moi héréditaire de toutes les acquisitions que lui vaudra sa personnelle expérience, en le modifiant plus ou moins profondément sous l'influence du milieu moral avec la même puissance qu'a eue le milieu physique ambiant pour déterminer l'adaptation plastique de l'être corporel, mais toujours dans la seule mesure permise par la consistance que lui a déjà acquise l'hérédité.

Si le moi, comme le croient quelques-uns, commençait seulement à l'éveil de la sensation, et se formait pièce à pièce des notions acquises une à une, sa nature dépendrait du hasard des circonstances et de l'éducation, tandis qu'au contraire chacun apporte en naissant un moi tellement déterminé, qu'il n'y a pas d'exemple que la même éducation et le même genre d'existence aient jamais formé à eux seuls deux individualités morales identiques. Tout le pouvoir de l'éducation, et c'est déjà beaucoup, consiste à cultiver et développer telle tendance plutôt que telle autre, à favoriser de préférence certains germes au milieu de la profusion de tous ceux dont le passé de la vie a doté la nature humaine. Et ce que nous disons de l'éducation s'étend évidemment aussi à la puissance de l'habitude, qui de son côté nous façonne en raison des seules issues qu'un certain rôle exclusif dans la société laisse ouvertes aux expansions de la vie qui s'y conforment et ne peuvent ensuite s'en détourner sans effort.

Certes la machine organique et sensitive est toujours susceptible d'être dirigée et même oblitérée en ses rouages délicats. Ne suffit-il pas de toucher à tel nerf ou à telle circonvolution du cerveau pour provoquer mécaniquement l'équivalent d'une volition? Que ne peut donc pas une éducation persistante et énergique? Il est assurément possible de violenter les ressorts de l'être corporel, au moins dans la mesure où ils peuvent céder sans se rompre, mais l'intervention de cette volonté étrangère ne sera plus le libre développement du moi personnifiant l'être conformément à sa nature; cette volonté n'en sera que l'orthopédiste bienfaisant ou malfaisant, empêchant telles prédispositions ou favorisant telles autres avec plus ou moins de succès, sans pouvoir sensiblement y rien ajouter, car l'organisation fondamentale existe déjà dans l'être naissant, et l'éducation ou le milieu, qui ne sont pas la cause, mais seulement l'occasion de l'épanouissement moral, ne feront que favoriser ou entraver le développement des germes contenus déjà dans cet être, en l'éclairant toutefois des nouveaux éléments de connaissance expérimentale dont toute existence nouvelle fait nécessairement l'acquisition. D'ailleurs il n'est pas d'oblitération d'organisme qui puisse atteindre le principe même d'intelligence intégrale et de volonté dirigeante qui plane au-dessus de la vie, où l'intelligence et la volonté si relatives qu'elles soient, sont entretenues continuellement par la même source inviolable ne cessant d'éclairer et d'élever toujours davantage le moi humain. C'est ce moi développé et rendu conscient de lui-même qui tient en quelque sorte la balance des sollicitations et des inclinations aveugles perpétuellement en conflit dans l'être sensitif.

Tandis que la vie du végétal et de l'animal inférieur s'écoule inconsciente d'elle-même bien que déjà en application des lois synthétiques de l'ordre vital, les progrès héréditaires de la sensation expérimentale ont déterminé chez l'homme l'éveil de la conscience, par l'épuration du principe initial qui est l'essence de la vie et qui, arrivée à ce degré d'élévation, laisse percer une volonté, toujours contenue il est vrai, et le plus souvent décidée par le mécanisme sensitif actuel, mais déjà capable de réagir et de choisir entre les influences rivales en jeu dans le grand conflit interne et externe de la vie. L'inconscient de l'animal, devient ainsi peu à peu le conscient de l'homme, du moins la part d'intelligence et de volonté conscientes qui se remarque en lui et qui fait si profondément différer au point de vue de la valeur individuelle, l'homme, unité sociale, des unités ordinaires des autres collectivités de la vie en ce que, tandis que partout ailleurs l'unité n'augmente de valeur que par la place qu'elle occupe dans une collectivité, l'unité humaine au milieu de l'organisme social, peut posséder même à la plus humble place, une valeur personnelle tout à fait indépendante du rang et de la fonction.

On a pu se demander si dans le cerveau il n'y aurait pas un point matériel, d'où partirait l'essor de toute son activité mentale, une résidence effective d'où rayonnerait l'individualité de l'âme avec sa volonté et son pouvoir moteur; mais cette localisation n'ajouterait ni n'ôterait rien au fait d'une direction manifeste relevant du principe supérieur qui est en nous et qui apparaît surtout dans l'élan initial du progrès humain, élan qui surmonte les obstacles, va à des fins prévues et voulues au lieu d'obéir passivement à des forces aveugles, et témoigne d'une volonté impulsive de nos plus secrets mouvements conscients ou inconscients.

On a cru reconnaître aussi dans l'action magnétique ou électrique qui meut tout le mécanisme vivant, l'élément même de la vie ; mais un abîme qui reste infranchissable pour si près qu'on l'approche, ne sépare pas moins absolument les véritables attributs de la vie : la sensation, l'intelligence, la volonté, des effets physiques et des mouvements de n'importe quelle nature qu'ils provoquent ; et quand ils se sont retirés, c'est en vain que l'électricité secoue un cadavre auquel elle ne saurait rendre l'existence.

On peut attribuer aux seules forces naturelles toutes les combinaisons de la substance et du mouvement, on peut doter la matière de toutes les énergies et affinités capables de produire le mécanisme vital ; ce qu'aucune force ni affinité physique ou chimique ne sera capable de donner, c'est en outre de l'intelligence, cet élan spontané et rebelle à toute science et à toute analyse qui s'appelle le sentiment, qui étend son action bien au-delà de l'être qui le ressent, et qui fait le côté le plus élevé et le plus noble de la vie, parce que le sentiment est supra-substantiel. Serait-il donc possible de ramener à de simples affinités de la matière ce qui fait en nous la bonté désintéressée, les douceurs de l'affection, les élans vers l'idéal ?

C'est ainsi qu'au-dessus de la sensation et de ses effets fatals et presque machinals se pliant à toutes les conditions imposées par les milieux, est apparu dans les sommets humains de la vie, un sentiment transcendantal qui est une manifestation véritablement initiale du principe supérieur immatériel, et qui nous guide vers nos mystérieuses destinées.

C'est la sensation qui est évidemment l'assise de la connaissance sur laquelle viendra régner la raison, première manifestation consciente de l'intelligence inséparable de la vie, mais ce n'est là qu'un premier degré du développement de l'être moral, degré qui s'arrête à l'égale balance des forces dans la lutte grandissante des deux principes, et assujettit la vie à ses conditions de milieux. Un nouveau pas décisif où le principe supérieur commence à imposer son pouvoir initial, est marqué par le sentiment, lequel représente dans l'ensemble de ses formes, l'impulsion dirigeante qui mène la vie à ses fins supérieures et inéluctables. Le sentiment ne relève pas de la raison; il plane au-dessus de la raison, il ne connaît que lui-même, il a ses lois, ses tendances et même en un certain sens sa langue propre : celle des Gounod, des Verdi et des Wagner que les mots, langage de la pensée, sont absolument impuissants à remplacer ou seulement à traduire. (*)

---

* Il est évident que la musique n'apporte à l'âme rien autre qu'une excitation des sentiments qui existent déjà chez l'auditeur, sentiments qu'elle fait vibrer à l'unisson de ceux qu'a voulu exprimer le musicien; ce qui fait que chacun n'entend réellement de la musique que ce qui correspond à sa propre nature, et n'en apprécie les divers genres que selon le plus ou

Par le sentiment seul s'explique et se comprend aussi le libre-arbitre de l'homme qui participe de la volonté suprême, car nous pouvons réellement faire acte de volonté, bien que dans la limite étroite de notre faible part de liberté, et dans la mesure que nous permettent les influences impérieuses de notre être substantiel et passionnel. Nier le libre-arbitre de l'homme serait nier aussi le principe supérieur dont il relève et qui opère sur la substance universelle, comme en nos corps matériels opère une émanation du même principe doué des attributs immanents de force, d'intelligence et de volonté. Le microcosme humain n'est-il pas en sa petitesse le même alliage d'esprit et de matière que l'univers connu et inconnu qui emplit cet infini dont la seule pensée accable une raison terrestre ? Ne se réunit-il pas avec cet univers dans une seule et même énigme ?

La personnalité du moi dans l'être vivant est effective et réelle, et ses causes remontent aussi loin que l'apparition de la vie elle-même, puisque chaque individualité est une des résultantes particulières du mouvement d'ensemble de la vie où tout est solidaire dans le présent et

---

moins d'étendue de son clavier sentimental. N'est-ce pas également un véritable rythme musical dont s'aide le poète dans les vers par lesquels il berce harmonieusement notre âme? Quant à ceux à qui la musique ni la poésie ne disent rien, c'est tout simplement parce que le sentiment leur fait défaut.

l'avenir; ainsi le passé recélait ce moi, comme à son tour le moi actuel contient l'avenir.

L'être qui vit ne peut être anéanti dans le sens absolu du mot, car il participe du cours intégral de l'évolution physique et vitale du monde dont il fait partie et dont rien ne saurait être touché qui ne retentît jusqu'aux dernières limites de l'évolution entière, aussi bien en amont qu'en aval du point où s'est manifestée cette existence. Un tel anéantissement serait un non-sens, comme le serait l'annulation supposée du moindre fait cosmique au milieu de l'enchaînement universel où tout est répercussion et transformation, mais jamais anéantissement.

On ne peut donc pas dire avec vérité que la personnalité humaine soit un accident fortuit et vain, une chose absolument périssable qui apparaît un jour sur la terre pour disparaître complètement peu de temps après, sans plus laisser de traces; mais on ne peut davantage croire à une personnalité immanente et survivante, en tant que réunion circonstancielle des éléments qui constituent tel ou tel être particulier. Cette personnalité circonstancielle, sans disparaître aussitôt et entièrement par la mort, puisque l'hérédité la relie à quelques générations antérieures et postérieures, ne résiste pas longtemps aux incessantes transformations de l'évolution vitale, car elle n'est seulement qu'un des innombrables aspects passagers de cette évolution. La vie qui n'est qu'une ne saurait permettre des individualisations permanentes, et c'est bien assez que lorsque dans l'homme se réalise la dernière et la plus haute synthèse de la vie terrestre, le moi humain devienne un foyer où converge et se résume toute vie intellectuelle et sentimentale, et qu'il représente véritablement la manifestation la plus épurée qui puisse exister ici-bas de cette chose universelle et indivisible qui s'appelle le principe suprême, arbitre de l'univers matériel.

Ce moi immatériel est celui qui survit, et qui est aussi impérissable que l'existence suprasubstantielle en qui se réunissent son origine première et sa fin dernière. Aussi voit-on partout la conscience de cette survivance posthume s'imposer d'elle-même en même temps que toute croyance religieuse, et persister après toute décadence morale. C'est à elle que se rapporte le culte touchant dont sont l'objet nos plus humbles cimetières aussi bien que les fastueuses nécropoles de nos grandes villes; et le saisissant spectacle que présente la forêt de cyprès et de fantômes de pierre de Scutari est son œuvre, de même que les mystérieux dolmens qui sont le dernier témoignage de la foi d'outre-tombe des races préhistoriques de notre occident. Le sentiment inné chez l'homme de la survivance de son être moral est indestructible, car il est la propre voix de ce principe ultra-substantiel enfin arrivé dans le conflit physico--vital à la conscience de lui-même, tandis qu'au-dessous de l'homme, l'alliage des deux principes est trop intime encore pour qu'apparaisse cette vision de l'au-delà de la substance.

Quand la pensée humaine atteint à cette hauteur qui la fait planer sur notre monde matériel et moral, dans son passé et dans son avenir comme dans son présent, et qu'elle sent en elle s'affirmer ce moi dominateur et impérissable, supérieur à la fatalité et à la mort, c'est le principe suprême lui-même qui se révèle en ce point personnifié de son ubiquité indivisible, car ici s'efface l'individu et apparaît dans sa laconique vérité la haute parole hégélienne : « Tout dans un et un dans tout. » Cette intime prescience de l'éternité de l'âme n'est donc pas une présomption vaine. Au moment où une conscience sent réellement en elle cette affirmation sublime devant laquelle le néant, la mort absolue semble être un odieux blasphème, elle a simplement l'aperception de sa pure essence dont la fulgurante vision la confond un moment dans le rayonnement même de l'âme universelle.

Ce rare éclair de conscience supérieure, lorsque soudain il illumine l'esprit, n'est pas sans apporter un indicible saisissement, comme le vertige d'un abîme, tout à coup ouvert sous nos pas. Jusqu'alors la pensée montait de degré en degré, se tenant à des choses tangibles, mais ici tout appui lui manque subitement. Le puissant outil intellectuel qui scrutait toute chose autour de lui, n'a plus que lui-même à saisir, et dans son impuissance il est comme s'il n'était plus. Là finit le domaine du connu expérimental et commence l'incognoscible qui n'est pourtant pas le néant; là le moi humain s'évanouit et n'a plus qu'à rompre une dernière attache matérielle qui trouble encore la pure conscience de lui-même, pour s'absorber dans le grand Moi unique, pour se réunir au Moi mystérieux et universel qui a introduit dans notre monde passager ses propres attributs de Puissance, d'Intelligence, de Volonté, tous compris à quelque degré dans notre être actuel, dans ce moi humain qui est le premier pas conscient de la vie terrestre remontant vers son origine supra-substantielle.

SEPTIÈME PROPOSITION

Morale naturelle découlant du principe et du rôle même de la vie, et s'affirmant de plus en plus en conformité du but final de l'évolution humaine.

On ne peut pas avoir vu naître, grandir et se perfectionner sans cesse la vie terrestre, sans avoir compris que c'est une loi de progrès qui la dirige. De l'humble point de départ de la vie jusqu'aux sommets qu'elle a su atteindre, une suite ininterrompue de développements graduels nous a fait assister à un épanouissement toujours grandissant, ne cessant d'élever l'échelle des êtres au-dessus de l'ordre physique duquel la vie avait à se dégager; or, cette constance de direction et d'efforts indique assez l'évidence d'un plan et d'un but préconçus, de même que la solidarité qui relie ensemble tous les êtres implique l'unité de l'ordre vital, comparable à un arbre immense dont tout les développements futurs étaient déjà virtuellement contenus dans le même germe originel. C'est de cette majestueuse unité d'origine, de lois et de destinée finale, que se déduisent pour ainsi dire d'eux-mêmes les grands principes qui, en conformité du rôle et du but de la vie, s'imposeront sous le nom de morale naturelle, aux sentiments et à la raison éclairée de l'homme, le plus parfait des êtres terrestres, et le seul assez hautement doué pour participer consciemment à l'avancement de la vie dans les véritables voies de son avenir. Aussi, tandis que les animaux n'obéissent qu'à un fatalisme aveugle, y a-t-il pour l'homme, en outre des rapports naturellement résultés de l'organisation sociale, un réel sentiment d'élévation morale dépassant les seules nécessités déduites de la vie en communauté. Ici, pas plus que dans la recherche des lois qui président aux développements de la vie terrestre, il n'y a de place pour l'arbitraire. Il existe nécessairement une règle d'action qui est en conformité absolue avec le plan supérieur et le but suprême de l'évolution vitale ; et comme il ne saurait y avoir qu'une seule conformité parfaite, il n'y a qu'une seule morale dont l'essence est indépendante des spéculations de l'esprit, et qu'on ne peut que reconnaître et formuler comme toutes les vérités naturelles qui se découvrent et ne s'inventent pas.

Les mêmes pentes qui inclinent tout mouvement et toute substance dans le sens de l'évolution physique en activité, font que tout ce qui s'écarte des lois réalisées est un obstacle contre nature que les courants un instant empêchés travaillent et réussissent bientôt à faire disparaître, car l'ordre évolutif qui se poursuit actuellement ne saurait être sérieusement entravé par les écarts fortuits de quelques faibles retours réfractaires de l'ancienne période chaotique; l'obstacle est détourné ou absorbé et tout rentre dans l'ordre. On peut en dire autant de la marche de l'ordre vital qu'un certain parallélisme rapproche toujours de l'ordre physique auquel il reste étroitement lié, et où les voies qui conduisent au but l'ensemble de l'évolution vitale finissent toujours par prévaloir et par rentrer dans le plan inéluctable de l'évolution qui est en cours.

Revenant à la morale naturelle, sa définition sera maintenant facile : Toute action conforme au plan et aux voies qui mènent au grand but final de la vie, sera le bien; toute réaction qui déviera des pentes conduisant à ce but sera le mal; et ces voies si contraires, la raison et le sentiment s'uniront pour nous les faire distinguer. L'homme qui représente la plus haute synthèse terrestre de l'épanouissement vital, ne renferme-t-il pas en lui-même le résumé concret et la solution virtuelle de l'avancement réalisé de la vie, au point où on est actuellement l'évolution, et l'hérédité ancestrale qui a apporté et réuni dans son intellect toute l'expérience du passé, ne lui fournit-elle pas en même temps les jalons essentiels qui, en dessinant la route déjà parcourue par ce passé, indiquent dans une certaine mesure la trajectoire de l'avenir?

Où la raison se montre insuffisante, elle est d'ailleurs grandement suppléée par l'attribut supérieur du sentiment transcendantal, par cette voix presciente qui émane directement du principe initial qui est en nous et qui se manifeste par une inclination naturelle vers les voies entrantes de l'évolution en marche dont notre espèce tient la tête. C'est ce sentiment qui, par la satisfaction qui accompagne chez l'homme l'exercice du bien, l'incline du bon côté, et c'est encore lui qui se fait entendre dans le remord ou dans la réprobation publique qui suit les actions mauvaises et criminelles, car les collectivités considérées dans leur masse, ont plus encore que les particuliers l'intuition de la justice distributive naturelle qui regarde en effet principalement l'être collectif social. Déjà en donnant à cette faculté supérieure le nom de sens moral, on comprenait d'instinct qu'il y a là une chose plutôt sentie que raisonnée ; et de fait la raison restée seule et privée de l'impulsion du sentiment, lui devient parfois étrangère au point même de lui nuire chez ceux qui, faisant profession de manier et remuer sans cesse les faits de la morale pratique et publique, finissent à force de raisonnements laborieux et de recherches subtiles, par s'éloigner précisément de ce sens moral naturel qui s'émousse chez eux de plus en plus. Aussi est-il bon que de temps à autre des explosions du sentiment populaire viennent redresser et remettre dans la saine voie la conscience désorientée de nos législateurs, ainsi que les libres théories des habiles qui ne croient plus qu'au succès.

C'est le seul sentiment qui fait l'honnêteté, la droiture, le sens moral; et la raison la plus déliée qui n'est que raison méconnaît tout cela. Tout nous le prouve en nous et autour de nous. C'est le sentiment seul qui a eu dans le passé l'initiative des progrès moraux accomplis et qui conduit toujours l'humanité vers une amélioration croissante.(*) C'est lui qui a élevé nos idées de justice si au-dessus de la brutalité primitive, et c'est par lui que s'accomplira plus tard le progrès plus grand encore de l'absorption de l'individu dans la parfaite collectivité humaine, par l'orientation générale de la société vers un idéal que notre époque ne fait qu'entrevoir à peine par des indices de bonté, de justice distributive et de solidarité.

Ici se marque de lui-même le rôle initial du libre-arbitre, de ce libre-arbitre tantôt affirmé et tantôt nié, et dont nous avons quant à nous

---

* La postérité ne s'y trompe pas et ne sacre véritablement grands hommes que ceux dont l'action extraordinaire a profondément remué de grands sentiments.

reconnu la réelle existence, mais seulement dans le champ restreint des péripéties de la lutte toujours un peu incertaine qui se livre aux avancées de la vie entre les deux principes; car le principe supérieur se montre plus ou moins affranchi dans la manifestation de sa tendance naturelle, et s'exerce ainsi plus ou moins librement, ou trop souvent même le cède tout à fait aux influences ambiantes. C'est bien au sentiment que revient la première place dans les décisions du libre-arbitre comme dans la connaissance instinctive du bien et du mal. La raison ne vient qu'après, car elle ne remplit qu'un rôle relatif et secondaire de recherche et de pondération au milieu de l'action effective déterminée par les inclinations du sentiment.

La raison s'égare vite à vouloir juger des voies et des fins de la nature. C'est surtout le mal qui lui apparaît et qui la confond dans la contemplation des choses de ce monde. Quel spectacle plus décevant en effet que le champ de bataille de la vie où l'horreur de la lutte incessante, les brutalités de la force, les souffrances imméritées des victimes, l'injustice partout triomphante, sont pourtant des réalités inéluctables et la condition rigoureuse de ce progrès auquel le sentiment aspire! Alors elle se demande par quelle aberration monstrueuse de la nature, tant de mal existe et l'emporte sur le bien dans la trame difficile de l'existence. Et cependant, tandis que le bien semble presque absent de ce sombre tableau de la vie réelle, la preuve la plus éclatante de la marche du progrès dans le bien s'offre à la raison dans les inspirations du pur sentiment déjà assez grand et assez supérieur à son milieu terrestre, pour apprécier toute l'infériorité de ce qui a été et qui est encore, par rapport à ce qui doit être et qui sera.

Les nécessités cruelles de la lutte pour l'existence qui sacrifient impitoyablement les faibles aux forts, acheminent néanmoins l'ensemble des êtres vivants tous perfectibles vers un état général toujours meilleur, et la vie stimulée par le besoin et le danger, s'organise pas à pas avec une perfection croissante, laissant entrevoir au-delà des progrès effectués d'autres progrès encore et un avenir plus doux et plus conforme à l'idéal que l'homme conçoit; car si cet idéal s'impose à la pensée humaine, c'est qu'il résulte des prémisses en cours, et que le sentiment humain ne fait que devancer la marche naturelle des choses. Notre période vitale est en effet encore celle de la collision violente du principe supérieur initial et du principe matériel réagissant, et il s'en faut de beaucoup que le premier domine et maîtrise encore absolument le second, comme il en sera dans les temps futurs; pourtant les progrès déjà réalisés à notre époque chez les sociétés civilisées, ainsi que dans les choses de la nature soumises à la direction de l'homme et transformées par ses soins, sont des commencements qui promettent un avenir bien autrement amélioré que ne l'est notre présent par rapport au passé. Ainsi les mondes plus avancées que le nôtre, doivent certainement jouir d'une paix et d'un bonheur qui sont les fruits d'une organisation vitale achevée et tout à fait sortie du chaos, tandis que notre ordre vital plus entravé, souffre de la lutte intestine de ses propres éléments; car n'est-ce pas une véritable période de troubles et de conflits chaotiques que traverse à son tour notre ordre vital dans le travail séculaire de sa libération progressive de l'étreinte substantielle?

L'imperfection actuelle ne fait que prouver ce chaos où le manque de pondération parfaite oblige les éléments vitaux à une lutte sans trêve ni répit. Nous voyons pourtant qu'un ordre relatif a commencé à se faire jour dans les espèces végétales et animales, et qu'un avancement considérable se trouve même réalisé dans l'humanité qui dépasse déjà si démesurément les autres formes de la vie terrestre, par la pureté relative du principe ultra-substantiel qui se dévoile en elle, sans qu'elle cesse cependant d'appartenir tout entière à cette nature vivante dont elle n'est que la continuation et le perfectionnement, depuis l'animalité à laquelle la rattachent encore d'assez près ses races les plus inférieures, jusqu'aux génies qui honorent son espèce.

Ce n'est pas non plus que l'évolution vers le progrès moral témoigne d'un avancement continu. Comme les foyers sont divers, il arrive que tel foyer ancien a fourni un ample épanouissement, tandis que des sociétés récentes ou attardées en sont encore aux débuts. Mais sur quelque rameau humain de l'arbre de vie qu'apparaisse un nouveau degré de floraison, il restera toujours vrai de dire que le progrès a continué son œuvre. D'ailleurs les rétrogradations qui se voient à de certaines époques, bientôt suivies d'un avancement soudain, ne montreraient dans ces reculs mêmes qu'un recueillement de forces, de véritables reprises d'élan préparant de nouveaux efforts et de nouveaux succès. Ce progrès plutôt sentimental et intellectuel qu'organique et matériel, nous en chercherons l'expression la plus vraie chez l'élite des hommes, dans les régions dirigeantes qu'éclaire la notion intime des véritables voies de la nature, et où se sont formulées les règles de morale les plus conformes à ces voies.

Pour qu'à toutes les époques et chez tous les peuples, les âmes d'élite aient spontanément rencontré les mêmes maximes touchant les grandes lignes de la morale, de la justice, de la vertu, il faut nécessairement que ces choses se trouvent gravées dans la nature humaine, et cette remarque vient donc confirmer l'unité de direction que nous avons reconnue dans les voies naturelles qui conduisent l'ordre vital à ses fins suprêmes. Il n'est même pas jusqu'aux degrés inégaux de la morale des divers peuples et des diverses époques qui ne soient une preuve du chemin qu'avait à parcourir le progrès sentimental de l'âme humaine, car une élévation et une clairvoyance constamment grandissantes dans l'espèce, dépassent peu à peu les progrès antérieurs, et laissent derrière elles des formules vraies pour leur temps et leur milieu, mais relativement moins pures que les aspirations nées d'un sentiment qui porte plus loin parce qu'il est plus complet et plus éclairé.

Sans qu'on puisse dire que la morale n'est qu'une chose relative, puisque le but suprême existait aussi bien au commencement du monde que plus tard, il est pourtant évident que les progrès successifs de l'humanité pensante et sentante ont parcouru des degrés divers dans l'affirmation de cette morale, à mesure que s'élevait la notion intime de la vie, et que s'élargissait l'horizon de la connaissance.

L'idéal que l'homme conçoit de la morale et de la justice, et dont il a fait un des principaux attributs de la divinité, s'est à travers les temps épuré et élevé toujours davantage. Ne suffit-il pas de songer à l'horreur qu'inspireraient aujourd'hui le Moloch sanguinaire et le Jupiter odieux des temps antiques, pour reconnaître de combien cet idéal d'autrefois a depuis été dépassé ? La loi de progrès nous conduit donc également vers une morale de plus en plus parfaite et nous trace des devoirs non seulement conformes à la meilleure harmonie réalisable dans les conditions actuelles, mais encore dirigés vers une perfection plus grande, c'est-à-dire vers l'avenir qui se prépare. (*) C'est sur cette pente naturelle

---

* Le sentiment de bonté, si bien appelé humanité, s'élève

de nos destinées que nous devons tourner tous nos efforts. Aveugles sont ceux qui nient le progrès des siècles, et coupables ceux qui cherchent à l'entraver, mais ils se trompent et ne sont pas plus sages, ceux-là qui compromettent la moisson future en voulant cueillir avant le temps des fruits qui ne sont encore qu'en germe, car l'évolution sociale elle aussi a sa mesure, laquelle demande d'autant plus de ménagements que l'avancement individuel et l'avancement social sont bien loin de marcher du même pas. Ainsi une chose qui peut nous éclairer sur l'état moral de l'être collectif représenté par un peuple, c'est la nature des mobiles qui déterminent ordinairement les actes de la vie publique ; or, quand on voit quelles brutalités, quelles violences, quelles perfidies, quelles puérilités entrent dans les moyens efficaces de la politique courante, et sont la monnaie habituelle de la traite des affaires sociales, on peut se dire avec toute certitude que l'organisme-nation n'en est encore qu'à la sombre période des formes inférieures de la vie. Les collectivités humaines actuelles, même les plus civilisées, sont à ce point de vue, fort au-dessous de l'individu

---

aussi de pair avec la morale. Il n'y a pas si longtemps qu'en France même les tortures atroces et les supplices incroyables de la place de Grève étaient des spectacles avidement recherchés jusque par les seigneurs et des dames de la cour qui se pressaient comme pour une fête, aux loges d'apparat qu'on dressait à leur intention.

homme de bien, et l'on s'explique alors l'influence prépondérante que trop souvent prennent les seuls hommes publics qui par tempérament ou par habileté manient les masses et leur parlent en conformité de la nature inférieure de l'organisme collectif. Il est certain que l'avenir relèvera le grand être social de son abaissement présent ; mais en attendant, il faut savoir compter avec un organisme qui nous englobe tous et dont les allures pratiques sont telles qu'elles feraient le déshonneur des particuliers, mais ne s'en imposent pourtant pas moins à notre philosophie, au point qu'on a même pu proclamer et professer la théorie des deux morales qui n'auraient guère rien de commun l'une avec l'autre, selon qu'il s'agirait de la vie publique ou de la vie privée.

A ne considérer que l'avantage et le bonheur personnels et immédiats auxquels tend naturellement toute créature, l'égoïsme le plus strict devrait être l'unique règle, comme étant la seule qui soit conforme à l'étroit intérêt individuel, et c'est en effet ce qui se voit chez les êtres inférieurs dont l'horizon borné ne dépasse pas le cadre restreint de leurs propres besoins. Toutefois avant même d'arriver à l'espèce humaine, il est des sociétés d'animaux où les seules nécessités d'une organisation collective plus favorable que l'isolement au bien individuel ressortant du bien général, ont fait naître de réelles vertus telles que l'esprit de solidarité et même de dévouement envers la communauté, esprit poussé quelquefois jusqu'au sacrifice de la vie. Il est évident que là déjà l'évolution vitale a pu développer une partie des conditions synthétiques qui sont appelées à dominer et absorber de plus en plus l'individu. Mais ce n'est réellement qu'avec l'espèce humaine qu'est apparu un sentiment plus large encore que le dévouement à la communauté, sentiment qui pour cela même se nomme humanité et s'étend à la nature vivante tout entière ; et il est bien la marque la plus noble et la plus reconnaissable de la supériorité de notre espèce, car le sentiment altruiste contenu premièrement dans les bornes de l'amour de la progéniture, puis étendu chez quelques espèces à une certaine collectivité, arrive chez l'homme à embrasser l'ensemble des êtres et à participer sympathiquement au sort heureux ou malheureux des plus humbles créatures. Or, ce n'est pas seulement de justice distributive qu'est fait ce haut sentiment de l'humanité et du bien ; il entre en lui plus encore de bonté, de penchant au bonheur général, d'amour désintéressé. Il dépasse la nature actuelle, pressent un avenir meilleur et milite dans le sens de cet avenir, parce qu'il est la manifestation propre du principe supérieur se ressaisissant en nous dans une expansion qui va vers tout ce qui est lui-même et qui s'élève par la vie au-dessus du principe substantiel.

Ce n'est pas non plus, et il s'en faut de beaucoup, qu'un si noble sentiment domine dans l'espèce humaine, mais il suffit que les natures d'élite le ressentent, pour qu'il existe et qu'il affirme que telle est la voie véritable qui mène à une perfection vers laquelle nous inclinons toujours davantage en conformité du but vital inéluctable. C'est ce sentiment du bien qui nous soutient et nous donne la force morale ; c'est lui qui parle dans la satisfaction intime qui récompense du devoir accompli et des bonnes actions qu'on a su faire. L'absolu désintéressement est sa marque propre, et ce désintérêt existe quoi qu'on en dise, chez tous les hommes où il se montre toujours à quelque degré, depuis l'aide que prêtera à l'occasion le plus égoïste, jusqu'à l'abnégation complète du héros qui donne son sang et sa vie.

Il ne manque pas de sceptiques qui prétendent expliquer la pratique du bien par le seule mobile de l'intérêt, et à leurs yeux le sacrifice le plus réel serait malgré tout intéressé puisqu'il procure une satisfaction personnelle qui paye le bienfaiteur. Ce argument spécieux ne prouve-t-il pas au contraire avec une nouvelle force que l'idéal du bien ne nous guide dans ce cas que parce que précisément il existe en nous et nous commande à notre insu ? Le plaisir est-il autre chose que la satisfaction donnée à nos inclinations naturelles ?

Quand la pitié et l'esprit de charité créent les asiles et les hôpitaux ; quand la passion du dévouement jette de nobles âmes dans le sacrifice de leurs biens et de leurs existences en faveur des souffrants et des infortunés ; quand tous les jours nous voyons de braves cœurs affronter la mort pour sauver leurs semblables, est-il possible de dire qu'il n'existe pas de pur désintérêt ? Le dévouement et l'héroïsme ne sont il est vrai que l'exception, mais au-dessous de ces grands exemples, il est un penchant au bien commun à tous puisque tous admirent et honorent ces exemples. Dans tout ceci la part de la raison est bien faible ; il n'y a plus guère que le sentiment qui parle.

Ainsi la véritable civilisation et le développement normal de nos facultés sentimentales et intellectuelles vont au bien et à la morale dont il est inutile d'énumérer ici les préceptes dès longtemps formulés par les religions et les philosophies des grandes races humaines. Un simple retour en arrière, ou même sans sortir de notre temps, la vue des races attardées côtoyant les foyers actuels de la civilisation, nous montre quels progrès ont déjà été réalisés et quelle distance considérable sépare l'homme cultivé, respectueux des droits naturels de tous les hommes, et clément pour l'animal même, du barbare ignorant de tout devoir social et dépourvu d'humanité, qui n'obéit qu'à la crainte et croit apaiser les dieux qu'il redoute, en répandant le sang des plus innocentes victimes. Il n'est pas jusqu'aux fléaux de la discorde et de la guerre que ne peut écarter encore une humanité trop près de la nature primitive, qui ne revêtent quelque moralité en comparaison de ce qu'étaient ces mêmes fléaux chez les rudes populations pour lesquelles l'institution même de l'esclavage fut un progrès relatif.

Ce n'est pas seulement parce que l'homme en société n'est plus qu'une simple unité dépendante de l'organisme collectif, qu'il se subordonne de lui-même à l'intérêt général du grand être nation ou humanité. En cela, il y a certainement conformité aux lois de la vie telles que nous les avons entrevues dans leur ensemble, mais l'inclination vers la dépendance et la conservation sociales n'est qu'une application de ces lois, elle n'en est pas la cause première. L'évolution morale qui accompagne l'évolution vitale n'est que l'effet du sentiment grandissant dont la source préexiste à toute vie et à toute organisation de la vie. Si le sentiment humain n'avait pour guide que l'intérêt étendu à l'existence collective, s'il n'existait que dans les limites de la vie sociale même la plus vaste, comprenant l'ensemble de notre espèce, comment s'affecterait-il en dehors de la collectivité à laquelle il appartient exclusivement, de la souffrance ou du bonheur des autres êtres même les plus inférieurs? Comment dominerait-il déjà et serait-il appelé à gouverner de plus en plus souverainement dans la suite, les destinées de tout ce qui vit sur notre planète, s'il n'était l'action même du progrès vital manifesté dans l'espèce qui tient la tête de l'évolution entière et la conduit en avant?

Il existe donc réellement, par la conformité ou la non-conformité au but suprême, un bien et un mal ressortant des lois intimes de la vie, et nos actions se rapportent à l'un ou à l'autre, selon qu'elles suivent ou qu'elles heurtent le sens naturel qui va à l'intérêt et au bonheur général, choses auxquelles l'honnête homme sait sacrifier ses tendances personnelles, car c'est principalement dans la subordination du particulier au général que réside l'esprit synthétique du perfectionnement de la vie ramenée toujours davantage à la solidarité et à l'union.

Le méchant est celui dont la nature ingrate et matérielle se renferme et s'isole dans un égoïsme poussé jusqu'à la haine des autres hommes et jusqu'à une résistance aveugle contre le bien général. L'homme bon, non seulement aime et aide ses semblables, mais son sentiment généreux qui déjà le fait participer solidairement aux souffrances et aux joies d'autrui, lui donne en outre l'intuition d'un meilleur avenir humain auquel il travaille inconsciemment par sa bonté même qui anticipe sur cet avenir. Il devance son temps, tandis que le méchant retarde.

L'avenir, un avenir encore infiniment loin de nous sans doute, réalisera l'intime communion de tous les hommes et de tous les êtres dans une harmonie parfaite, car sans prétendre deviner ce qu'une si lointaine perspective réserve à la vie terrestre, il est permis d'augurer de l'extension toujours croissante des lois de l'organisation collective, qu'un temps viendra où l'harmonie remplaçant l'âpre conflit actuel, fera de l'ensemble des espèces et des individus solidarisés, une dernière et complète collectivité synthétique qui réalisera l'unique organisme intégral de la vie parfaite de notre planète sur laquelle régnera dès lors un seul esprit suffisamment élevé désormais au-dessus du principe inférieur, pour sentir en son unique conscience qu'approche le moment de son retour au foyer suprême de la pure immatérialité, tandis que le globe de substance qui le retient encore, s'abîmera bientôt comme tous les astres finis, dans l'océan sans bornes des atomes libres de l'espace.

Qu'aucun découragement ne nous porte à dire que la droiture, l'abnégation, le patriotisme, l'humanité, toutes les grandes vertus, ne sont que de vains mots, car ces choses sont réellement dans le sens des hautes destinées humaines. Honorons les hommes de bien qui nous devancent et nous guident dans la bonne voie, et plaignons et relevons les pervers et les cruels qui dégradent et retardent l'humanité. Entrons de plus en plus en communion avec toute la nature vivante. Une satisfaction secrète et une grande paix intérieure nous diront éloquemment que ce n'est encore que là qu'il peut y avoir quelque vrai bonheur pour nous en cette ingrate vie.

HUITIÈME PROPOSITION

Droit naturel basé sur l'imprescriptibilité du

droit à la vie qu'apporte en naissant toute créature, et droit humain fondé sur la loi du progrès moral correspondant à la progression de la synthèse vitale.

S'il existe au monde un droit qui soit véritablement naturel, c'est assurément pour tout être, le droit d'entretenir et de défendre sa propre existence par tous les moyens que la nature a mis à sa portée. Cette condition, issue du fatalisme de la vie, peut être en elle-même attentatoire au même droit de vivre que possèdent à un égal titre les autres êtres vivants, mais nous n'avons à considérer ici que le droit particulier d'un être ignorant des causes et des fins, et ce droit à satisfaire des besoins impérieux s'affirme de lui-même sans qu'il y ait à invoquer à son encontre les lois d'un autre ordre qui conduisent l'ensemble de l'évolution vitale selon un plan général auquel est subordonné le rôle que chaque individu est appelé à y remplir. Partant de là, c'est en toute légitimité de cause que chaque être livre à son rang le rude combat de la vie, nécessité au milieu du chaos vital par une nature ingrate et une concurrence impitoyable qui opposent les uns aux autres tous ces droits individuels entre lesquels la force vient décider.

Si la loi de progrès qui dirige l'évolution vitale vers des fins certaines n'existait pas, ce droit naturel soumis aux chances de la lutte, eût été le seul droit existant dans le monde ; mais un droit nouveau devait se dresser en face du droit primitif et se fonder sur la loi de progrès qui caractérise la marche fatale de l'évolution et conduit la vie à une perfection qui la ramène toujours davantage vers son principe ultra-substantiel.

C'est en vertu de cette direction suprême que les degrés supérieurs de la vie acquièrent sur les formes inférieures, un nouveau droit légitimé par leur prééminence naturelle et leur conformité plus étroite au plan de l'évolution progressante. C'est le droit du progrès dont la plus haute expression existe nécessairement aux sommets de la vie, c'est-à-dire en l'espèce humaine qui résume et domine tout ce qui l'a précédée et végète au-dessous d'elle dans le milieu terrestre; c'est par conséquent le droit humain qui, sans détruire le droit naturel, vient régler les rapports de l'homme envers les autres êtres vivants, en même temps qu'il régit au sein même de l'espèce, les relations des hommes entre eux.

Il a suffi évidemment de la simple énonciation de deux droits aussi distincts l'un de l'autre que le droit naturel et le droit humain, pour comprendre que le premier n'est qu'un droit fatal et aveugle, tandis que le second est un droit relatif et éclairé, dans lequel entre une large part de ce sentiment du bien que nous avons vu présider à la morale naturelle. Il sera ainsi moins rigoureux en principe que le premier droit élémentaire qui naît en même temps que toute créature si chétive qu'elle soit ; toutefois ce qui lui manque d'absolu se regagne par sa grande supériorité et la part qu'il prend au grand œuvre de l'épuration vitale.

Le droit humain n'a pas, disons-nous, le caractère d'absolu du droit naturel, parce qu'il est un droit progressif où entrent les considérations les plus complexes et les plus changeantes, et qu'il suit en quelque sorte une loi de croissance parallèle au développement de l'évolution vitale. Il échappe ainsi à une détermination exacte et précise dans ses applications, tant au dehors qu'au milieu même de l'espèce humaine.

Relativement aux animaux, l'homme ne reconnaît pas d'autre droit que le droit de possession déjà acquis par quelqu'un de ses semblables, hors duquel il peut tuer ou capturer comme il lui plaît l'animal libre qui tombe en son pouvoir. Et pourtant la victime du traitement cruel d'un maître sans pitié, trouve des défenseurs qui malgré l'absence de tout droit reconnu au simple animal, n'en sentent pas moins profondément que l'homme au cœur barbare qui commet cette cruauté est un coupable ; et c'est moins la raison que le sentiment qui s'est senti blessé et qui a fait écho à la plainte de la victime, ce qui montre bien la communauté de nature de tous les êtres et l'élévation relative de l'espèce qui seule a la notion et le sentiment de cette communauté.

Il y a déjà là, sinon l'ébauche, au moins l'indication d'un droit universel devant légitimement s'étendre à toute la nature vivante. Mais ce n'est encore qu'un vague pressentiment de l'organisation vitale perfectionnée et régularisée vers laquelle marche une évolution dont nous ne connaissons que les commencements imparfaits. (*) Dans la société humaine, une justice absolue est d'autant moins réalisable que les éléments d'après lesquels elle aurait à formuler les plus justes rapports d'équité, sont presque impossibles à connaître et à préciser avec certitude. Jusqu'ici le droit humain n'a guère été qu'un tacite contrat réglant des intérêts rivaux autant que solidaires, entre les différents membres d'un groupe social, chacun consentant à échanger une part de sa liberté et de ses revendications individuelles, contre les avantages supérieurs que la mutualité pouvait seule lui procurer, et il y a eu autant de sortes de contrats sociaux qu'il a existé de sociétés différemment organisées, preuve évidente de la relativité de ces contrats, en même temps que naissait la notion du devoir qui incombait à chaque membre en retour du droit que lui octroyait la communauté; droit et

---

* Pourquoi faut-il que l'homme soit encore assez indigne de son rang supérieur, pour se faire si souvent un jeu des souffrances de l'animal? Pour beaucoup n'est-ce pas un plaisir barbare que le meurtre inutile de tant d'êtres paisibles dont il serait humain de respecter la liberté et la vie? Triste héritage d'une barbarie ancestrale sur laquelle le soi-disant civilisé renchérit encore quand il tue ou tourmente sans profit ou nécessité, rien que pour le plaisir.

devoir étant choses corrélatives et conséquentes l'une de l'autre.

C'est vers une forme de droit humain se rapprochant le plus possible de la perfection, que tend le progrès social. Nous avons vu ce droit naissant s'accroître depuis les premières associations humaines et s'étendre à des groupes de plus en plus considérables, allant de la famille à la tribu, de la tribu à la nation, enfin de la nation à l'humanité entière, sinon en fait du moins en principe : Ne commence-t-on pas déjà à admettre en effet que les rapports de peuple à peuple, échappant enfin aux violences du droit naturel, pourraient être régis à leur tour d'un commun accord par une justice internationale ?

Un temps viendra où le droit régnera définitivement sur la force, car tel est le terme rigoureux de l'évolution morale qui est en cours. Le droit humain marche vers un grand idéal qu'il nous est permis de concevoir en partie, sinon d'espérer l'atteindre de sitôt. En attendant, l'état d'infériorité de notre période vitale actuelle pèse toujours lourdement sur nous et nous impose fatalement ses cruelles nécessités. Non seulement le droit humain est impuissant à nous protéger contre tous les attentats, mais il est encore assez souvent méconnu ou violé au milieu de nos sociétés, pour que le droit naturel reparaisse parfois encore comme l'unique sauvegarde, et reprenne toute sa force et son autorité au sein même des nations les plus policées. Trop souvent n'avons-nous pas lieu d'être tentés d'y recourir à ce droit naturel, devant les iniquités journalières de la corporation vénale qui, dans nos États modernes a précisément mission d'exercer la justice? Cependant telle est la vitalité du droit social qu'il se ranime et remonte de lui-même à de nouvelles hauteurs, avec d'autant plus d'énergie qu'il a été plus outragé et plus abaissé par les violents et les pervers. N'est-ce pas en effet des plus profonds abîmes du désordre moral que s'élèvent d'ordinaire les cris les plus vrais et les élans les plus généreux de la conscience humaine? Quoi que nous fassions, l'évolution vitale poursuit sa marche certaine vers l'accomplissement de ses destinées, et les retards et les accidents du chemin ne sauraient rien empêcher. Après les sombres bas-fonds viennent les sommets en pleine lumière, et l'élan contenu quelque temps par l'obstacle, n'en rejaillit ensuite qu'avec une force plus grande accrue par la résistance même. Nous avançons toujours en découvrant pas à pas de nouvelles perspectives de la route, c'est-à-dire de l'avenir qui se déroule sans limites devant nous.

Ne nous abandonnons pas toutefois au fatalisme qui semble résulter de la marche inéluctable de l'évolution vitale. Notre monde ne connaît pas l'absolu; il n'y a qu'un fatalisme relatif, un fatalisme qui est la résultante inévitable ou fatale pour répéter le mot propre, de toutes les activités terrestres qui sont en travail, et entre lesquelles nous comptons nous-mêmes pour une part déterminante en vertu de l'attribut souverain de volonté dont notre être participe dans une certaine mesure. Si nous subissons beaucoup, nous commandons un peu aussi, et il dépend de nous qui sommes partie intégrante du principe initial, moteur du progrès évolutif, de bien employer ce que nous possédons de libre-arbitre, et de le diriger vers la morale naturelle que perçoit spontanément le sentiment transcendantal qui est en nous. Le droit humain n'est que le code de cette morale faite de justice en même temps que de penchant vers le bien et le bonheur général.

Malgré notre peu d'avancement dans la carrière, ne sommes-nous pas déjà assez distants des violences effrénées de la barbarie primitive pour en ressentir la plus profonde horreur? Pourquoi ne comprendrions-nous pas que nous sommes à notre tour relativement d'autres barbares que jugeront sévèrement les âges futurs? La marche tortueuse et brutale de nos sociétés où la chose publique est d'ordinaire la proie de l'impudence ou de la seule audace, montre assez combien nous sommes éloignés encore du véritable ordre social qui serait l'idéal du bon citoyen.

Et à un autre point de vue plus général encore, ce qu'un sentiment spontané nous désigne comme le bien désirable, la raison ne saurait répugner à l'entrevoir déjà par la conception d'un monde où toute chose ayant sa place et sa part légitime, et toute activité son but marqué en harmonie avec les autres activités collaboratrices, une hyérarchie naturelle des êtres maintenue par une discipline parfaite, ne donnera plus lieu au déséquilibre qui met encore aux prises les enfantements déréglés d'une vie en disproportion manifeste avec les éléments de son entretien. (*)

La pondération parfaite à laquelle doit aboutir nécessairement l'ascension continue de la vie terrestre, et qui verra la fin de la lutte sanglante pour l'existence, supprimera la violence, l'injustice, la discorde, effets de la rivalité des intérêts et de l'aridité d'une nature présentement impuissante à donner satisfaction aux plus légitimes besoins de la vie, toutes choses qui témoignent du chaos vital que nous traversons.

C'est cet état de perfection à venir que pressent dès maintenant l'âme humaine appelée à le présider un jour, et vers lequel elle s'incline lorsqu'elle se montre meilleure que l'ingrate nature

---

* On peut certainement admettre pour les mondes de perfection plus avancée la possibilité d'une vie autrement constituée que la vie actuelle de notre planète, et s'alimentant par un recrutement direct ou une permutation ordonnée des unités vitales nécessaires à ses divers modes d'organisation, sans faire du meurtre la condition cruelle et inéluctable de la substance des survivants. Le commerce du sang n'a-t-il pas même déjà pour nous un certain côté répugnant qui nous montre les traitants dont c'est la profession habituelle, comme des hommes d'une nature à part, et n'y a-t-il pas là l'indice d'aspirations supérieures pressentant un ordre d'existence moins affreux que l'ordre actuel ?

actuelle, préparant cet avenir dans la mesure déjà possible à notre époque. L'amour de la famille, de la patrie, de l'humanité; le respect de la justice naturelle; l'aide et la clémence envers les coupables eux-mêmes; la bonté pour tous les êtres vivants, sont des sentiments qui préparent un droit vraiment humain, et qui tiennent déjà de l'avenir pressenti plus que du présent dont nous souffrons. Il en est de même du sentiment du devoir qui nous porte au sacrifice de notre propre bien par amour du bien général, et qui nous commande l'amélioration de nous-mêmes, afin que l'héritage moral de notre postérité soit meilleur que celui que nous avons reçu de nos pères.

Le droit humain qui est le droit du progrès, s'épurera et s'élèvera ainsi de plus en plus au-dessus du droit naturel de la simple nécessité vitale; il régnera un jour souverainement et cessera enfin d'osciller comme en notre temps, entre un idéal actuellement irréalisable, et des nécessités cruelles qui ne sauraient être évitées.

NEUVIÈME PROPOSITION

Existence dans l'âme humaine d'un sentiment inné d'élévation religieuse vers le Principe inconnu de qui naît la vie et en qui elle se résorbe.

Ici encore le sentiment s'unit à la raison pour nous faire sentir et concevoir en même temps qu'une cause suprême plane au-dessus de l'existence de nous-mêmes et de tout ce qui nous environne.

Lorsque partout nous voyons les barbares aussi bien que les civilisés, sortir du cercle de la vie positive pour aller au surnaturel et au divin, nous sommes en présence d'un fait d'intuition bien plus que de raison, c'est-à-dire d'un sentiment spontané qui nécessairement n'existe pas sans sa cause. Maintenant, que cette prédisposition innée se traduise de diverses manières, depuis le fétichisme bizarre du sauvage jusqu'aux subtiles spéculations du métaphysicien, cela n'est qu'une question de degrés dans la culture intellectuelle ou dans l'élévation morale des hommes; au fond, c'est le même souci d'un pouvoir occulte et le même besoin d'un point d'appui idéal par lequel puisse s'équilibrer la faible connaissance humaine sollicitée hors d'elle-même et troublée par un formidable inconnu.

Quand nous rapportons à notre seule intelligence la faculté de sonder et de deviner les causes supérieures de ce qui est, nous ne nous apercevons pas qu'un sentiment presque inconscient nous guide à notre insu. Ce que nous croyons ne tenir que de notre raison exercée, des barbares incultes et tout d'instinct le sentaient déjà spontanément et l'exprimaient à leur manière, tantôt en matérialisant l'objet de leurs vagues aspirations sous la forme de grossières idoles, tantôt en adorant ce qu'ils voyaient de plus merveilleux et de plus bienfaisant dans toute la nature, c'est-à-dire le dieu-soleil(*), si encore ils n'atteignaient

---

* Comment en effet l'astre radieux qui chaque matin chasse les ténèbres mortelles de la nuit, et ramène la joie et la vie dans un resplendissement de feux et de gloire, n'aurait-il pas eu les prémisses de l'adoration des premiers hommes dont l'aube intellectuelle commençait à peine à s'éclairer du pressentiment d'une existence supérieure ? N'a-t-on pas même pu augurer de certaines remarques faites chez les animaux les plus intelligents, que le lever du soleil impressionne parfois étrangement leur pauvre cerveau encore dans la pénombre de l'idée ?

Quand le savant Dupuis nous montre l' « Origine de tous les cultes » dans une même adoration des astres et des autres objets de la nature, il prouve en effet que tous les anciens peuples ont tout d'abord rapporté aux seuls objets sensibles capables de frapper l'imagination qui s'éveille, le sentiment confus d'inquiète curiosité et d'irrésistible aspiration vers l'au-delà terrestre que nous appelons le sentiment religieux et qui, en dépit du scepticisme de l'auteur, porte plus haut que ces seuls effets immédiats du pouvoir d'un Être suprême sans lequel ils ne seraient pas. Quoi de plus naturel d'ailleurs que l'homme ait d'abord célébré la nature, ses spectacles merveilleux et ses harmonies sublimes avant de regarder au-delà ? Or, partout ces premiers objets du culte naissant devenaient plus tard de simples emblèmes et de purs symboles d'une cause supérieure se dévoilant de plus en plus aux intelligences grandissantes. L'image du dieu-soleil ne s'est-elle pas perpétuée à travers toutes les formes religieuses jusque dans l'ostensoir de nos autels catholiques eux-mêmes ? Ce n'est pas aux premiers débuts de la connaissance qu'il faut chercher la plus exacte appréciation du vrai ; c'est en avançant au contraire à la suite de ses développements et de ses acquisitions séculaires.

Observons aussi que dans ce culte du soleil et des astres, qui fut partout la première religion des hommes, il y a autre

pas d'emblée aux mêmes hauteurs de croyances que les civilisations les plus éclairées : Ne savons-nous pas que nulle part ne s'est davantage affirmé le sentiment d'une toute-puissance occulte et d'un devenir posthume, que chez les vieilles races autochtones de notre sol des Gaules (*), et que les druides enseignaient déjà l'éternité de l'esprit et de la matière ? L'intuition que leur sens profond du vrai naturalisme leur donna de même qu'aux grandes races de l'Orient d'une métempsycose justicière de la direction bonne ou mauvaise de chaque existence terrestre, est-elle autre chose que la foi dans l'immortalité du principe de vie, et dans l'unité et le progrès continu de ce même principe ? Nous aussi nous croyons à la permanence intégrale du principe vital au sein de l'évolution terrestre, et nous ne comprenons

---

chose encore qu'une admiration abusée. Il y a certainement le mystérieux attrait des manifestations vitales qui font de chaque corps céleste une scène du dualisme universel des deux principes. Les irradiations qui, de ces hauteurs descendent sur la Terre en lui apportant une réelle expression de ce qui s'y passe, parlent secrètement à la jeune humanité qui s'ouvre aux premières impressions de l'âme. Le Principe suprême se dégageant de toute part de l'étreinte substantielle dans une floraison de vie, reprend contact de tous les points du firmament, et fait évidemment du sabéisme de tous les peuples primitifs, le premier élan du sentiment religieux.

* La croyance en une autre vie atteignait chez les Celtes à un tel degré de certitude, qu'ils n'hésitaient pas à remettre à cette existence d'outre-tombe le règlement des différends, l'acquittement même de certaines dettes.

sa réunion finale au Grand-Être suprême qu'après qu'aura été atteint le point culminant de son évolution, à partir duquel elle remontera directement vers sa source immatérielle, laissant la substance qui lui était associée, maîtresse de retourner seule à son repos naturel dont la tira un instant le souffle initial du principe supérieur.

Ce sentiment du surnaturel, inconnu jusqu'à l'homme dans l'histoire de la vie, apparaît spontanément en même temps que le premier éveil d'une conscience ; et il ne pouvait en être autrement, car cette conscience ne saurait entrevoir la première notion d'elle-même sans se sentir en même temps incomplète et dépendante d'une autre grande Existence mystérieuse qui l'attire invinciblement. C'est là ce sentiment religieux universel qui tourne toutes les âmes vers un certain au-delà de l'existence terrestre, et qui fait que le sauvage adore et redoute déjà instinctivement ce que le métaphysicien croit découvrir à force de savantes recherches. Entre la foi sincère et ardente d'une âme naïve dont la prière émue monte vers l'autel du dieu populaire, et la contemplation recueillie du penseur, il n'y a de différence que dans les formes ou la hauteur de l'expression. Chez l'un comme chez l'autre, c'est le même sentiment qui parle. (*)

---

* C'est devant ce sentiment-là que s'incline l'esprit positif d'un Aristote lorsque en contradiction avec son naturalisme, sa " connaissance immédiate „ et sa " logique „, il finit par

Nous avons reconnu dans ce sentiment inné
d'une origine immatérielle, la manifestation

---

reconnaître un moteur suprême, immatériel et intelligent, éternel et " indémontrable „ ; et c'est toujours ce même sentiment qui déborde chez les admirateurs des Empédocle, des Socrate et des Platon, quand ils déclarent divins ces maîtres plus grands par leur foi inébranlable dans un Être suprême préexistant à l'univers, que par leur génie philosophique. Et plus près de notre temps, lorsque Saint-Anselme dit : " Dieu existe par cela seul que nous le concevons „, il énonce un fait de conscience plus probant dans sa simplicité que les plus subtiles démonstrations du raisonnement.

Le doute moderne lui-même, après avoir commencé par le " que sais-je „ de Montaigne et le " peut-être „ de Rabelais, et s'être fait toujours plus sceptique avec Bacon, Hobbes et Locke qui ne veulent connaître que la sensation et ses effets actuels, remonte bientôt à l'idée fondamentale d'un Grand-Être immatériel et souverain par Descartes qui proclame la " véracité de Dieu „ et il retourne pleinement à la notion nécessaire d'une Intelligence, d'une Volonté et d'une Puissance supra-substantielle chez Leibnitz qui les reconnaît dans l' " harmonie préétablie „ de tout ce qui existe, et chez Kant qui les voit gouvernant les atomes de la matière : intelligence, volonté et puissance absolues et universelles en qui nous sommes, hors desquelles il ne peut y avoir pour nous ni conscience ni connaissance, et qui inspirent à Schelling ce mot profond : " La raison ne pense pas, elle voit. „

Avec la notion d'une cause supérieure et extérieure, revient nécessairement la notion d'une substance, objet séparé de cette cause, c'est-à-dire le dualisme évident autour duquel tournent toute philosophie et toute religion. C'est toujours le démiurge de Platon opérant sur la substance qui existe par elle-même et qui de son côté limite le pouvoir du démiurge. C'est en vain que Spinoza dote la seule substance de la perfection intégrale et ne voit qu'un Être unique qui est elle, comm même du principe supérieur déjà assez détaché du lourd alliage substantiel pour commencer à prendre conscience de lui-même, et pour sentir en chacun de ses foyers humains l'unité de ses divers foyers, ainsi que le dénoncent l'attraction mutuelle de tous les hommes, et l'élan secret qui partout les transporte vers le même au-delà immatériel.

---

autrefois Parménide avait nié la Substance ou Matière et tout attribué à un seul Être immatériel. Ce panthéisme unificateur est contredit par les moindres comme par les principaux aspects de l'évolution universelle, et à notre époque revient l'honneur d'avoir fourni à la suite des travaux des Lamarck, des Geoffroy Saint-Hilaire, des Darwin, des Haeckel, la démonstration éclatante d'une marche évolutive de la vie ainsi que des mondes, se transformant et progressant dans le sens d'un but défini qui est nécessairement le retour à l'identité même du principe supérieur opérant sur la substance dans un conflit qui ne saurait exister en un seul et même principe.

Le même aveuglement frappe ceux qui, au lieu de reconnaître la véritable origine du trésor mental lentement amassé dans notre intellect par une longue action sensitive et héréditaire du passé de la vie terrestre, n'y trouvent qu'une " table rase „ attendant tout d'une éducation expérimentée individuellement par chaque existence particulière. Ceux-là ne veulent voir du livre de vie que la page où nous en sommes présentement. Pourtant tout le livre n'en existe pas moins, et il commence comme il finira aux deux principes séparés et distincts dont l'un est la substance passive et réagissante, et l'autre l'Être supérieur immatériel, actif et voulant, cause première de l'évolution des mondes et de la vie ; Être supérieur dont nous sentons et comprenons la nécessité et l'existence, parce que notre être propre relève de sa nature et de son action en ce qui concerne notre humble rôle terrestre.

L'être privilégié en qui se voit le début conscient de la libération du principe supérieur, participe déjà en quelque degré des attributs essentiels de ce principe, et acquiert par cette conscience une certaine révélation de sa haute origine. Ce n'est pour l'homme qu'une intuition peu précise assurément à cause de la matérialité qui règne encore en son être, mais elle est néanmoins assez réelle et persistante pour s'imposer invinciblement. D'un bout à l'autre de l'humanité se remarque partout quelque forme de croyance exprimant ce rattachement ultra-vital. Quand elle ne va pas jusqu'à la notion lucide d'une origine supra-substantielle, elle prend tout au moins comme chez les Chinois et les Indiens d'Amérique, le caractère de la plus étroite solidarité dans la filiation continue des pères et des enfants; et le culte des ancêtres s'impose alors avec d'autant plus de force que l'intuition d'un au-delà de la vie personnelle porte moins loin; mais c'est le même élan qui, plus soutenu et développé, pénètre la nature humaine d'une lueur ultra-substantielle, l'élargit et la fait aspirer vers la perfection et l'immatérialité d'une suprême existence spontanément pressentie. De là vient ce sentiment indéfinissable où il entre tant de choses, depuis la crainte superstitieuse jusqu'à l'amour extatique, depuis la déification du vil objet auquel l'idolâtre attribue des vertus surnaturelles, jusqu'au scepticisme du matérialiste accusant l'homme d'avoir inventé Dieu; car même sous cette dernière forme négative qui n'est jamais au fond qu'une transition entre deux croyances, le sentiment religieux se dénonce implicitement par la tentative d'accorder ce sentiment secret avec la raison. Mais malgré tout, c'est toujours la raison qui prend la plus faible part en matière de foi religieuse, car lorsqu'elle ne lui est même pas quelquefois hostile, elle n'intervient guère que subsidiairement pour tenter d'asseoir tour-à-tour comme elle pourra, les croyances les plus étranges et les plus contradictoires entre elles qu'un sentiment irrésistible a imposées. C'est que l'élan religieux a en effet sa source dans le sentiment seul, dans ce sentiment transcendantal qui est la voix même de ce que notre être voit percer en lui de principe initial.

La croyance, disons-nous, naît spontanément de l'aperception confuse d'une mystérieuse existence supra-substantielle de laquelle nous nous sentons dépendre étroitement, et qui fait l'objet de nos premières craintes ou de nos dernières espérances, sans qu'il soit possible de s'en faire une idée et encore bien moins une image positive. Aussi les légendes les plus merveilleuses et les systèmes les plus incohérents attestent-ils précisément ce trouble de l'esprit humain en présence du vertigineux inconnu qui l'attire. L'imagination s'égare à la poursuite de chimères dont elle-même peuple ces ténèbres, et l'esprit se perd à chercher la solution d'un problème dont le données essentielles lui manquent. C'est ainsi que nous voyons les diverses époques et les diverses civilisations se créer un idéal religieux toujours différent dans ses formes fictives, en rapport avec l'état mental et moral de chacune, et selon leur place et leur importance dans l'évolution vitale, où la morale et la religion suivent la même voie ascendante. Ce qui nous frappe par-dessus tout, ce n'est pas qu'une croyance soit grossière, impure, insensée, ou bien presciente et élevée; c'est qu'elle représente toujours un progrès relatif en perspective pour chaque degré ou station du développement humain. L'Olympe a beau être le théâtre de tous les crimes; le dieu d'Israël peut iniquement haïr et condamner tous les hommes sauf le petit peuple exclusif fait à son image; l'Odin des Scandinaves et le Taraan des Celtes vainement n'évoquent que des scènes terribles ou sanguinaires: Ces dieux étaient quand même meilleurs que leurs adorateurs. Selon les temps et les lieux, l'idéal divin est toujours le phare, le guide, le modèle qui conduit à un progrès relatif, après l'accomplissement duquel naîtra et se concrétera une nouvelle forme religieuse correspondant à un idéal toujours meilleur.

C'est le moment d'ouvrir les yeux sur le rôle véritable des fondateurs de religions et de reconnaître combien, sauf peut-être en Mahomet, est relativement faible l'action personnelle de ces mortels favorisés. Ne peut-on pas dire qu'en réalité, de l'œuvre accomplie au nom de Manou, de Zoroastre, de Bouddha, de Jésus, de Luther, les véritables causes résident dans l'esprit de leur temps, dans la marche des idées et l'agrandissement des connaissances, dans l'élévation enfin de l'idéal religieux? Qu'un enthousiaste se lève au moment psychologique et rencontre la formule de croyance qui répond précisément au vœu populaire, et la foule reconnaissant en cet homme l'interprète de ses aspirations les plus intimes, l'acclame et le divinise. Bien d'autres, mieux doués et plus clairvoyants peut-être, avaient échoué auparavant ; c'est que les temps n'étaient pas venus, et que les forces capables d'ébranler toute une époque, n'étaient pas encore amassées. L'élu ne sera non plus un savant docteur élevé par sa science à des hauteurs inaccessibles à la moyenne des intelligences. Il lui suffira d'être le miroir fidèle des âmes de son temps, et l'heureux révélateur du secret sentiment qui sourd dans la nouvelle société cherchant sa voie, pour devenir le point convergent, le simple prétexte si l'on veut, d'une concentration imposante forte de sa propre cohésion, et pour provoquer la naissance d'un nouveau mouvement religieux apte à fournir à son tour une carrière décisive dans la marche de l'humanité. Quant aux éléments linéaires et tangibles de la croyance restaurée, d'autres viendront ensuite, longtemps même après le maître, qui apporteront à l'œuvre tracée, l'ordre, les lumières, les formes symboliques convenant au nouvel idéal : Dans la parole du Galiléen se rencontre l'écho du découragement et du renoncement d'une époque lasse des calamités du vieux monde romain croulant de vétusté ; mais ce sont les Pères de l'Église et les conciles qui font et organisent le christianisme, c'est-à-dire la forme religieuse qui répond à cette période d'effondrement et de refonte d'une humanité excédée dont l'âme s'affaisse et se recueille dans l'attente des forces qui lui permettront de reprendre plus tard un nouvel essor.

C'est ainsi que l'homme, d'élan en élan, d'idéal ancien en idéal nouveau, élève toujours plus haut les aspirations dans lesquelles se traduit l'épurement continu du principe ultra-substantiel qui est en lui, qu'il concrète dans ses dieux le sentiment de justice qu'il tient lui-même de la lueur supérieure qui l'éclaire, et qu'il les charge de satisfaire par une équitable répartition de récompenses et de peines posthumes, à ce sentiment de justice qui est peut-être la marque la plus sensible de cet idéal du bien à venir qui devance l'état actuel de la vie terrestre.

Ce qui est manifeste, c'est l'imperfection de notre nature ignorante de son origine première et de ses destinées, ainsi que le sentiment irrésistible qui nous porte vers ces objets de nos aspirations les plus secrètes, et il nous suffit que ces aspirations et ce sentiment universel soient une réalité de tous les temps et de tous les lieux.

Tenons-nous en là et affirmons hautement que la voix intérieure qui inspira aux hommes de toutes les croyances, en outre du respect et de la crainte d'un au-delà terrestre, l'attrait infini et les élans surnaturels de l'idéal divin qui ont fait les martyrs de toutes les croyances, ne saurait être un effet sans cause, et que ce sentiment intime est aussi fondé en son objet que toutes les autres manifestations de la nature où rien n'a lieu qui ne soit déterminé par un enchaînement rigoureux de faits conséquents, procédant les uns des autres.

Une imagination égarée, une connaissance incomplète, des interprétations illusoires sont choses secondaires. Il n'y a d'essentiel pour nous que cette certitude que l'âme humaine se sent rattachée par des liens spirituels à un Grand-Être qu'elle sent exister et qu'elle imagine doué de tout ce qu'il y a de plus élevé et de plus parfait ; c'est alors qu'elle reporte vers des dieux fictifs sa foi et ses aspirations ultra-terrestres. Mais qu'importe les mirages trompeurs de cet idéal, rêves fabuleux ou visions apocalyptiques, et qu'importe les noms qu'on lui donne ? Le fait capital est que nous savons qu'un Être suprême domine et contient en soi l'existence de notre monde et de nous-mêmes, que nous participons de cet Être universel, et que l'évolution vitale qui nous entraîne, nous rapproche de lui de plus en plus, ainsi que l'annonce la continuité du mouvement ascensionnel de la vie terrestre à laquelle préside notre espèce.

Si pourtant l'impossible nous tente, si l'esprit débordant d'inquiétude et l'âme avide de contemplation divine nous voulons à tout prix nous faire une idée de ce que peut être la grande existence supra-substantielle dont notre univers changeant et notre vie éphémère ne montrent qu'un mode partiel et passager, c'est en nous-mêmes encore qu'il nous faut descendre pour scruter profondément notre âme qui, bien que très imparfaitement est une émanation et un reflet de cet Être des êtres. C'est en nous efforçant d'en abstraire et d'en réunir les plus nobles facultés de l'intelligence et les plus purs élans du sentiment, que nous atteindrons à un certain idéal dont un grandissement surnaturel dans une élévation infinie, nous donnera l'image la plus approchée que nous puissions concevoir de ce pur principe intelligent, de cette volonté active dans sa toute-puissance dont émanent malgré tout notre vie vacillante et notre libre-arbitre entravé. Jamais d'ailleurs l'imagination n'inventera de merveilles assez admirables, ni d'attributs assez surhumains pour parvenir à s'élever à une conception digne de ce Grand-Être supérieur et incompréhensible dont relève passagèrement le tourbillon de substance animée qui s'agite un moment sous son souffle.

Si se sentir profondément pénétré d'admiration, d'humilité et de trouble en présence du grand inconnu qui nous a jetés où nous sommes et qui nous retirera à lui, c'est être religieux, soyons hautement et fermement religieux, comme le veulent ensemble le sentiment et la raison, et restituons à ce mot de religion son sens originel de rassemblement de toutes les âmes dans un même lien, puisqu'il n'y a pour nous tous qu'une même destinée. Et puisque toutes les langues humaines ont déjà un nom pour désigner l'objet ineffable du sentiment religieux, sous quelque forme qu'il se produise, ne rejetons pas ce mot nécessaire à notre faible entendement pour fixer un si grand idéal ; appelons Dieu ou Être suprême ce principe supérieur qui anime les mondes et qui, au-delà de ses contacts passagers avec la substance, reprend sa parfaite sérénité et sa pureté absolue dans l'Intelligence, la Volonté, la Puissance qui sont ses attributs immanents, attributs immatériels si manifestement agissants sous leurs aspects particuliers et distincts, qu'il semble y voir une réelle trinité d'hypostases divines.

Dieu est le but suprême, car il nous est impossible de ne pas le concevoir comme le dernier terme infiniment élevé, mais nécessairement existant de la gradation universelle toujours progressive dont il nous a été donné de lire sur notre Terre une page suffisamment révélatrice.

DIXIÈME PROPOSITION

Culte exprimant les aspirations secrètes de l'homme, par des formes sensibles appropriées à son état moral, et nécessitées par le besoin spontané d'épancher le sentiment religieux comme s'épanchent tous les autres sentiments vrais appartenant à la nature humaine.

Entre le sentiment religieux né spontanément avec l'éveil de la conscience humaine, et les manifestations extérieures et sensibles de ce sentiment sous la forme d'un culte, il y a naturellement le rapport le plus étroit. Lorsque l'homme a su donner à tous ses sentiments naturels des interprétations figuratives et matérielles, pourquoi seule la plus intime et la plus noble de ses aspirations n'aurait-elle pas eu son expression et ses épanchements? Aussi en tout temps et chez tous les peuples, a-t-on vu naître des coutumes pieuses affirmant partout le même besoin de rendre hommage à l'objet tout incognoscible qu'il soit du sentiment religieux.

Ne dépassons pas la portée de ce fait positif pour rester dans la seule vérité expérimentale, et négligeons volontairement de nous arrêter aux formes sans nombre que l'esprit humain, dans son trouble et son ignorance a conçues de l'Existence suprême. Nous sommes alors en présence d'un effet constant : un culte quelconque de l'idéal appelé divinité, lequel effet ne saurait se produire sans sa cause positive et permanente, soit la conscience que reprend de lui-même avec notre espèce, le principe supérieur allié au principe substantiel dans l'évolution vitale ; or, pendant que tout est progression et développement dans cette évolution, comment s'étonner que le culte ait passé par les états les plus divers, correspondant selon les temps et les lieux, aux phases successives que traversait le développement sentimental et intellectuel de l'humanité? Il a suivi en cela nécessairement la même marche que l'élévation progressive du sentiment et de la connaissance dont il n'est que la forme symbolique accessible à la généralité des âmes humaines; mais c'est toujours la même aspiration vers le progrès à venir, devançant l'état actuel par un idéal de vertu tel que la société et l'époque le peuvent supporter.

Aussi respecterons-nous sans laisser d'en comprendre les faiblesses et les imperfections, toutes les formes religieuses qui ont constitué les divers degrés de l'avancement moral, et nous sentirons-nous touchés à la pensée de tant d'inquiètes aspirations et de douleurs secrètes qu'à travers les siècles, d'innombrables générations ont exhalées au pied des autels, quelque fût le culte qui rapprochait les âmes de l'être divin. C'est le même Dieu que les hommes ont toujours invoqué, soit dans la pagode aux étranges et symboliques figures, soit dans la mosquée aux flamboyantes sentences d'azur et d'or, aussi bien qu'au milieu des marbres superbes du Parthénon, ou sous les voûtes gothiques de nos églises chrétiennes, parce que là comme ici, la faible humanité échappant aux tristesses de la vie présente, cherche à se rapprocher de l'idéal suprême, et entre dans la voie du perfectionnement moral et des visions enchanteresses qui promettent un avenir de célestes félicités rémunératrices des souffrances de ce monde inférieur.

Partout où l'humanité a cherché le dieu inconnu mais néanmoins pressenti, elle s'est efforcé de percevoir au-dessus d'elle-même une existence surnaturelle qu'elle a dotée de tous les grands attributs et de toutes les hautes vertus que réunissait son idéal du moment, et elle a institué des pratiques extérieures, c'est-à-dire un culte répondant à la nécessité ressentie de rendre un hommage permanent à l'objet suprême de cet idéal.

Le progrès humain est tellement solidaire de l'avancement du sentiment religieux, que les grandes croyances ont de tout temps coïncidé avec les renouvellements de la civilisation. Partout où s'est manifestée une poussée décisive de l'évolution humaine, est apparu comme guide un nouvel idéal agrandi auquel n'ont pas tardé à s'adapter un symbolisme et des rites, en rapport avec les connaissances et les traditions du temps: Après l'Inde, l'Égypte, la Perse, c'est la Grèce et Rome qui ont vu éclore et durer longtemps un vif sentiment religieux dont la voix inspirée anoblissait l'existence dans ces régions alors avancées de l'humanité; et quand l'effondrement de l'empire des Césars fit place à la refonte laborieuse du moyen-âge, on vit d'une part le christianisme, et d'autre part l'islamisme embraser le monde renouvelé, d'une foi indicible qui mit l'épopée inouïe des croisades face à face avec la hâtive et resplendissante expansion sarrazine, et prépara la civilisation européenne de notre temps, civilisation encore chrétienne par ce que le christianisme tient de ses véritables bases néo-platoniciennes ; car cette religion n'a de juif que sa légende, et encore celle-ci est-elle en sa Genèse et ses principaux symboles empruntée à un autre Orient que l'ingrate terre de Judée. (*)

---

* Avant que les Hébreux existassent comme peuple, l'Inde avait ses livres sacrés, les Védas, qui se sont conservés jusqu'à notre époque et où se lit une Genèse du monde et de l'homme, non seulement semblable au premier chapitre de la Bible, mais plus entière encore et plus détaillée, avec des noms similaires, et dont le récit de Moïse n'est évidemment qu'une réminiscence incomplète. Le Mahabarata brahmanique relate de son côté l'origne du culte de Kristna, huitième incarnation de Vischnou, dieu créateur de l'univers. 3,500 ans avant notre ère, Kristna, fils de la reine Devanaguy restée vierge comme la mère de Christ, et comme lui conçu par l'opération d'un dieu (Vischnou), est dès sa naissance menacé de mort par le roi Kansa qui pour l'atteindre à tout prix, fait massacrer tous les nouveaux nés. Mais il échappe, est élevé secrètement par des bergers et devient le chef d'une secte extrêmement populaire dans l'Indoustan. Il enseigne et prophétise dès son jeune âge et accomplit des miracles dont plusieurs rappellent ceux du Dieu des chrétiens. Il a été envoyé, dit-il, pour " soulever le fardeau de la Terre et sauver le genre humain ". Kristna pour premier précepte, veut qu'on l'aime par-dessus toute chose. D'autre part l'on n'ignore pas qu'il n'existe pas de documents véritablement historiques de Jésus-Christ dont la religion n'a pas commencé à prendre corps avant le IIIe siècle de notre ère.

Mais par le fait de la marche du progrès, les religions ont leurs jours fatalement comptés elles aussi, et leur idéal à son tour dépassé, finit par ne plus répondre aux aspirations nouvelles. Alors viennent des périodes transitoires de relâchement, de véritables éclipses du sentiment religieux que ne maintient plus le faisceau disjoint et tombé des dogmes compromis; et un facile scepticisme touchant les formes insoutenables d'un culte caduc, affaiblit du même coup le pur sentiment religieux lui-même.

C'est à une de ces périodes de négation et de doute qu'est arrivé le monde chrétien. Est-ce que pourtant la source-mère du sentiment religieux qui n'a complètement manqué à aucun temps et à aucune race, serait réellement tarie dans les cœurs depuis que de rapides progrès scientifiques ont sapé par la base les fictions et les erreurs matérielles des religions du passé? De ce qu'une Genèse fabuleuse, des légendes controuvées, des dogmes trop étroits pour nos sociétés adultes, se voient irrévocablement condamnés, s'ensuit-il que l'éternel problème du passé et du devenir de nous-mêmes et de tout ce qui est, se trouve résolu par de simples négations? Le principe intelligent et puissant qui préside nécessairement à l'évolution ordonnée des mondes et de la vie universelle, a-t-il cessé d'être parce que les dernières formes religieuses léguées par le passé, ont vu venir leur tour de faire place à des édifications nouvelles? Le nom même de religion serait-il menacé de disparaître sous prétexte de science et de philosophie? L'humanité est-elle enfin affranchie de tous rapports avec la puissance immatérielle et souveraine décidément récusée et condamnée parce qu'on aura ramené la nature et la vie à de certaines combinaisons d'attributs qui seraient inhérents à la matière? Mais voir l'intelligence, la raison concluant à sa non-existence, se niant elle-même dans la conception athée d'un univers de hasard, n'est-ce pas simplement puéril et absurde? Enfin quelle science, quelle philosophie de la matière sera capable d'expliquer cette chose immatérielle, incompréhensible et qui ne connaît pas de lois, qui s'appelle le sentiment? Serait-ce par aventure l'éclectisme indécis, le scepticisme indifférent de l'époque présente, pouvant tout admettre et tout permettre?

Il n'y aurait pas, il est vrai, d'autre philosophie que celle-là à tirer d'une vie déduite de la propriété qu'auraient quelques corps dits simples, de se combiner dans des phénomènes d'un ordre particulier qui se trouverait être précisément la vie, non plus que d'une sensation aveugle, aux effets machinals, comme si les aspects variés de la substance ou les faits de sensation étaient des entités premières ne relevant que d'elles-mêmes. Mais c'est en vain que notre époque raisonneuse travaille tous les jours davantage à paralyser tout élan religieux. Tant que le sentiment dirigera les mouvements de la vie, et que ce sentiment parlera aux hommes d'une existence ultra-terrestre, celle-ci restera une vérité aussi indestructible que toutes les autres vérités naturelles que nous portons en nous-mêmes.

On nous dit aussi que les croyances religieuses n'ont jamais été que des formes populaires et inférieures d'autant de systèmes philosophiques correspondants (*); mais reste à savoir si la religion n'est que de la philosophie dégénérée, ou si les spéculations des philosophes, si diverses et contradictoires d'un système à un autre, ne sont pas plutôt des interprétations plus raisonnées que senties des phases religieuses nées au cours de l'évolution morale de l'humanité. Cette évolution fatale, un sentiment universel en indique le véritable sens, indépendamment de toute forme mythique, dans les aspirations spontanées du cœur humain que les religions interprètent, au lieu que la seule raison est insuffisante pour les découvrir, impuissante qu'elle est à spéculer en dehors de ses propres acquisitions objectives. Le sentiment religieux précéderait ainsi la philosophie et la dominerait de toute la distance qui sépare l'objectif du subjectif, le fait de l'in-

---

* Il y a toujours eu, il est vrai, des différences entre la religion naïve du peuple et l'initiation réservée aux intelligences supérieures qui ne se contentaient pas des fables et des superstitions suffisantes pour le vulgaire; mais ce n'était pas sortir de la religion que de concevoir un idéal plus élevé et plus pur de ce même culte de la divinité.

terprétation du fait. Tandis que l'humanité obéit inconsciemment et irrésistiblement à une impulsion qui est sentie avant d'être raisonnée, le philosophe spécule arbitrairement sur le sentiment général duquel il a abstrait un point de vue spécial, le seul qu'ait retenu le crible de sa critique, puis il déclare illusoire et non-avenu tout ce que n'encadre pas son système. Ainsi chaque forme religieuse peut donner lieu à une philosophie restrictive de sa hauteur et de sa portée, tandis qu'une conception strictement philosophique n'a jamais fait éclore une religion.

Que savons-nous des affinités profondes qui relient au pur idéal ultra-terrestre telles ou telles formes mythiques d'apparence bizarre ou même absurde? Laissons l'imperfection humaine prendre les voies qui conviennent au trouble de ses divers états transitoires, et écouter les sentiments intimes qui veillent dans les arcanes mystérieux de son être et qui, plus que les spéculations de l'esprit la rapprochent de ses origines immatérielles.

Demandons-nous pourquoi l'âme humaine a toujours pressenti cet avenir ultra-terrestre, et pourquoi un sentiment secret devance au lieu de l'accompagner seulement, l'évolution morale qui suit la même pente que l'évolution vitale vers la perfection. Tout n'a-t-il pas sa cause connue ou cachée et les seules choses du sentiment, tout à fait en dehors du domaine de la raison, seraient-elles sans cause et sans objet? Croyons donc le sentiment qui nous guide vers la perfection morale et qui nous dit qu'au-delà de la mort terrestre, il y a la vie éternelle et parfaite du principe supérieur duquel relèvent nos âmes et qui reprend ce qui était émané de lui. Laissons-nous guider encore par ce même sentiment naturel qui veut notre admiration et notre respect pour le Grand-Être, et qui permet des élans de reconnaissance dans le bonheur, ou bien le soulagement d'une plainte dans la souffrance. N'est-ce pas vers ce Grand-Être, origine et fin de nous-mêmes, qu'il est le plus naturel que nous élevions nos pensées et nos cœurs quand se dérobent autour de nous tout appui et toute consolation terrestres? Cet élan de l'âme est une chose si naturelle que les hommes de tous les temps et de tous les cultes ont connu la prière ; et pour que cette pratique ait été universelle, il faut que les épanchements de la prière représentent un véritable besoin de l'âme humaine invinciblement attirée et rappelée par son immatérielle patrie.

C'est ainsi que tout notre être, par raison et par sentiment, veut qu'il y ait encore pour nos sociétés positives une religion, religion aussi dépouillée qu'on voudra de fictions et de légendes inutiles, mais malgré tout religion véritable dans le sens le plus absolu du mot: Une croyance établie sur les bases inébranlables des deux principes esprit et matière, fondamentalement indépendants et distincts, mais temporairement alliés dans un dualisme évolutif; un enseignement renfermé dans les seules lois véritablement naturelles et toujours avançantes de l'évolution universelle, avec les aspirations légitimes qu'elles comportent pour l'avenir de l'humanité, nous rallieront tous à une doctrine inattaquable en ses bases sinon perfectible en ses formes, que les âmes sincères apellent de tous leurs vœux depuis le divorce irrémédiable de la connaissance agrandie et de l'ancienne foi insuffisante. C'est la religion anonyme que proclament les lumières de la raison et les inspirations du sentiment transcendantal ; et plus que chez aucune de ses devancières le code de la morale, nécessairement compris dans la religion naturelle, y sera épuré et accru, puisque l'avancement évolutif a davantage éclairé la route et rapproché le but de la perfection.

La religion et la raison pourront dès lors se réconcilier dans une éternelle alliance et faire régner dans toutes les âmes une paix favorable à l'avènement du bonheur terrestre; la foi au progrès stimulera sans cesse la raison sans essayer de l'enchaîner par une doctrine inflexible puisqu'elle proclame au contraire le progrès des sociétés humaines; et la raison à son tour ne trouvera rien à reprendre aux manifestations inspirées par les élans de la foi religieuse, car en quoi pourrait-elle être opposée à un sentiment dont elle reconnaît la prééminence, et aux mouvements du cœur

qui sont les effets naturels de ce sentiment?
La raison ne sait-elle pas qu'elle doit compter avec le sentiment, et put-elle jamais soumettre à sa direction ou même simplement à son contrôle des entraînements aussi spontanés par exemple que les élans du pur amour? Est-elle capable seulement de faire naître ou d'empêcher une émotion, et s'avise-t-elle pour cela de nier la réalité et la tendance précise de ces élans spontanés? Or, puisque nous venons de prononcer le mot amour, nous surprenons dans cet amour même plus qu'une comparaison avec les inspirations du sentiment religieux naturel et irrésistible comme lui. Nous voyons entre eux une communauté de cause, une similitude d'essence qui peut aller jusqu'à leur fusion en un seul et même élan. Ainsi quand une âme noblement et passionnément éprise, se sent transportée au-dessus des réalités du monde terrestre, son extase la rapproche plus intimement de l'Existence supérieure de qui émane toute existence, précisément parce qu'elle traverse alors une phase où la vie remonte à ses sources et où se tendent tous les ressorts de l'être pour ses recommencements.

L'âme assez douée pour ressentir un amour extatique est faite également pour concevoir un sentiment religieux intense, c'est-à-dire que le même ravissement ultra-terrestre se retrouve au fond de ces deux choses : amour et religion. N'est-ce pas à l'extase qu'aboutit de même une élévation religieuse soutenue, à une extase où ne se perçoit plus que la seule voix intérieure du principe immatériel ? Elle est dans la surhumaine hauteur d'âme du stoïque, dans le nirvâna où s'abîme la dernière contemplation du bouddha, comme elle est aussi dans le cri défaillant de sainte Thérèse (*), dans le délire sublime du livre sans pareil de Gerson.

Après avoir constaté dans les extases de l'amour une manifestation du pur principe supérieur, reconnaissons un autre sentiment de même origine encore dans une tendance aussi enracinée et aussi générale que celle qu'ont les hommes pour le surnaturel et l'inconnu. Nul ne conteste que cette tendance n'appartienne principalement aux intelligences les moins cultivées et les plus près de la nature ; aussi ne s'agit-il pas ici d'un fait de connaissance et de raison. Ce que nous voulons y voir uniquement, c'est que précisément en l'absence d'incitations raisonnées, un instinct inné pousse l'imagination humaine vers le merveilleux et la pénétration des choses à venir. Ce n'est pas que nous veuillions tirer de l'ignorance et de l'erreur des preuves qu'elle ne comportent pas ; nous constatons simplement que cet instinct, comme toute chose, n'est pas né

---

* Plusieurs fois, dit une relation du temps, il arriva que les compagnes de Thérèse, s'approchant de la cellule où la sainte restait de longues heures abîmée dans la contemplation de Jésus crucifié, l'entendirent soupirer ces mots : « Assez Dieu-Jésus, assez ! »

de rien, et qu'il doit nous venir de la pente inéluctable qui entraîne toujours en avant les aspirations de la nature humaine.

D'ailleurs les esprits incultes ne sont pas seuls à subir de mystérieuses incitations en dehors des voies de la raison. Ne voit-on pas à de certains moments les têtes les plus sages d'ordinaire, donner l'exemple des entraînements les plus irréfléchis et les plus étranges, la raison venant tout à coup à céder sous la pression des secrets ressorts tendus vers l'au-delà du vrai actuel, et la moitié la plus sensitive de l'humanité, la femme de toutes les classes, ne s'inspire-t-elle pas avant tout de ses impulsions spontanées où la raison pure a fort peu à voir? Le fait de rencontrer les tendances superstitieuses surtout chez les femmes et chez les hommes que guide le sentiment plutôt que la raison, n'est pas, ainsi qu'on pourrait être tenté de le croire, une simple preuve d'infériorité morale. Un être inférieur serait au contraire le plus incapable d'aspirations surnaturelles; les intelligences faibles n'entrevoient que de courts horizons, et la matérialité la plus positive les guiderait seule, si une pente secrète n'entraînait la faculté purement sentimentale vers cet au-delà du réel et du connu qui attire fatalement toute âme à peine devenue consciente. Nous nous en tiendrons strictement à faire témoigner l'exemple de cette intuition innée des choses cachées, en preuve de l'action avancée que le principe supérieur exerce déjà sur l'âme humaine dès que le premier éveil de la conscience marque le commencement de son indépendance au-dessus du conflit physico-vital. Cet instinct du surnaturel n'est pas encore le sentiment religieux, mais on peut cependant le citer à cette place comme étant un des premiers pas de l'inspiration qui mène à ce sentiment, et il échappe, avons-nous dit, à la raison et à la science qui ne peuvent que le constater et en tenir compte.

La progression qui prend le sentiment religieux à une intuition confuse mêlée de toutes les imperfections morales de notre nature, s'élève peu à peu vers une lucidité et une pureté toujours plus grandes; aussi les diverses formes religieuses qui ont signalé les étapes de cet avancement intellectuel et moral ont-elles gardé l'empreinte fidèle du temps et du milieu qui les ont vu éclore, et par la foi profonde et aveugle qui les a soutenues pendant des siècles, acquirent-elles une consistance qui les rendit plus tard réfractaires à tout changement. C'est pour cela que les religions ne se transforment pas, et qu'elles se maintiennent entières tant qu'elles peuvent durer, jusqu'à ce qu'une forme plus parfaite et plus en harmonie avec les progrès réalisés, bien que faite souvent en majeure partie des mêmes matériaux, vienne à les remplacer; c'est pour cela aussi que tout changement de doctrine a été accompagné presque toujours de violences et ne s'est accompli qu'après une lutte qui a mis longtemps aux prises les novateurs et les attardés.

Ce n'est pas non plus sans un réel danger pour l'avancement moral qu'une forme religieuse maintenue par le prestige d'un grand passé, continue de s'imposer à des générations déjà prêtes pour un autre idéal ; et lorsque ces formes désormais déchues conservent assez d'empire pour régner encore par l'appui parfois de pouvoirs dominateurs intéressés à leur maintien, ce n'est qu'au prix de véritables déviations mentales. C'est ainsi qu'à notre époque nous sommes les témoins d'athrophies morales qui ont pour unique cause les fatales compressions du christianisme lui-même, tombé dans les aberrations du jésuitisme. Mais de même qu'il est des cœurs dépravés qui compromettent les meilleures périodes du culte, il est aussi de saintes âmes irrésistiblement possédées de la plus pure passion religieuse, qui soutiennent un culte décadent par leurs vertus natives. Telle est en effet la force du sentiment religieux, qu'il donne encore des fidèles à des doctrines restées très inférieures à l'esprit moderne qu'elles prétendent néanmoins toujours gouverner, et tel est même son entraînement, que le contempteur le plus acharné de ces doctrines entachées d'erreur, impuissant à régler ses propres résistances et ses attractions secrètes, finit souvent de lassitude par céder complètement et accepter telle quelle la religion établie, plutôt que de continuer de languir dans une négation désespérée.

De là le trouble profond des intelligences de

notre temps en ces questions religieuses que malgré tout l'on ne saurait fuir, questions sans issue tant que le sentiment de l'existence ultra-terrestre ne se sera pas saisi enfin de la nouvelle forme religieuse qui se prépare ; car c'est à une religion rénovatrice que va, quoi qu'on en ait, notre époque de transition.

Cette forme à venir qu'on a déjà vainement tenté d'évoquer, ce n'est pas dans de simples réminiscences du passé qu'il faut en chercher l'image. Elle ne saurait être ni dans la croyance à des âmes distinctes et individuellement immortelles qui à travers les temps et les lieux prendraient et quitteraient tour à tour différentes formes humaines matérielles et périssables, ni encore moins dans l'anthropomorphisme exclusif qui se suffit assez à lui-même pour diviniser notre espèce et ne rendre hommage qu'au Grand-Être Humanité, doctrine moins pure et moins élevée encore à tout prendre que la naïve adoration vouée par l'ignorance des premiers hommes aux astres qui resplendissaient sur leurs têtes ; car même dans leur inconscience de l'essence supra-substantielle qui anime tous les mondes de l'espace, les adorateurs du firmament comprennent de fait dans leur culte spontané, tout ce qui existe de manifestation universelle du principe de vie émanant de l'Être suprême, tandis que le positivisme raisonneur des fervents de l'Humanité restreint à l'indécise et très imparfaite émanation simplement terrestre du divin principe immatériel, l'hommage que seul mérite ce pur Principe envisagé dans toute son intégralité. C'est plus loin que ces conceptions étroites qu'il faut regarder maintenant. L'avenir religieux continue il est vrai le passé où sont ses racines, mais il ne le répète que pour reporter plus avant le développement séculaire de notre évolution spirituelle. Et ne doutons pas que plus qu'à leurs devanciers, et parce que la lueur de l'immatériel va toujours grandissant, il ne se révèle aux futurs ouvriers de la foi religieuse, des aperceptions inspirées et voyantes de l'Existence ultra-terrestre qui susciteront des aspirations, des ardeurs, des invocations nouvelles, devant à leur tour prendre forme et consistance dans les rites et les symboles religieux de l'avenir !

Des générations peut-être prochaines verront commencer l'irrésistible élan qui inaugurera la nouvelle foi et le culte rajeuni, à l'édification desquels auront coopéré tous les hommes et toutes les époques, par une incessante élévation de la conscience et de la connaissance. Œuvre de la raison et de la science agrandies, autant que du sentiment épuré, rien de ce qui est humain ne sera exclu du renouement espéré ; et si une part, nous ne dirons pas d'erreur, mais d'images et de fictions entre encore dans la conception religieuse future, ce sera très légitimement en conformité des faiblesses et des côtés matériels de notre nature toujours imparfaite. Nos esprits ne sauraient en effet s'abstraire complétement de certaines formes concrètes qui parlent de suite à la pensée et fixent l'idéal trop fugace ; puis nous ne pouvons échapper à la nature même de notre intellect dont la constitution actuelle n'est que la somme dernière d'accumulations mentales progressives, comme notre être corporel est la dernière épreuve des perfectionnements successifs de la vie organique. C'est ainsi que dans la contexture de cet intellect humain, il entre une infinité de matériaux anciens qui reparaissent tour à tour dans cette sorte de développement récapitulatif qui conduit une intelligence naissante jusqu'à sa forme arrêtée. Des traces aussi profondes que celles qu'ont laissées dans notre entendement les images mentales acquises durant les périodes successivement parcourues et dépassées par la marche de l'humanité, ne peuvent s'effacer de sitôt chez l'être pensant dont elles sont encore parties intégrantes, et le culte nouveau ne perdra rien à s'appuyer sur les formes anciennes les plus propres à exprimer ou symboliser les idées de Puissance souveraine, d'éternité, de bien et de mal, d'espérances posthumes, les vérités éternelles enfin pressenties d'âge en âge avec une clarté toujours grandissante. Les figures mentales et les fictions accoutumées qu'une longue suite de siècles d'humanité croyante a enracinées dans l'intellect héréditaire, ne demandent pas à être complètement effacées, mais plutôt à être modifiées et élevées à la hauteur de l'idéal nouveau, de cet idéal qui n'a cessé de s'épurer progressivement en effaçant peu à peu les grossières créations des époques barbares, pour les transformer et adapter aux conceptions nouvelles.

Entre l'état présent et le passé, il ne saurait y avoir précisément opposition ; il n'y a que développement et progrès, malgré les plus contradictoires apparences. Ces époques oubliées ont en effet laissé des traces encore persistantes de formes religieuses qui nous paraissent aujourd'hui monstrueuses et parfois atroces parce qu'elles sont l'empreinte des matrices brutales dans lesquelles devait se pétrir et se couler la matière humaine primitive. Il y a longtemps qu'en notre Europe l'on ne voit plus de ces sacrifices d'animaux ou même d'hommes qui ensanglantaient les autels de nos barbares aïeux, et le sang fumant des victimes n'est plus l'hommage suprême comme en ces lointaines époques de pénible parturition morale d'une farouche humanité. Quels temps que ceux où nos propres ancêtres brûlaient de colossales idoles dans lesquelles s'entassaient des victimes humaines ! Quels peuples que ceux chez lesquels Hérodote pouvait voir le terrifiant spectacle d'une nombreuse troupe de cavaliers, tout debout empalés avec leurs chevaux morts, se dressant comme une garde encore menaçante autour des tombeaux des rois de Scythie ! Nous pouvons ainsi constater quelle distance morale sépare notre temps ou plutôt notre même race de ces commencements ténébreux. Et pourtant, longtemps après que les sacrifices sanglants eurent cessé en Europe, l'image et l'esprit de ces sacrifices n'en gardèrent pas moins dans la pensée humaine un caractère pieux, et de nos jours encore le prêtre catholique offre en holocauste une victime idéale.

Maintenant, si l'on ne considère que l'appareil ordinaire des cultes, on remarquera combien peu a changé l'aspect extérieur des cérémonies et des objets propres à célébrer les mystères sacrés. Pour honorer Osiris ou Mithra, Jupiter ou Christ, c'est un même esprit qui a présidé aux termes employés, aux emblèmes et symboles imaginés et aux hommages rendus, car le sentiment qui incite l'homme en matière de religion est toujours le même, et les manifestations qui l'interprètent le mieux ne sauraient beaucoup varier, aux différences près des usages des différents peuples et des traditions particulières qui s'amassent autour des cultes organisés.

D'ailleurs cette constance de rapports dans les signes extérieurs ne doit pas surprendre puisque le fond essentiel des grandes religions ne change pas, et que leur parenté ou leur filiation est évidente. Il suffit en effet de comparer entre elles les religions de Brahma, d'Hermès, de Zoroastre, de Moïse, de Jésus, de Mahomet, le paganisme gréco-romain, les croyances des anciens Germains et Celtes, et même l'antique tradition chinoise, pour retrouver une cosmogonie, des allégories, des mythes relevant des mêmes idées : Deux principes séparés et opposés en présence, l'un créateur et ordonnateur, l'autre réagissant et destructeur, admettant une foule d'agents intermédiaires : Brahma et Siva, Ormuzd et Ahriman, Osiris et Typhon représentent dans les religions franchement naturalistes les deux principes en conflit au sein de l'univers; dans le polythéisme, Jupiter et les Titans personnifient aussi une semblable croyance originelle; et dans les religions essentiellement monothéistes elles-mêmes, Jehovah et les Anges rebelles, Dieu et Satan, Allah et Chéiatin rappellent visiblement encore l'éternelle lutte des deux principes, car si l'esprit et le sentiment des races et des temps varient et s'égarent dans les interprétations dogmatiques d'ordre secondaire, les traits essentiels de la réalité universelle sont trop éclatants pour ne pas se rencontrer au commencement de toute édification religieuse. (*)

Dans toute conception cosmogonique des religions, c'est le même dualisme des deux grandes forces originelles, suivi de l'enfantement du monde, qui donne lieu au dogme trinitaire qu'ont proclamé les grandes croyances. Quant aux légendes, aux pratiques, aux superstitions

---

* Jusque chez les Incas du Nouveau-Monde, Pacha-Camac, le dieu du bien, et Cupaï, le génie du mal, représentaient le même dogme fondamental de toutes les religions constituées.

de toute sorte, elles sont la part inévitable qu'ajoute à toute religion traditionnelle l'imagination humaine toujours avide de merveilleux et s'alimentant de tout. L'essentiel n'est pas dans cette surface trompeuse; il est dans l'identité chez tous les hommes du même sentiment profond duquel sont nées toutes les formes de la croyance, et des mêmes vœux élevés de tous côtés vers l'Être supérieur et bienfaisant entré en conflit avec le principe inférieur matériel, lequel principe ne cesse de réagir, ce qui fait cette lutte du bien et du mal dont l'histoire est précisément aussi celle de la vie et de l'humanité.

C'est vers cette assise solide du sentiment religieux intrinsèque qu'il faut redescendre pour retrouver la vérité sans mélange existant au fond de toutes les croyances, et c'est sur la même base que sera nécessairement réédifiée la forme religieuse future. Cependant si les fondements restent inébranlables, et si beaucoup d'anciens matériaux méritent de figurer encore dans le nouvel édifice, les plans nouveaux n'en différeront pas moins profondément des plans anciens, autant d'ailleurs que la science accrue et les aspirations communitaires, c'est-à-dire réorganisatrices de notre époque, s'éloignent de l'ignorance et du particularisme des temps passés.

Le signe le plus caractéristique de cette différence des temps, se verra dans la part que prendront la raison, l'esprit de solidarité et le sentiment de bonté, soit l'élargissement considérable de l'ancienne règle de conduite des sociétés, à la conception religieuse qui se prépare. Tandis que les croyances anciennes proposées à l'esprit exclusif de nos pères, rapportaient tout à l'homme seul, et s'imposaient à sa crédulité par des prodiges et des miracles, ou à sa crainte par d'horribles menaces, rien de contradictoire à l'unité, à l'ordre et à la perfectibilité de toute vie terrestre ne viendra désormais heurter la connaissance et le sentiment plus éclairé des générations à venir. A ceux qui ont besoin de prodiges pour croire à la Puissance supérieure ultra-matérielle, la religion naturaliste (*) montrera le plus merveilleux de tous, non dans des anomalies qui admettraient le désordre de la nature, mais plutôt dans cette même nature ordonnée poursuivant sa marche infaillible ; puis au lieu du lugubre tartare, d'un enfer épouvantable et odieux, les seules visions enchanteresses des sublimes hauteurs de la perfection absolue dans un avenir ultra-terrestre, suffiront à stimuler les courages et à réconforter les cœurs ; et en attendant, comme prélude à ces ineffables promesses, commencera déjà dans nos nouvelles sociétés affranchies par le progrès social des besoins les plus stricts de la vie maté-

---

* Il était réservé à notre époque de produire une école bien capable de tout avilir, puisqu'elle a pu détourner ce mot de naturalisme de son véritable sens et donner à ce grand nom de nature, on ne sait quelle acception basse et honteuse.

rielle (*), l'apprentissage du bonheur réel, par un libre cours donné aux impulsions du senti-

---

* N'y aurait-il pas déjà possibilité pour l'État ou la commune de faire de la production de l'aliment absolument indispensable, c'est-à-dire du pain, un service public payé par une taxe qui ne dépasserait pas pour chaque citoyen imposable son compte actuel chez le boulanger? La réduction énorme du prix de revient qui s'ensuivrait, permettrait de supporter l'insuffisance de la taxe des moins imposés, et même l'absence de participation des non-contribuables, tous ayant cependant le même droit à la répartition par tête du pain communal. Inutile de faire ressortir que la possession assurée des stricts élements de la vie, soit l'air, l'eau et le pain, la société venant suppléer ainsi à l'œuvre incomplète de la nature, n'ôterait rien aux stimulans nécessaires de l'activité industrieuse et productrice, tout en relevant la dignité humaine et en anoblissant la lutte des autres besoins, car une fois bannie des préoccupations journalières la faim mortelle et ses suggestions avilissantes, le niveau moyen s'élèverait tout d'un coup à une hauteur inconnue jusqu'alors.

Qui ne sent en outre que ce minimum de garantie de l'existence, fourni aux misérables par la société, n'est à peine que justice quand on considère que le contrat social qui prive du droit naturel dont jouit le simple animal, les hommes qui ont le malheur de naître déshérités, ne leur rend à eux en retour, que charges et obligations de toutes sortes, sans rien qui balance équitablement la perte du plus légitime des droits? Et d'autre part, est-il admissible désormais, qu'au milieu de sociétés aussi riches que le sont les principales nations européennes, la surabondance, la pléthore soit tout d'un côté, tandis que les opérateurs effectifs de cette richesse languissent et meurent de besoin en face de cette surabondance inviolable? N'est-il pas révoltant que les grandes fortunes, si rarement d'une origine pure, soient maîtresses de l'existence du peuple, sans que des lois supérieures aient le pouvoir de commander à

ment transcendantal, par le bien pour le bien, seul bonheur vrai, parce qu'il est plus que tout autre dans le droit sens de la marche de l'humanité vers le divin, c'est-à-dire vers la perfection intégrale.

L'incompatibilité actuelle de la raison et de la foi religieuse doit faire place à la concordance définitive du sentiment et de la raison, car ces deux choses ne sauraient s'exclure l'une l'autre, ni suffire isolément à conduire l'humanité. La tendance de notre siècle est excessive en sacrifiant trop complètement à l'autorité de notre raison, les incitations naturelles du sentiment. La première est-elle en effet autre chose que

---

l'argent de sauvegarder les droits sacrés du travail et de diriger avec dignité et honneur les destinées d'une nation? Sans atteindre dans sa base essentielle et juste le droit à la propriété, il y a certainement quelque chose à faire pour ramener l'équilibre et la santé dans l'organisme social. En attendant, un bienfait national aussi facile à réaliser que le strict aliment pour tous, ne peut manquer certainement d'être mis en pratique dans un avenir prochain.

Transitoirement, l'État ne pourrait-il pas fabriquer du pain et le vendre comme déjà en France et ailleurs il vend d'autres produits, puis assurer dans chaque commune un service qui, sous une forme quelconque ferait la part des nécessiteux? Le bénéfice de la vente payerait cette part, et un autre immense bienfait résulterait en outre de ce système; ce serait de délivrer les populations, au grand profit de la santé publique, du pain de plus en plus dénaturé et indigeste du commerce. Inutile même de monopoliser les grains et les farines. La seule supériorité du pain communal fait de pur grain complet lui assurerait partout la clientèle des familles.

l'ordre, le contrôle, la balance des rapports, intervenus au milieu du désordre des mouvements sensationnels et passionnels? Ces mouvements ne sont-ils pas seuls objectifs, tandis que le jugement humain n'est que subjectif et n'existerait même pas sans la chose sensationnelle qui alimente ses supputations? Le seul culte de la raison serait donc un culte illusoire auquel manquerait la base essentielle de son objet, encore même qu'au lieu de l'humaine raison, l'on prétendît adorer l'Intelligence universelle et intégrale qui n'est pas sans que soit un Être suprême dont elle ne représente qu'un des attributs. L'existence d'une Puissance immatérielle sentie par le cœur autant que raisonnée par la pensée; les liens de dépendance entre cette puissance génératrice de la vie, et l'homme, degré culminant de l'échelle de vie; l'aspiration naturelle de l'être imparfait vers l'Être parfait, tels sont les éléments du vrai sentiment religieux qui ne saurait jamais être comprimé ou faussé sans qu'il fasse enfin explosion avec d'autant plus de force qu'il aura été plus longtemps contenu.

L'homme ne saurait se suffire à lui-même et être à jamais sourd au cri de son âme qui se souvient du foyer sublime et aspire à y remonter. En vain évoquera-t-il on ne sait quels hasards de la matière universelle pour expliquer sa propre existence et nier un principe conscient et souverain; son sentiment enfin révolté, retournera spontanément au besoin impérieux de croire et d'épancher son âme vers son Créateur par des vœux, des prières, des fêtes solennelles et des hommages divins. Ce n'est pas que ces formes, ces emblèmes, ces pratiques extérieures, soient le culte même; tout cela serait vain sans le symbolisme qui en fait un langage significatif et attachant, un moyen humain d'appliquer, de retenir, de fixer de hautes pensées fugitives ou peu accessibles d'ordinaire. Elles ont le pouvoir de rallier les esprits oublieux ou indécis, et elles sont surtout l'occasion de réunir dans une puissante communion d'idées et de sentiments, tout un peuple dont se réveille ainsi la fraternelle solidarité. Par le culte d'une religion, l'âme qui s'oublierait dans le prosaïsme de la vie courante, se sent relevée et ramenée au recueillement et à l'aspiration vers les grandes vertus qui mettent sur la voie du progrès moral, c'est-à-dire de l'épanouissement continu de la vie remontant vers sa perfection qui est en l'Être suprême.

Les solennités du culte sont un spectacle bien fait pour détacher les esprits des préoccupations mesquines de la vie journalière et les élever un moment vers l'idéal. Les meilleures intelligences y goûtent de pures jouissances qu'elles puisent en elles-mêmes, et les plus déshéritées ou déchues y entrevoient du fond de leurs ténèbres morales, une lointaine et attirante lueur qui met un peu d'espoir et quelque élévation dans leurs tristes existences. C'est pour celles-ci surtout qu'il faut au nouvel édifice des degrés successifs dont les premiers commencent terre-à-terre, et les autres montent toujours plus haut, permettant à chacune de s'élever jusqu'où elle peut atteindre.

Toutes les formes nobles de l'art : la splendeur de l'architecture et des ornements précieux, la magie du pinceau et de la couleur, le ravissement des harmonies divines sont à leur place dans les cérémonies religieuses, parc qu'elles sont chacune l'expression d'un côté de l'idéal qui ne saurait être trop exalté dans ces fêtes de l'intelligence et du cœur où se ravive le sentiment des destinées ultra-terrestres. Est-il d'ailleurs plus haute source d'inspiration pour l'art que le sentiment religieux? N'est-ce pas surtout dans la majesté des temples qu'éclate plus que partout ailleurs le génie artistique de chaque peuple et de chaque époque?

Quels symboles, quelles hymnes, quelles prières viendront remplacer les pratiques abandonnées des cultes finis ou finissants? Reverrons-nous des fêtes comparables à ces poétiques éleusinies et anthestéries qui célébraient les moissons et les fleurs? Honorer la vie dans ses manifestations même les plus humbles, n'est-ce pas comprendre que le principe suprême est déjà là comme il est partout où s'organise une existence? Les cultes du passé s'étaient attaché à consacrer par des solennités publiques, non seulement les actes et les âges marquants de la vie humaine, mais encore les grands aspects de la nature terrestre et céleste. Ainsi par exemple, ils ne voyaient pas uniquement dans les successions des saisons, des faits matériels d'ordre physique ; une nature qui entrait aussi profondément dans le tissu de la vie et en faisait pour ainsi dire partie, suscitait des mythes figuratifs, tels que la renaissance d'Osiris, de Mithra ou d'Apollon qu'on célébrait lors du retour désiré de l'astre glorieux qui, au solstice d'hiver, semblait revenir vers nos climats après avoir attristé la terre par son éloignement apparent. (*) Pourquoi une allégorie nouvelle où la vérité scientifique s'ajouterait au charme d'une poétique fiction, ne continuerait-elle pas à chaque recommencement de l'année la tradition d'une fête aussi vénérable? D'attachantes cérémonies païennes telles que les éphébies impatiemment désirées par l'adolescence; les jeux grandioses où les villes rivales de la Grèce oubliaient leurs querelles dans une fortifiante émulation et dans les hommages rendus aux mêmes dieux ; de fraternelles agapes chrétiennes comme celles qui ont longtemps réjoui et élevé les cœurs de nos pères, peuvent être rajeunies et offertes encore aux âges futurs comme le plus sain objet des fêtes et des réjouissances populaires qui sont un réel besoin des sociétés humaines.

---

* Notre fête de la Noël n'est aussi que l'appropriation au christianisme de ce mythe d'allégresse, l'un des plus anciens sans doute que les religions aient conçu et célébré.

Oui, il faut que les temples voient de nouveau accourir les fidèles et se presser les foules recueillies; non seulement les temples de marbre, mais aussi des temples sylvestres rappelant ceux où nos aïeux les Celtes sentaient si bien par intuition de race, que devait être adoré le Dieu-nature. Là sous un ciel à demi voilé par la voûte murmurante des cîmes des vieux chênes, de vastes nefs ouvertes en pleine forêt offriront un lieu propice pour tenir les assises du culte restauré. Un vaste espace sous bois où un art tel que seul sait le concevoir le sentiment religieux, aura élevé des piliers et des murailles de verdure ; une architecture vivante d'arbustes et de fleurs ; un amphithéâtre immense ayant en perspective le chœur gazonné et verdoyant où se dresse l'autel et où tombent comme des disques d'or, les rayons que laisse percer l'épais feuillage ; quel sanctuaire plus propre à exalter aux accords de symphonies divines, les multitudes silencieuses en la pénombre du bois sacré, dans une communauté attendrie de pensée et de sentiment !

Ces cérémonies et ces formes futures du culte en harmonie avec les idées et les mœurs nouvelles, sont encore le secret de l'avenir qui se prépare. A l'idéal nouveau il faudra nécessairement des manifestations nouvelles. Ajoutons qu'il lui faudra aussi ses prêtres : non plus la puissance sacerdotale, despotique et dominatrice des temps d'ignorance qu'ont connue les nations esclaves d'une théocratie, mais simplement les officiers et régisseurs dévoués d'un culte qui aura toujours ses nécessités pratiques et son cérémonial public. Ils seront les gardiens pleins de sollicitude des temples et des objets sacrés ; les dépositaires des pures traditions de la croyance ; les directeurs respectés de l'enseignement moral et religieux de l'enfance, donnant eux-mêmes l'exemple des vertus de la famille et de la société ; les convocateurs et officiants des fêtes publiques. Ils seront enfin les promoteurs éclairés du perfectionnement continu qui est la loi de l'avancement des âmes vers leur but suprême.

Il ne manquera pas d'hommes de bonne volonté qu'une vocation native, ou bien les meurtrissures et les découragements de l'existence décideront à se consacrer sans partage aux soins du culte et au recueillement d'une vie exclusivement religieuse. Des âmes qu'auront attirées le seul appât du sacrifice et de l'idéal divin, et il en est de celles-là ; des cœurs qui sympathiseront à toutes les misères humaines pour avoir eux-mêmes lutté et souffert ; des hommes désabusés et revenus des trompeuses illusions de la vie présente, ne sauraient mieux employer leurs derniers jours qu'en se faisant, en véritables médecins des âmes, les consolateurs et les conseillers des délaissés et des souffrants, les pères spirituels des malheureux sans amis et sans soutien, choses qui comptent parmi les austères devoirs du sacerdoce. D'ailleurs n'est-il pas naturel de voir les fonctions et les cérémonies du culte, devenir la prérogative des vieillards déjà plus inclinés par l'âge vers le pur principe immatériel ? Quel plus noble et plus imposant spectacle que l'assemblée de ces hommes blanchis aux épreuves de la vie, ayant un long passé quelquefois illustre, toujours méritant, et se rangeant tels qu'une glorieuse phalange autour des nouveaux autels ?

Et puisque nous admettons la nécessité du prêtre, ne craignons pas d'envisager tout entier, avec ses grandeurs et ses faiblesses, le rôle qu'il a eu à remplir dans toutes les sociétés religieuses du passé comme du présent. Comprenons que le prêtre n'était qu'un homme participant de toutes les fragilités de notre nature, et que dans le jour souvent trouble et parfois même odieux sous lequel il se présente dans l'histoire, la responsabilité de son attitude revient moins à lui-même le plus souvent qu'à l'esprit de son temps et aux nécessités imposées par les passions et l'infériorité morale du peuple qui le faisait ce qu'il était. Comme tout ce qui est humain, le prêtre a suivi la fortune des civilisations, toujours aux prises avec les mœurs et les vices des hommes de son époque : en avance sur elles aux périodes de progrès religieux, mais en retard aux temps de décadence du culte qu'il servait, lorsque l'idéal qu'il défendait ne représentait plus qu'un état inférieur, dépassé par la marche séculaire de l'évolution morale des sociétés.

Lorsque, à l'inverse de ses devanciers, nous verrons le prêtre nouveau dépouillé désormais de tout autre caractère que celui de serviteur de l'humanité devant l'Être suprême ; quand investi de l'autorité que lui donneront ses vertus, sa science et ses fonctions vénérables, il présidera encore aux fêtes et aux élans religieux des foules virilement et consciemment revenues à l'idéal ultra-terrestre, quelle voix pourra s'élever contre la noble mission du prêtre ?

Nous sera-t-il encore permis de pressentir qu'une religion inspirée par le sentiment et fille d'une civilisation élevée, donnera à la femme, à l'être éminemment sensitif et affectif, un rôle et un pouvoir absolument inconnus des temps de violence et de barbarie, bien que l'antiquité ait eu ses sybilles et ses pythonisses, et à peine concevables en notre époque toujours si attardée ? N'est-ce pas surtout chez la femme que s'éleva toujours le plus irrésistiblement, la voix secrète du sentiment religieux, et que persistent les dernières ferveurs des cultes qui déclinent ? Il ne saurait y avoir en vérité de plus inspirées et plus fidèles interprètes du pur sentiment immatériel que les prêtresses honorées auxquelles l'avenir que nous venons d'entrevoir réservera les plus délicates fonctions du sacerdoce.

Le temps est peut-être proche où surgira l'âme favorisée qui saura résumer et synthétiser en elle l'épanouissement intégral de tout le sentiment et toute la connaissance développés par l'œuvre des derniers siècles, avec l'intuition prophétique des voies futures de l'humanité, qui la rendra digne d'apporter aux hommes la formule accomplie du nouvel essor religieux. Les dernières conceptions hâtives de quelques novateurs hardis, soulevant soudain autour d'eux des enthousiasmes ardents, témoignent de l'impérieux besoin d'un centre d'attraction qui oriente enfin les aspirations impatientes de combler le vide sceptique. D'ailleurs les signes ne manquent pas qui dénoncent en nos sociétés déséquilibrées, une attente secrète du réformateur : L'inquiétude profonde des consciences droites désemparées qu'aucun enseignement respecté n'appuie plus ; l'affaissement du sens moral qui abaisse de plus en plus dans le peuple le niveau des consciences, et provoque l'éclosion de véritables épidémies mentales menaçant d'anéantir les notions de famille, de patrie, d'humanité ; le désarroi des principes privés de lest qui permet que, rejetant l'ancien voile de décence, les dessous honteux et abjects de l'infirme nature humaine s'étalent aujourd'hui cyniquement au grand jour et accoutument à l'ignoble la génération qui s'élève ; les écrits généreux d'autrefois, la parole vaillante écoutée hier encore, presque délaissés aujourd'hui pour le livre faux ou immonde, pour la feuille aux sentiments bas dont se repaît quotidiennement la masse des lecteurs ; l'indiscipline et les désordres d'une jeunesse trop précocement affranchie et qui ne connaît plus le respect ; la frivolité et la raillerie rabaissant tout dans la trivialité et tournant en ridicule les hommes de foi et de devoir, sont le résultat lamentable de la détente du ressort religieux qui n'appuie plus les âmes et ne hausse plus les consciences en cette époque de transition entre deux idéals religieux, dont l'un se meurt et l'autre est encore à naître.

Et nous n'avons peut-être pas encore touché le fond vers lequel nous précipite la décadence actuelle, incrédule à son tour comme l'ont été toutes les décadences religieuses du passé qui ont eu aussi leur scepticisme subséquent. Le Paris de notre temps est épicurien comme l'était la Rome d'Horace et de Juvénal ; les mêmes corruptions l'envahissent, et pour continuer le parallèle, l'exemple de la plèbe romaine reportant sur l'idole césarienne un besoin de culte sevré de son légitime objet, doit nous faire redouter de nouveaux reculs de notre civilisation moderne.

Craignons l'abaissement général des consciences et le déchaînement des impitoyables cupidités. Nos sociétés gagnées par on ne sait quelle fièvre malsaine, quel frisson glacial venu du Nord et plus perfide que les corruptions du plein soleil, voient se tarir en elles la source des nobles ardeurs et des chauds sentiments, et monter toujours le flot fangeux des bas instincts et du soi-disant réalisme qui souille et avilit notre époque. Tout pour et par l'argent, telle est la devise importée partout. Hélas! n'employer une existence humaine qu'à s'arracher les uns les autres quelques biens terrestres que la mort à son tour ravira bientôt, est-ce avoir vécu? Le progrès consiste-t-il dans la lutte égoïste et implacable des seuls intérêts matériels et dans la vie fébrile et surmenée de notre siècle, qui étourdit les esprits et use les corps en préparant à grands pas la dégénérescence de la race? La société partout envahie par la seule préoccupation du lucre et des jouissances brutales retournerait bien vite en arrière au lieu de continuer d'avancer s'il était possible que l'évolution sociale tout entière rétrogradât. Pourtant un déplacement peut se produire, et ce serait pour nous Européens tout au moins la déchéance et l'abdication devant quelque nouveau foyer de véritable progrès, s'emparant sur un autre point du globe, de la direction des destinées humaines.

Mais ne désespérons pas. Le temps viendra bientôt peut-être où sur les ruines d'un christianisme déchu et déjà mis en pièces par des sectes de plus en plus divisées, s'élèvera le glorieux édifice de la nouvelle renaissance religieuse véritablement civilisatrice. Béni sera le jour où rassemblant tous les éléments déjà existants de la vraie religion naturelle, le rénovateur espéré fera entendre le cri de ralliement des consciences. Ce jour marquera le début d'un nouvel essor plus puissant et plus soutenu que les épopées religieuses du passé, pourtant si généreuses et si grandioses lors de leur premier épanouissement, car jamais union aussi forte du sentiment spontané et de la connaissance révélatrice n'aura été réalisée et proposée à la direction des âmes ; et ainsi se renouera la chaîne des élans périodiques par lesquels progresse d'époque en époque l'évolution morale allant à ses fins de perfection et de réunion en l'Être immatériel et universel vers qui retourne la vie terrestre ayant à sa tête l'humanité.

CONCLUSION

La vie descendue de Dieu, remonte à Dieu.

Il s'est perpétué à travers les âges, la tradition et l'image riante d'une vie heureuse et parfaite de nos premiers parents en un séjour de délices d'où ils furent exilés à jamais, eux et leur postérité ; et cette légende du Paradis perdu est vraie. (*) C'est l'impression ineffaçable qu'ont laissée dans l'intellect édifié par la vie même, de longues époques d'existence végétale et animale exemptes de cette conscience et de cette connaissance qui, en dégageant l'homme de l'animal, devaient inaugurer une ère nouvelle ; ère de souffrance autant que de progrès, dans laquelle l'humanité allait soutenir aux premiers rangs de

---

* Le récit biblique a été de toute évidence emprunté aux Vedas brahmaniques qui le rapportent dans les mêmes termes et avec les mêmes personnifications d'Adima et de Héva, premier couple humain qui apparut dans le Paradis terrestre. Moïse l'apprit sans aucun doute des prêtres égyptiens, ses premiers maîtres, qui possédaient les livres sacrés de l'Inde. Ce paradis, les Hindous le placent dans l'île de Ceylän dont la plus haute montagne porte encore aujourd'hui le nom de pic d'Adam. La même fiction d'une félicité originelle se retrouve aussi sous d'autres images dans les traditions de la plupart des anciens peuples.

la vie, la lutte de plus en plus décisive des deux principes aux prises dans l'évolution universelle. C'est cela qui est resté dans la conscience humaine, héritière de tout le passé vital, comme un reflet lointain de l'aube de la vie terrestre qu'aujourd'hui encore l'aspect de la simple nature, du renouveau d'un jour de printemps, murmurent à notre âme comme de poétiques ressouvenances, et comme l'attachant regret d'un bonheur à jamais perdu : bonheur inconscient commençant au demi-sommeil de la plante naissante sous les caresses de l'aurore, ou mûrissante au soleil vivifiant ; bonheur du troupeau bondissant dans la prairie, de l'insecte bourdonnant de fleur en fleur, de l'oiseau matinal chantant son ravissement sans crainte de la souffrance et ignorant de la mort qui viendra soudain sans menace ni longue agonie ; quiétude dont il reste une trace chez le sauvage toujours enfant, mais qui va fuir par l'éveil de la connaissance, par le fatal présent du fruit de l'arbre de la science du bien et du mal qui tentera la femme, car c'est en la femme surtout que parlera le sentiment incitateur de toute curiosité et de tout avancement. C'est de ce bonheur passé, de cet âge d'or que se ressouvient encore dans ses plus profonds arcanes l'être conscient et progressant qui est devenu l'homme. Et ce bonheur éclipsé ne reviendra qu'à l'autre bout de l'évolution vitale, quand l'équilibre et la pondération parfaite auront définitivement organisé le chaos de la vie actuelle, et vaincu le désordre qui fait le mal et la souffrance.

Le principe immatériel: Intelligence, Volonté, Puissance, était déjà avec la force et le mouvement dans l'évolution commençante avant même l'apparition de la vie, lorsqu'il déterminait les issues physiques du premier acte du grand œuvre universel; et dès la naissance de l'ordre vital, il faisait et dirigeait la sensation où s'influencent et se balancent réciproquement les forces des deux principes, tant que leur étreinte ne sort pas de la première période végétale et animale. Mais en arrivant à l'être humain, le principe suprême reprend enfin le dessus par l'éveil du sentiment transcendantal qui domine la sensation, de la conscience qui l'éclaire et la personnalise, de la bonté qui tend à la réunion des divers foyers de la vie qui n'est qu'une, et de la volonté déjà capable de faire acte de libre-arbitre et de diriger nos âmes vers la vertu, c'est-à-dire dans la voie qui conduit à l'épurement et à la résorption finale en l'Être supérieur, de l'essence immatérielle de nos existences.

Ainsi dans les élans désintéressés de la pitié; dans les expansions des natures généreuses; dans l'attachement sans bornes que les hautes âmes savent inspirer en amitié comme en amour; dans la foi et l'enthousiasme qui jettent des foules fanatisées sur les pas de quelques rares élus du génie et du sentiment qui brillent dans l'art, la science, le gouvernement des peuples, nous ne voyons toujours que les mouvements de la vie terrestre tendant partout à remonter à la lumière, aspirant invinciblement de tous côtés à se réunir à elle-même avec une force qui se fait sentir naturellement davantage autour de ses principaux centres d'éclat. De même dans l'émulation, l'ambition, la gloire, le noble orgueil des grands caractères et jusque dans la vanité des faibles, nous ne verrons encore que des aspects différents de la même poussée mystérieuse qui ne cesse d'élever au-dessus de l'étreinte matérielle de la vie et de la concurrence sociale le principe immatériel qui est en nous. N'est-ce pas enfin l'exaltation de ce même principe qui fait les ravissements de la foi et des pratiques pieuses, les délires de la prière que connaissent les fervents de toutes les religions?

C'est parce qu'il y a deux principes en présence dans sa nature, l'un supérieur, l'autre inférieur, que l'homme est un être en quelque sorte double, un mélange de lumière et d'obscurité, de puissance et de faiblesse, d'élévation et d'abaissement, d'excellence et d'imperfection. C'est pourquoi il souffre de la lutte dont il est lui-même le champ de bataille, mais qu'il avance et progresse en cette lutte par l'avantage que reprend pas à pas le principe supérieur, et c'est ce qui explique ses aspirations sans bornes et sa prescience d'un avenir ultra-terrestre qui est au terme du conflit actuel.

Et ce qui est de l'homme et de la vie

terrestre, est aussi nécessairement de toutes les existences qui naissent et luttent au cours des évolutions astrales où se trouvent aux prises dans l'univers (et quel que soit cet univers et la hiérarchie de ses mondes), le principe supérieur immatériel pour lequel il n'existe ni temps ni espace, et le principe inférieur substantiel seul tangible et mensurable, qui sont les deux termes inéluctablement existants de *ce qui est*.

La vie terrestre à la suite de l'humanité, est ainsi appelée à s'élever sans cesse sous la direction du sentiment transcendantal du bien qui ne consiste pas seulement dans la pratique de la justice et de la bonté envers nos semblables, car il veut aussi le bonheur des plus humbles créatures végétant au-dessous de notre espèce ; et d'un autre côté il s'élance vers un avenir de perfection morale et matérielle qui transformera la demeure terrestre par les merveilleux travaux des générations futures, et en fera cet Eden rêvé lors du premier tressaillement de la conscience humaine. Alors l'essor évolutif de la vie aura tenu ses promesses, mais le but final est plus haut encore. Le moi humain déjà éclairé de la lueur divine de l'ultra-substantiel, voit au-delà de la vie terrestre ; il comprend l'état d'imperfection de cette vie, et il aspire au mieux parce qu'en lui la voix même du principe suprême parle de perfection absolue et que ce principe tend sans cesse à ressaisir sa pure essence au-dessus de l'étreinte matérielle qui l'attache ici-bas au principe inférieur.

Tout le sentiment religieux est dans cette voix intérieure qui porte plus loin que ce monde, précisément parce que ce monde ne remplit qu'incomplètement nos destinées, et qui nous révèle une Existence immatérielle planant dans des regions sublimes, nous appelant et nous attirant à elle, en nous faisant gravir tous les degrés du perfectionnement moral. S'élever plus haut que l'état actuel de ce progrès moral, devancer la nature et devenir meilleurs que ce qu'elle nous a faits, c'est en vérité se rapprocher de l'Être suprême en suivant la voie qui ramène à la pureté originelle vers laquelle remonte la vie. C'est dans l'intuition de cette perfection absolue que les âmes d'élite puisent l'enthousiasme des grandes choses et des sublimes aspirations. Sans cet idéal, y aurait-il les héros et les martyrs du devoir, de la science, de la vertu, de la foi?

Au fond de tous les grands ébranlements de l'âme, se retrouve toujours indestructible le sentiment religieux. Ceux qui ont profondément aimé et souffert; ceux qui ont vidé la coupe d'amertume des misères humaines et de tous les désenchantements de ce monde inférieur; ceux qui ont senti tout leur être refluer jusqu'aux fragiles attaches de l'âme dans les élans des grandes passions; ceux-là ont en quelque sorte déjà repris contact avec le foyer immatériel source éternelle de nos fugitives existences; et ceux-là sont profondément religieux dans le sens le plus vrai de ce mot ineffaçable, car ils ont entrevu au-delà de l'existence terrestre, et ils ont senti le prix des rapprochements que la religion seule procure entre l'âme qui souffre et espère, et la voix divine qui console et promet; entre l'imperfection humaine actuelle qui cherche sa voie, et la perfection ultra-terrestre qui est le terme dernier en l'absolu de l'Être suprême.

C'est aux exaltations et aux douceurs de ce commerce ineffable que la religion réédifiée conviera de nouveau tous les hommes, dans une universelle communion de croyance et de culte.

FIN DE LA TROISIÈME ET DERNIÈRE PARTIE

ERRATA

Page VIII, 4ᵉ ligne ; après : développements successifs, ajouter : « d'espèce en espèce ».

Page VIII, 21ᵉ ligne ; après : rayonnement vital, ajouter : « tels que les faits de fascination, de suggestions, de pressentiments, de songes fatidiques », etc.

Page 32, 15ᵉ ligne ; lire : « c'est que l'étendue matérielle à actionner », etc.

Page 32, 19ᵉ ligne ; lire : « le volume entier de la matière ambiante », etc.

Page 33, 24ᵉ ligne ; après : sans solution de continuité, ajouter la note omise : « * Nous avons admis que l'énergie propre et immanente à la substance met en contact élastique tous les atomes composant la substance universelle. »

Page 35, 10ᵉ ligne ; après : liée à la substance, ajouter : « terrestre ».

Page 62, 2ᵉ ligne de la note ; lire : « a adapté » au lieu de : adopté.

Page 65, 13ᵉ ligne ; lire : « Chez l'animal qui meurt », etc.

Page 71, 12ᵉ ligne de la note ; après : des planètes, ajouter : « sidérales ».

Page 73, 5ᵉ ligne ; lire : « la dissociation » au lieu de : désassociation.

Page 78, 22ᵉ ligne ; lire : « premiers âges de la faune et de la flore terrestres », au lieu de : la Terre.

Page 81, 24ᵉ ligne ; après : d'un batracien, ajouter : « parfait ».

Page 94, 16ᵉ ligne de la note ; lire : « comme apparence superficielle », au lieu de : forme superficielle.

Page 109, 5ᵉ ligne ; lire : « de la motilité », au lieu de : mobilité.

Page 159, 12ᵉ ligne de la note; lire : « les implacables rigueurs de la lutte », au lieu de : brutalités.

Page 162, 16ᵉ ligne; après : pris en particulier, ajouter : « Elles ont leur mémoire et leurs traditions à part. »

Page 212, 2ᵉ ligne; lire : « surprise que chacun a certainement eu l'occasion d'éprouver parfois à l'audition », etc.

Page 237, 9ᵉ ligne de la note; après : leurs transformations, ajouter : « leurs évolutions ».

Page 309, 26ᵉ ligne; lire : « encore participante ».

     "   28ᵉ ligne; lire : « assez libérée ».

Page 331, 10ᵉ ligne; lire : « La première de ces phases est celle », etc.

Page 336, 26ᵉ ligne; lire : « dans leur organisation », etc.

Bruxelles, Imp. E. MENDEL, 27, rue Godefroid-de-Bouillon.